名师讲语文

曹公奇
王成 等／著

语文教学细节60讲

山东教育出版社
·济南·

图书在版编目（CIP）数据

语文教学细节60讲 / 曹公奇、王成等著 . — 济南：山东
教育出版社，2022.4

ISBN 978-7-5701-1954-7

Ⅰ.①语… Ⅱ.①曹… ②王… Ⅲ.①中学语文课 – 课
堂教学 – 教学研究 – 高中 Ⅳ.① G633.302

中国版本图书馆CIP数据核字（2022）第004997号

YUWEN JIAOXUE XIJIE 60 JIANG

语文教学细节60讲

曹公奇　王　成　等著

主管单位：山东出版传媒股份有限公司
出版发行：山东教育出版社
　　　　　地址：济南市市中区二环南路2066号4区1号　　邮编：250003
　　　　　电话：（0531）82092660　　网址：www.sjs.com.cn
印　　刷：山东新华印务有限公司
版　　次：2022年4月第1版
印　　次：2022年4月第1次印刷
开　　本：710毫米×1000毫米　1/16
印　　张：26.75
字　　数：400千
定　　价：76.00元

（如印装质量有问题，请与印刷厂联系调换）印厂电话：0534-2671218

《语文教学细节60讲》
作者简介

曹公奇　正高级教师，特级教师，陕西省教学名师。

王　成　高级教师，陕西省优秀教师，陕西省学科带头人。

张江凤　一级教师，陕西省教学能手，市级教学能手。

王建红　特级教师，陕西省名师工作室主持人。

田　玲　高级教师，陕西省名师工作室主持人，陕西省学科带头人。

邱　俊　高级教师，陕西省教学名师，安康市有突出贡献专家。

杜凤慧　一级教师，陕西省教学能手，宝鸡市教学能手。

雷　敏　高级教师，高考优秀阅卷员，曹公奇名师工作室成员。

孙晓娟　一级教师，宝鸡市教学能手，渭滨名师。

李　斌　一级教师，陕西省教学能手，榆林市优秀教师、名教师。

朱慧颖　陕西省教学能手，全国中小学教学名师说课大赛一等奖获得者。

曹冬梅　一级教师，陕西省学科带头人，陕西省教学能手。

李　萍　一级教师，陕西省教学能手，宝鸡市学科带头人。

杜丽梅　一级教师，陕西省教学能手，陕西省学科带头人培养对象。

高　原　高级教师，陕西省教学能手，宝鸡市学科带头人。

董问博　一级教师，西安市铁一中明星教师。

马莉娜　一级教师，陕西省学科带头人，陕西省教学能手。

王　芳　高级教师，陕西省学科带头人，陕西省教学能手。

孙凤芸　高级教师，陕西省教学能手，宝鸡市学科带头人。

张永娟　特级教师，陕西省学科带头人，宝鸡市学科带头人。

杨军辉　一级教师，陕西省学科带头人，陕西省教学能手。

张云清　一级教师，陕西省教学能手，宝鸡市学科带头人。

郭敏利　一级教师，西安市西咸新区泾河新城教学标兵、优秀教师。

李　佳　一级教师，陕西省教学能手，宝鸡市教学能手。

周　薇　陕西省基础教育教学成果奖获得者。

闫　妍　正高级教师，特级教师，陕西省教学名师。

杨越斌　高级教师，新疆乌鲁木齐市骨干教师，市级优秀教师。

段　煜　一级教师，山西省骨干教师，太原市语文学科带头人。

毛　洁　高级教师，陕西省学科带头人，陕西省优秀教学能手。

李晓荣　一级教师，陕西省教学能手，宝鸡市教学能手。

刘爱红　一级教师，徐州市优秀工作者，徐州市带头优师。

张肖侠　高级教师，陕西省名师工作室主持人，陕西省学科带头人。

王兴伟　高级教师，河南省名师，深圳市龙岗区"深龙英才"。

杨　琨　高级教师，陕西省教学能手，陕西省学科带头人培养对象。

滑　丽　高级教师，陕西省教学能手，咸阳市教学能手。

刘晓梅　高级教师，陕西省教学能手，汉中市教学能手。

朱宝军　高级教师，陕西省学科带头人，陕西省教学能手。

张娟娟　高级教师，陕西省教学能手，宝鸡市学科带头人。

刘玲莉　陕西省优秀班主任，宝鸡市教学能手。

胡　蓉　高级教师，陕西省教学能手，陕西省学科带头人培养对象。

谭新玲　一级教师，陕西省教学能手，宝鸡市教学能手。

李　娜　高级教师，全国优秀教师，陕西省学科带头人。

李　杰　一级教师，安徽省教坛新星，全国教学基本功大赛一等奖获得者。

程宪勇　高级教师，山东省临清市教学能手，优秀教育工作者。

郑　刚　一级教师，全国青年教师基本功大赛一等奖获得者。

景慧颖　辽宁盘锦市优秀教师，盘锦市师德标兵。

白　媛　一级教师，宝鸡市教学能手。

訾小红　一级教师，陕西榆林市教学能手，榆林市党员名教师。

曹春莲　一级教师，陕西省教学能手，宝鸡市学科带头人。

马莉宁　一级教师，宝鸡市学科带头人，宝鸡市教学能手。

张　雅　高级教师，宝鸡市教学能手，宝鸡市学科带头人。

文明珠　高级教师，陕西省基础教育课程改革先进工作者，宝鸡市学科带头人。

宁　静　特级教师，宝鸡市教学能手。

侯会芳　高级教师，陕西省教学能手，宝鸡市有突出贡献拔尖人才。

刘宾胜　一级教师，全国优秀教育园丁，陕西省教学能手。

王　利　高级教师，河南省学术技术带头人，新乡市杏坛耕耘最美教师。

高艳霞　一级教师，陕西省教学能手，延安市教学能手。

王　丹　一级教师，陕西省教学能手，宝鸡市教学能手。

樊宝玲　一级教师，陕西省学科带头人，陕西省教学能手。

罗　辉　高级教师，陕西省学科带头人，陕西省教学能手。

序言　细节的力量

人们常说，细节决定成败。由此可见，细节虽细小，力量却强大。做好每一个细节，也就做好了事情的整体。相反，许多重大的错误，往往就是一个小小的细节失误造成的。课堂教学也是如此。一节好课，实际是由若干个细节构成的。一个精彩的细节，就能成就一节好课；一个糟糕的细节，也能败坏一节课。所以，教学细节的力量，是无法用数据来计算或估量的。

那么，语文教学细节都有哪些呢？我以为，在语文教学过程中，所有的教学内容、教学问题、教学要素、教学环节、教学活动、教学行为、教学语言、教学技巧、教学形式等，都可以视为语文教学的细节。这些细节或小或大，全是语文教学必要的组成部分，都不容忽视。语文教学，就要从注重每一个细节入手，扎实认真地设计每一个细节，全心全意地对待每一个细节，精益求精地做好每一个细节。唯有如此，我们语文教师的专业发展之路才能越走越宽，我们语文教学的效率和质量才能越来越高。如果不重视教学细节，以为这些细节是些枝节末梢，无关紧要，只在教学的所谓"大问题"上下功夫，那么，这样的教学会因"小"失"大"，自然谈不上什么优质高效。

　　我常常听老师们的课，许多时候都是一些教学细节在其中起了较大甚至决定作用。于是，我也常常思考教学细节的问题。去年的一天，我和山东教育出版社周红心先生在微信聊天时，偶尔说到了教学细节问题，周先生很敏锐地觉得这是一个好选题，让我认真思考一下。于是，我反复思考，归结出一些教学细节问题。我怕自己的归结不够全面、准确，又在自己工作室成员中两次向大家征集教学细节问题。工作室成员现在都是中学语文教学一线的老师，他们依托自己丰富的教学实践经验，反复从自己的教学实践过程中去筛选、提炼教学细节问题。最后，我从中合并重复的，增添原来没有的，修订一些细节名称，最终初步形成了《语文教学细节60讲》的提纲。

　　经过半年多的反复提炼斟酌和修改完善，编写提纲更加成熟了。随后，我起草了详尽的《征稿说明》，撰写了样稿，从我工作室成员和全国一些优秀教师朋友中遴选了作者。大家分头研究写稿的过程中，充分利用线上沟通的便捷反复商讨教学细节内涵、写稿要领等问题。每个人写好初稿交给我，由我审阅批注，再进行修改，以此往复，有些稿件修改了五六次之多。最后，我再进一步仔细修改、完善、定稿。60篇讲稿，60位作者，大家齐心协力，不厌其烦，尽心尽力，精益求精。在此，对于作者团队的倾心付出，我表示衷心的感谢！书稿中也引用了许多名家名师的课例片段，我们都尽量细致地注明了出处，以尊重名家名师们的劳动成果，也特别感谢名家名师们为广大语文教师贡献了精神财富！

　　现在呈现在各位读者面前的，是我们精选出来的语文课堂中的60个教学细节问题。对这些教学细节问题，我们尽力论述清楚，并结合中学语文的具体教学案例，一一阐述说明。我们无意追求语文教学理论的创新，只追求在语文教学实践中的学习借鉴和实践操作，力争让读者朋友从语文教学细节学起、做起，努力改进语文教学，促进专业发展，提高语文教学效率。当然，由于我们的水平能力有限，这样的初衷能否达到，还需要读者朋友亲自检验，期待读者朋友对我们提出宝贵意见。

　　关于语文教学细节，目前的研究成果还不太多，我们的研究也是刚刚入门。我们愿意与广大语文教师一起，学习语文教学细节，优化语文教学细节，探究语文教学细节。我们相信，细节的力量是无穷的，只要我们在语文教学中真正从细节做起，就能切实提高学生的语文核心素养，不断提升语文教学的效率和水平。

最后，特别感谢山东教育出版社编辑朋友的倾心付出，没有他们的辛苦劳动，就没有这本书的正式出版。

曹公奇

2022 年 3 月 5 日

目 录

第1讲　文本的教学解读

　　文本解读，是每一位语文老师实施课堂教学之前的必修课，也是每一位语文老师教学功力的基本体现。教师深入阅读教材文本，理解文本内容和情感，领悟文本内涵和特色，对文本有了自己深入的思考和体悟，在教学过程中才可能游刃有余，引领学生去学习文本，学习语文。所以，文本解读是语文教师必须修炼好的教学基本功。

　　在教学准备时，教师对教学文本的解读要尽量全面、深入、细致。我们首先要学会"裸读"文本，就是阅读前不事先了解文本背景资料，也不借助任何参考书籍，而是回归文本阅读的本真，凭自己的阅读体验感知文本，体悟文意，全方位地理解文本，多角度地感悟文本，真正实现与作者、与文本的交流沟通。在此基础上，我们可以再看看教师教学用书或其他参考书籍，查阅文本作者及写作背景等有关文献资料，将别人对文本的解读与自己对文本的解读相比较，并进行深入思考和分析，进而不断完善自己对文本的解读和体悟。只有这样，才能形成教师个人对教学文本全面深入的解读，才能在备课时合理设计教学活动和教学任务，才能为在课堂上有效开展阅读教学夯实基础。

　　在教学过程中，教师需要根据教学需要和学情状况等，适度解读文本。

文本课堂教学的最终目的是教学生学会阅读，培养学生的阅读能力，提升学生的语文素养。所以，课前教学准备阶段的文本解读与实施课堂教学时的文本解读，应该是有很大区别的。教师在课前教学准备阶段的文本解读，应该尽可能地全面，尽可能地深入，尽可能地有独到见解，也就是说教师对文本解读要达到"研究"的程度。但是，教师对文本的深入全面的解读，在实施教学时并不是要全盘搬上课堂，呈现给学生。教师需要根据课标精神、教材要求、学情状况等确定文本的教学价值，需要根据教学的需求来确定文本解读的"度"——哪些是学生自己能够读懂的，哪些是学生读不懂的，哪些是学生需要领悟的，哪些是学生必须学习的……课堂教学中的文本解读，不需要盲目追求解读的深度和广度，也不需要一味地标新立异，展示并炫耀教师的才华，而是需要教师引领学生深入文本，细读文本，通过咀嚼语言来体会文本内涵主旨，通过品味语言来感知文本精妙之处，通过交流对话和启发点拨，让学生自己真正能对文本有理解、有体验、有思考、有感悟、有见解、有表达。所以，课堂教学时的文本解读，是课堂教学过程中师生共同的阅读体验、阅读感受，它无法像课前教师的自主解读那样全面深刻，或者是别出心裁、标新立异，它需要贴合学情状况和教学实际，需要"适度"。

教学文本解读的"适度"，表现在教学上，不是教师的强行灌输，不是教师的卖弄炫技，更不是表现教师自我解读的本领，而是在贴合学生学习实际的基础上，引领学生阅读文本、品味语言、赏析文意，是在教师启发下学生的解读感悟，是符合教学需要的文本解读，是教师、学生、文本、作者、编者之间相互融合的有机对话。换句话说，多数学生在教师的引导下，通过阅读、品析、研讨、思考，最后能够达到的理解文本的高度，就是文本解读的"适度"。

我们看著名特级教师尤立增执教《再别康桥》一课的片段：

师：关于诗歌的整体，同学们还有什么问题？

生：与其他送别诗相比，本诗有什么特殊之处？

…………

生：一般离别诗离别的是人，这首诗离别的却是"西天的云彩"，告别对象由人间向天空转移，跳出了寒暄叮咛的俗套，给人清新飘逸之感。

师：你们组是怎样得出这个结论的？与哪些诗进行了对比？

生：王勃《送杜少府之任蜀州》、王昌龄《芙蓉楼送辛渐》、李白《赠汪伦》。

··············

师：这些诗的送别对象是谁？

生：杜少府、辛渐、汪伦。

师（板书"对象特别"）：与《再别康桥》相比，这些诗的送别对象都是人。还有哪个组代表发言？

生：柳永《雨霖铃》中有"执手相看泪眼，竟无语凝噎"，柳宗元《别舍弟宗一》中有"零落残魂倍黯然，双垂别泪越江边"，还有王维《送元二使安西》中有"渭城朝雨浥轻尘，客舍青青柳色新。劝君更尽一杯酒，西出阳关无故人"。这些送别诗句共同的特点就是悲情浓重。

师：与《再别康桥》的情感基调有何不同？

生："多情自古伤离别。"自古以来，离别总是免不了一种沉重愁结，但《再别康桥》只着色绘景而不摹声，以"轻轻的""悄悄的""沉默"造成一种寂然无声的寂静环境，排除了离别中因伤别而产生的沉重感，增加了飘逸的成分。

师（板书"气氛轻松"）：说得很好！还有哪个组发言？

生：选取的意象与一般的送别诗不同。

师：一般的送别诗选取什么意象？

生：送别地点往往是南浦、长亭、短亭；送别时的景物多是杨柳、夕阳；送别的季节大多在秋季，好像古人别的季节不出门。

师：别的季节也出门，否则怎有"折柳"之说？设想一下，如果是你们要远行，面对送别的亲友，你们眼中会看到什么样的情景呢？结合你们自己的经验，设身处地地为徐志摩设想一下。

生：按照一般情况设想，诗人告别康桥时，当有送行的人，诗人的眼中也会看到高楼大厦、车水马龙，耳中也会听到机械的轰鸣。但这一切，诗人都没有摄入镜头，写入诗中借以寄情的物象是"云彩"，是"金柳""柔波""青荇""青草""星辉"等自然物。这些物象给我们一种什么样的感觉？就好像作者是一位不食人间烟火的神仙，营造出的是一种清新之感。

师（板书"意象新颖"）：很好。最后请同学们谈一谈学习了这首诗你们有什么体会，什么收获。①

尤老师引领学生从整体上将《再别康桥》与别的诗进行比较，从而得出本诗对象特别、气氛轻松、意象新颖等特点。这些特点表面看起来好像是学生讨论得出的结论，其实是尤老师一步一步引导学生思考、讨论、分析的结果。

这种对诗歌的品鉴形式，首先建立在教师深入解读文本、掌握大量参考资料的基础上。学生将《再别康桥》与别的诗进行比较，教师如果没有对这些诗歌的丰厚积累，怎样能去判定学生比较的结果呢？其次通过不断追问的形式对学生进行有机引导。在比较过程中，尤老师看似不经意地追问——"这些诗的送别对象是谁？""与《再别康桥》的情感基调有何不同？""一般的送别诗选取什么意象？"等等，其实都是在关键时候对学生进行思维的引导，也是为了让学生理解这首诗在送别对象、情感基调、选取意象等方面与一般送别诗的不同。第三，对学生的发言内容及时进行总结。在学生通过讨论、讲述他们对于这首诗整体特点的一些解读之后，尤老师善于及时地通过板书进行归纳总结，进而由一个问题转向另一个问题，多角度地引导学生进行比较。第四，较好地把握了解读的"度"。关于《再别康桥》的意象、意境、情感、主旨等，人们的解读很多，但尤老师按照"学情核心"的理念构建课堂，教师只是引导学生探究、交流，生成问题，解决问题，并没有把

---

① 顾之川主编：《名师语文课》（高中卷），山东教育出版社2019年版，第461—462页。

自己对文本的解读讲给学生，一切都是学生探究的结果。课堂中尤老师对文本解读的"度"把握得很好，完全以学情为核心，让学生最大化地解读文本。

我们再看田玲老师执教《背影》的一个片段：

师：八年之后，朱自清也已为人父了。写这篇文章，重温当年父亲送别的情形，朱自清是否完全理解父亲了呢？

生：我认为理解了，所以他才说自己"那时真是太聪明了"。

师：有道理。你能讲讲这里的"聪明"吗？

生：这里是反语，其实说自己笨，当时没有理解父亲这无微不至的爱。现在才明白过来。

师：所以俗话说得好——"养儿方知父母恩"。

生：确实理解了，文章最后一句就是最好的证明。

师：你读读看。

生："唉！我不知何时再能与他相见！"

师：大家齐读。

（全体齐读）

师：两个感叹号，你们读出了什么情感？

生：饱含作者想见父亲的迫切愿望。

师："饱含"一词满怀深情。

生：我还从"唉！"读出了他内心的愧疚和对父亲的担心。

师：你的赏析功底了不得，知道抓住词语来品味。那请同学们想一想：前面我们说父亲写信是想请求和解，那朱自清写这篇《背影》做什么？

生：我认为朱自清想让父亲读到自己写的《背影》，知道自己已经理解了父亲，而且愿意与父亲冰释前嫌。

师：好一个"冰释前嫌"！这个词老师都没想到呢！可见大家的词汇储备多么丰富。语文学习就是这样，不断积累并且学以致用。事实上，这篇文章确实达到了目的。

（屏显）

> 1928年，朱自清的父亲读到了这篇文章。据朱自清的弟弟朱国华回忆说，当父亲一字一句读完《背影》时，他的手不住地颤抖，昏黄的眼珠好像猛然放射出光彩。父子和解了！

师：今天再读《背影》，我们发现了父子之间虽有深情却并不默契，虽想表白却不善表达或羞于表达，所以，朱自清想借《背影》与父亲和解。人无完人，也许父母有很多缺点，有不少令我们不满意的地方；也许父母曾让我们失望，让我们烦恼；也许你觉得你和父母之间有很多矛盾，甚至不可调和……但请相信：他们爱你，有隔膜的爱是普遍的规律，爱可以化解亲人之间的误会和矛盾。（板书"和解"）[1]

前几年，语文教学界曾出现过李华平教授和韩军老师关于《背影》教学的争论。韩军老师认为大家对《背影》进行的是浅读、误读，他的解读才是正确的；李华平教授批评韩军老师的《背影》教学是"迷失在学科丛林中的语文课"。实际上，双方争论的根本焦点还是在于课堂上对于文本解读的问题。田玲老师上这一课时，正值"韩李之争"刚过不久。她在课堂上引领学生对于《背影》的解读，既没有按照传统做单纯的解读，也没有按照所谓"正确解读"来进行，而始终是在对话交流中带领学生紧扣文本，抓住关键词句，从字里行间解读其中的父子之情：当年对父爱的不理解、自己的"聪明"，后来自己内心的愧疚、对父亲的担心，最后写《背影》表达感情，写父亲读完文章后的表现等等，也就是父子之间的误解、矛盾、不默契的深情等。这种情感，是田老师通过引领学生细读文本、咀嚼语言、品味情感等解读出来的。这种在课堂教学过程中师生通过对话交流而进行的文本解读，是学生阅读理解的自然归纳，是语文教学走向的必然结果。它既非肤浅单一的简单解读，也非故作高论、脱离文本的深奥解读。这样的教学解读，是教师

---

[1] 田玲：《灵动语文公开课》，北京燕山出版社2020年版，第143—144页。

与学生在基于学情状况的基础上，根据课程标准需要、教材教学要求和文本教学价值，在课堂上生成的文本解读。

通常，对于文本的学术解读或者文学评论，读者可以站在学术的立场、评论的立场上，自由发挥，自成观点，自圆其说即可，不需要考虑文本以外的内容，不需要受任何人的限制，也不需要别人一定要理解和赞同。一家之言，言之有据，百花齐放。语文教学中的文本解读，虽然也可以有学术解读的成分在内，但毕竟是课堂教学，目的是教学生学习阅读，所以教师既要遵循课程标准的教学要求，又要按照教材编排的特点去教学，更要考虑到受教学生的年龄特点、知识底蕴、理解能力、认知水平、阅读素养、接受程度等因素。师生应紧扣文本，细读品味，理解感悟，进而在课堂上生成对文本的解读，而且解读结论并不重要，最重要的是学生学习解读的过程，学会解读的方法，养成良好的阅读习惯，这才是语文教学文本解读的要义。

陕西省宝鸡市教育教学研究室　曹公奇

第 2 讲　教学内容的选定

　　"教什么"和"怎么教"是语文教学的两个关键问题。简言之，"教什么"指的是教学内容的选定，"怎么教"指的是教学方法的确定。教学内容决定教学方法，教学内容的选定是教学中的首要核心问题。

　　但是，在教学内容的选定中却出现了以下三种错误倾向。

　　一是用课文内容代替教学内容。课文内容指的是语文教材中每一篇文本的具体内容，教学内容指的是语文教学中以提升学生的语文素养为目的的语文内容。课文内容不等于教学内容，它只是学生学习语文、教师教授语文的载体或依据。叶圣陶所说的"语文教材无非是个例子"，一语中的地说明了教师应该"用教材教"而不是"教教材"的道理。

　　二是主次不分，只重人文。《普通高中语文课程标准（2017年版）》明确提出：工具性与人文性的统一，是语文课程的基本特点。语文课程发挥育人功能本没有错，但在教学中，将语言文字学习与运用放置一边，只追求德育功能，强调情感态度与价值观的生成，这就失去了语文教学的本真。"语文教育在育人上具有先天优势，语文教学无疑应该通过语言文字的学习，自觉地渗透人文素养教育。……但应分清主次，工具性是主，人文性是次。人文性只能渗透，不能强加，只能采取春风化雨式教育方式，就像杜甫诗中所说的'随风潜入夜，润物细无声'，更不能反宾为主，用人文性挤掉工具性。"①

三是贪多求全，不知取舍。语文教材是文选型教材，每一篇文本都是一个综合体，内容涉及天文地理、人间百态、生老病死、喜怒哀乐，结构上又都是字词句篇、语修逻文的组合，知识上又有文学知识、文体知识、文化知识等，形式上又有阅读、写作、综合性学习等，可以说任何一个方面都是语文教学的内容。语文教师从不同角度关照，就可以确定不同的教学内容，从而让学生从中确定学习内容，获取知识启迪，获得情感满足。但是，如果在每一篇文本教学中，教师都面面俱到，不做取舍，就会导致语文教学重点不明、重复冗杂、耗时低效。

以上三个方面，正如曹公奇老师所说："目前，许多语文教师并没有意识到教学内容选定这个问题的重要性，在每一篇文本教学过程中存在着随意性、盲目性。没有整体学段的考虑，没有年级层次的考虑，没有单元教学的考虑，没有文本特殊性的考虑，没有学情的考虑，想起什么教什么，教到哪里是哪里。特别是语文教学还容易受到各种社会思潮的影响，想把什么内容都纳入语文教学，给语文赋予了它本身以外的许多任务，结果学生语文素养得不到提升，致使语文教学效率不高，备受社会各界诟病。"②

那么，在具体的单篇文本教学中，教师如何从教材内容中选择、确定合适的教学内容呢？

一　依据文体特征选定教学内容

王荣生教授说："对一个具体作品、具体文章的理解，要依据它的文章体式。"③作者撰写文章，会根据表情达意的需要，在不同的语言表达方式中选择适合的文体。比如文学作品类的小说、散文、诗歌、戏剧，实用文本

---

① 顾之川：《语文工具论》，广西教育出版社2018年版，第40页。

② 曹公奇：《阅读教学教什么》，北京燕山出版社2018年版，第3页。

③ 王荣生：《阅读教学设计的要诀——王荣生给语文教师的建议》，中国轻工业出版社2014年版，第100页。

类的说明文、议论文、新闻、演讲词等，除此之外，寓言、神话、童话等也可体现文体的特征。不同的文体特征，决定了教学内容的不同。这不仅体现在不同类文体要根据不同文体特征来教，还体现在即使同类文体，也要在其共性特征下根据其不同的个性特征来教。比如《林黛玉进贾府》和《祝福》虽然同为小说，但就叙事的方式来看，一个为顺叙，一个为倒叙。鉴于此，在《祝福》的教学中，倒叙的手法以及作用就应该是教学内容之一。

优秀的阅读教学，一定是遵循了文本体式特点来选择教学内容并组织教学的。比如肖培东老师的《皇帝的新装》课例片段：

> 师：你们知道《皇帝的新装》是一篇——
>
> 生（齐）：童话。
>
> 师：好，问题来了，同学们，以你们的读书经验，怎么就判断《皇帝的新装》是一篇童话的？
>
> 生：因为我觉得散文一般写的都是真实的故事，童话就有一些虚构的色彩。作者写那两个骗子做的衣服愚蠢的人是看不见的，就带有虚构色彩和一些神话色彩，就应该是童话。
>
> 师：神话色彩？
>
> 生：哦，不，就是虚构的，脱离现实。
>
> …………
>
> 师：夸张，还有？
>
> 生（齐）：想象。
>
> 师：哎哟，真棒！我的同学，来看看老师给的定义，和你们的是多么相似。我们一起来读读看！
>
> （屏显）
>
> 童话是一种文学体裁，它的特点是通过丰富的想象甚至夸张来塑造人物形象，反映现实生活，潜移默化地对儿童进行思想启蒙教育。[1]

---

[1] 肖培东、郑桂华：《〈皇帝的新装〉课堂教学实录与点评》，载《中学语文教学参考》（中旬）2017年第10期。

童话作为儿童文学的一种特殊文体，有着不同于其他文学作品的特征。它往往通过丰富的想象和夸张的手法来讲述故事，以期达到启迪思想、教育儿童的目的。很多老师在教授这一课时忽略了童话的特质。肖培东老师在执教一开始就紧扣文体，依体而教，有意识地从关注学生对童话这一文体的初步感受与认知出发，在充分的师生对话中，引导学生辨文识体，自觉说出童话虚构、夸张、想象的手法以及蕴含道理的特点。这样的教学，不仅使童话的文体知识得以有效落实，而且学生学习的自主性也得到充分的尊重，学生发言踊跃，课堂气氛活跃。

教材所选文章众多，题材广泛。不同的文体，不同类别的文章，都有其突出的文体特征。因此，教师在教学过程中，应该首先做到心中有文体，根据课文的文体类别选定教学内容，要让文体意识成为教学的首要意识。

二　依据学情选定教学内容

依据学情是选定教学内容的一个重要原则。教师的教是为了学生的学，教师的教不能只展示自己的才华，而应根据学生的实际情况引导学生提升自身的学习水平和语文素养。在教学中，教师应为学生的学习而设计教学，即站在语文课程的角度，在研究学生的实际需要、能力水平和认知倾向等"学情"的基础上进行针对性的教学设计。

"学情"是指学生在学习某一内容时已有的知识结构和在阅读过程中的个性差异。教师只有关注了学情，选择教学内容时才能根据学生的实际情况来确定教学内容，因材施教，保障课堂教学的有效性，真正为学生服务。"老师要教的，是学生不喜欢的地方，是学生读不懂的地方，是学生读不好的地方。不喜欢的地方，使他喜欢；读不懂的地方，使他读懂；读不好的地方，欣赏不了的地方，使他读好，能够欣赏。这是我国优秀语文教师成功的经验。"①

---

① 王荣生：《阅读教学设计的要诀——王荣生给语文教师的建议》，中国轻工业出版社2014年版，第109页。

以程翔老师的《爱莲说》教学实录片段为例：

> 师：现在，我们请一位同学读一遍课文。谁来？
>
> （一生读）
>
> 师：同学们听出问题没？
>
> 生："陶后鲜有闻"的"鲜"应该读三声。
>
> 生："噫"不读一声，应该读四声。
>
> 生："甚蕃"的"蕃"应该读二声。
>
> 生："亵玩焉"的"亵"读"xiè"。
>
> 师：这个字不太好写，怎么识记比较好？
>
> 生："亵"是把"衣"拆开，中间加了个"执"字。
>
> 师：同学们在练习本上写一写，注意偏旁部首、间架结构。
>
> （生练习，师巡视后板演指导）①

　　程老师的这一课例片段主要是进行字词的教学。针对初中学生的教学还在强调字音字形，未免太为基础，但通过课堂流程来看，本教学环节是在学生初读文本后进行的。程翔老师在预设时，应该没有此项教学内容，不过在课堂上，学生初读文本时出现了错误的读音，书写字词时出现了错误的笔顺。此种情况下，程老师或让学生进行了纠正，或让学生在练习本上练习。学生读不懂的，使他读懂；学生读不好的，使他读好；学生写不对的，使他写对。课堂进程虽然慢了一些，教学内容虽然偏基础性了一些，却都是针对学生出现的问题。基础都不牢靠，何谈提升语文能力？王荣生教授说："教师根据学生的具体情况，将课程专家提供的'一般应该教什么'转化为'实际需要教什么'，将教材专家建议的'通常可以用什么去教'转化为'实际上最好用什么去教'。关注与学生实际的契合，这是'语文教学内容'的

---

① 程翔：《〈爱莲说〉教学实录》，载《语文教学通讯》（B）2019年第1期。

本来含义。"①程老师在教学中体现学情，在平实中见功力，在基础中见素养，真正做到了以学情为核心，体现了以学生为核心的教学原则。

由此可见，以学情为核心选定教学内容，是将学习的权利真正交还给学生，让学生体会学习的快乐，这是真正意义上的尊重学生。

三　依据核心素养选定教学内容

语文课程是一门学习祖国语言文字运用的综合性、实践性课程，具有工具性与人文性相统一的基本特点。《普通高中语文课程标准（2017年版）》指出：学科素养主要包括"语言建构与运用""思维发展与提升""审美鉴赏与创造""文化传承与理解"四个方面。从某种意义来说，语文教学的终极目标，就是要让学生的语文素养在语言、思维、审美、文化四个维度都有发展和提升。鉴于此，语文教师在选定教学内容时就应杜绝庞杂，从核心素养的四个维度出发，积极引导学生在语言积累、语感形成、思维品质、思想情感、品德修养、审美情趣等方面努力发展和提升。

以黄厚江老师的《乡愁》课堂实录片段为例：

师：假如把"小小的"换成"大大的"，"窄窄的"换成"宽宽的"，"矮矮的"换成"高高的"，"浅浅的"换成"深深的"，好不好呢？

生：不好。

师：为什么不好呢？我觉得，"大大的邮票"表达了更丰富更沉重的情感啊。

生：因为感觉"大大的""宽宽的""高高的"，都是很开心的。

师：哦，你的意思是感情基调、感情色彩不对。换过了以后，情感就没有那么深沉了，是这个意思吧？大家觉得有没有道理？

生：有。

师：有没有同学还能从其他角度说说为什么黄老师换的不好？

---

① 王荣生：《语文课程与教学内容》，教育科学出版社2015年版，第234页。

生：老师换的都是与之前那个词相反的，就是感觉之前那个比较小一点的更能表现出乡愁。

师：这个同学结合前后的词语来理解，非常有道理。人家前面用的量词是"一枚""一张""一方""一湾"，这里用"大大的""宽宽的""高高的""深深的"，就不相称、不协调。很有道理。

生：我觉得，它是用了"小小的""窄窄的""矮矮的""浅浅的"，修饰后面的这些东西。这个修饰的词都突出了小。东西虽小，里面的情感很深。①

本课例中，黄老师通过替换字词法，引导学生品味诗歌的语言之美。调整文字就是调整情感的过程，在调换的过程中，黄老师引导学生比较鉴赏，从字词到色彩再到情感，由浅入深，分析字词所蕴含的真情，可谓一石二鸟：一是在鉴赏中提升了学生的语言品味能力，二是在比较中发展了学生的思维能力。

当然，教学内容的选定是多角度、多层次的，这里所论述的三点，只是针对具体的教学内容如何选择，并不是全部或唯一的原则策略。只要更多的语文教师能够关注"教什么"的问题，在语文教学内容的选定上统筹安排，突出文体特征，突出关注学情，突出语文核心素养，我们的语文教学就会具有更强的序列性、针对性和实效性。

陕西省宝鸡市石油中学　王　成

---

① 黄厚江：《〈乡愁〉课堂实录》，载《中学语文教学参考》（中旬）2019年第8期。

第3讲　教学目标的设计

　　教学目标是教学活动实施的方向和预期达成的结果，是一切教学活动的出发点和落脚点。教学目标的设计是教学设计的核心，是教学设计中最基础、最关键的一个环节，决定着整个教学过程的方向、过程及结果评价，并直接关系到课堂教学的效果和学生的发展。知识与能力、过程与方法、情感态度和价值观是设计语文课程目标的三个维度，不是课堂教学目标，不能混为一谈。三维目标不能简单地割裂分开为三个目标或三方面目标，三者应相互渗透，融为一体，着眼于学生语文素养的整体提高。

　　教师在教学目标的设计中还存在诸多问题，比如教学目标不明确，不能突出教学重点内容，教学目标要求过高或过低，教学目标不能体现语文本体性，教学目标表述不具体、不规范等等。教师在设计教学目标时，要能做到既突出重点和难点，又表述准确具体，指令性强。教学目标的确定是教师设计教学必须修炼好的基本功之一。

　　在设计教学目标时怎样才能做到突出重难点呢？我们首先要弄清楚什么是教学重点，什么是教学难点，教学重点、难点和教学目标是什么关系。

　　教学重点是依据教学目标，在对教材进行科学分析的基础上确定的最基本、最核心的教学内容，就是学生必须掌握的语文基础知识与基本技能，也可以称之为语文学科教学的核心知识。

教学难点是指学生不易理解的知识，或不易掌握的技能技巧。难点不一定是重点，也有些内容既是难点又是重点。难点有时又要根据学生的实际水平来定，同样一个问题就不同学生而言不一定都是难点。一般情况下，大多数学生感到困难的内容，教师要着力想出各种有效办法加以突破，否则不但这部分内容学生听不懂学不会，还会为理解以后的新知识和掌握新技能造成困难。

教学的重点、难点，是包含在教学目标中的，是必须出现在教学目标里的，也就是说，教学重点难点应该是在教学目标中选择设计的，而不能游离于教学目标之外。很多的老师在设计教学目标的时候很盲目，并不清楚教学目标与教学重难点的隶属关系，从而出现教学重难点游离于或者超越教学目标的现象。课堂教学要讲究分散重点，突破难点。教学重点要分散，既让学生易于接受又减轻学生负担；教学难点要分析落差的距离，搭建合适的台阶：这正是教学艺术性之所在。

在教学目标设计时，要做到重难点突出，就必须注意以下几点。

一　教学目标明确具体是必要前提

教学目标一定要明确具体。只有做到教学目标明确具体，才有利于教师选择正确的教学方法，进行科学的学法指导；才有利于教师组织恰当有效的教学活动，准确地评价教学结果；也才能使教师将教学的意图清楚地传达给学生，让学生主动把握自己的学习过程。明确具体的教学目标应当指向具体的学习结果。

另外，要做到目标明确具体，在设计教学目标时就要照顾学生的认知差异，不制定过高或过低于学生实际的目标，还要根据学生的个体差异，使优秀生能吃饱、中等生能跟上、学困生蹦一蹦能够着。例如，陕西省教学能手杨琨老师在教授《闻王昌龄左迁龙标遥有此寄》时设计的目标是：

1.反复诵读，读准字音，读出节奏，在朗读中感受诗歌的音韵美；

2. 展开想象，感悟诗歌中寄予的情感，初步体会诗歌情景交融的特点；

3. 揣摩品味，初步理解诗中杨花、明月、子规三意象的内涵。①

这几个目标设置得很明确具体，同时照顾到不同层次的学生，对于学生学习诗歌的能力呈现出螺旋式要求。在目标语言表述上，不使用含糊不清、难以把握的词语，而是使用学生容易把握、操作性强的"诵读""想象""品味"等动词。目标是否明确具体是前提，只有在此前提下，才能考量目标是否科学合理，是否符合课标和学情，重点、难点是否突出。

二　教学目标能体现出语文学科的特点是关键

作为语文教师，要科学合理地设计教学目标、确定重点难点，最核心、最关键的是目标要符合语文课程标准中的要求与建议，而且要符合语文学科的性质。在确定每一节课的教学目标之前，教师要认真研读单元提示、预习提示（或旁批）和课后习题等助学材料，结合单元提示、预习提示（或旁批）等助学材料来确定本节课的教学目标及重点、难点。

除研读助学材料外，还有很关键的一点是要研究学情。了解学生实际，根据学情特点明确重难点，结合文本内容确立合理明确的教学目标，并切实可行地落实，教学中注重对课文内容的感知、理解和领悟。只有这样，才能真正提高学生驾驭语文的能力。例如统编教材八年级上册第四单元学习的是写人叙事、托物言志、阐发哲理、写景抒情的散文，单元目标是反复品味、欣赏语言，体会、理解作者对生活的感受和思考，并了解不同类型散文的特点。结合单元目标和《背影》课后积累拓展习题，笔者上公开课《背影》第二课时，就确定了这样的教学目标：

1. 有感情地朗读课文，品味文章中朴素而又典雅的语言，体会蕴含

---

① 曹公奇主编：《初中语文经典篇目同课异构与点评Ⅱ》，北京燕山出版社2019年版，第25页。

的感情;

2. 学习作者抓住某一特定情景展开内容的写法,读写勾连,并在习作中学习这种写法。

要突出语文本体性,就要在确定教学目标时,结合文本培养学生感受语言、品味语言和评价语言的能力,重视语言学习,重视语言训练。文本中涉及其他领域的知识点到为止,不纠缠,可鼓励学生课余时间向相关学科老师请教或查资料解决。

特别需要注意的是,一节课的目标不能太多,贪多求全,反而无法落实。要精而具体,明确要学的几个点,有计划地完成。另外,教学目标也不能过于细碎,否则一节课教学事无巨细,胡子眉毛一把抓,往往什么都抓不到。相反,每节课如有侧重点就能各个击破,同时注意落实举一反三,学生就能实现从学会到会学的转变。

三 教学目标设计有弹性是保障

根据语文课程标准的要求,从宏观上把握课标对学生语文素养要求所规定的基本标准(下限)和最高标准(上限),防止教学目标偏低或过高。教学目标的下限,是每一个学生都必须达到的教学要求,它可以使学生了解达到怎样的水平才算基本合格。教学目标的上限是为学有余力的学生设定的最高教学标准,对学生起着激励和引导作用。教学目标的制定既要有统一的要求,又要注意适应个别差异,具有一定的弹性。只有保证目标有一定的弹性,才可以在教学时根据学情适时调整,做到游刃有余,起到良好教学效果。例如周雅梅老师设计的《天净沙·秋思》教学目标:

1. 引导学生感受画面,进行情境渲染,让学生自由想象,体会诗歌表达的意境。

2. 通过对话、讨论、探究、启发等方法,引导学生初步归纳出作品的写作方法。

3. 学生准确把握诗歌节奏、重音，能流利、有感情地朗诵，当堂完成背诵任务。①

周老师对于《天净沙·秋思》教学目标的设计很有弹性："感受画面，进行情境渲染""学生准确把握诗歌节奏、重音，能流利、有感情地朗诵，当堂完成背诵任务"，这两个教学目标确保了诗歌教学的最低要求；"学生自由想象，体会诗歌表达的意境"要求就比较高了，对于七年级学生而言，不是人人都可以达到的。这样的目标设计就做到了弹性合理，收放自如。

四　目标表述要准确、具体，不能使用含糊不清的词语

在教学重点、难点确定后，不少教学设计中教学目标的表述会存在诸多问题。比如：没有以学生为主体，目标表述的主语混乱；目标表述比较准确，但不够具体明确，表现在行为动词的运用不够准确；人文素养目标的表述中"正确的废话"较多，似有实无，缺少操作性，无法监测评估。

对于教学目标的表述，教师该注意什么呢？

教学目标的表述，应该是一句完整的陈述句，一般包括以下四个要素：第一，行为主体。行为主体是指学生而不是教师，若写成"教会学生……""培养学生……""激发学生……"都是不恰当的。第二，行为动词。用以描述学生所形成的可观察、可测量的具体行为，比如"学会""掌握""理解""感知"等等。第三，条件或情境。指影响学生产生学习结果的特定的限制或范围，主要说明学生在何种情境下完成指定的操作，如"借助工具书""参考书写面注解""联系时代背景"等。第四，表现水平。是指学生对目标所达到的最低表现水准，用以评量学习表现或学习结果所达到的程度。

比如，特级教师梁建清为《回忆我的母亲》第二课时设计的教学目标是这样表述的：

---

① 曹公奇主编：《初中语文经典篇目同课异构与点评Ⅱ》，北京燕山出版社2019年版，第71页。

1. 理清本文讲述了母亲的哪些事迹，分析母亲的人物形象。

2. 学习文章通过选取典型事例来表现人物性格的方法，并领会文章质朴而富有深情的语言特点。

3. 学习朱德同志的母亲勤劳简朴、宽厚仁慈、坚忍顽强的美德，体会作者对母亲的敬爱、思念之情。①

以上三个目标表述的行为主体很明确，处处以学生为主体；"理清""分析""学习""领会""体会"等等这些行为动词指令性很强，有极强的可操作性和监测性。

教学目标必须具有准确性、全面性、主体性和可测性。准确性是指行为动词的使用、行为条件的交待和表现程度的定位，要符合语文课程标准中的目标要求，符合教材实际和学生实际。全面性是指教学目标要涵盖语文核心素养中语言建构与运用、思维发展与提升、文化传承与理解和审美鉴赏与创造。这四个方面要全面具体，而在不同体裁、不同课时中要有所侧重。因为教学目标是要求学生的学习达到什么结果，不是指教师在教学中做什么、怎么做，所以其行为主体是学生而不是教师。操作性，指教学目标需明确说明要做什么，达到怎样的结果，有具体的可操作性。可测性是指目标表述明确具体，具有质和量的具体规定性，能够据以观测学生的行为状态，对教与学两个方面做出合理的评价。教学目标在表述方面符合准确性、全面性、主体性和可测性，同时又很明确具体，那么就很规范了。

陕西省西安市高新第一学校　张江凤

---

① 刘远主编：《名师同步教学设计》（初中语文　八年级上册），山西教育出版社2018年版，第43页。

第 4 讲　教学情境的创设

　　语文教材中，课文涉及古今中外的内容，不少文本空间时间跨度大，离学生现实生活较为遥远，让学生在短短的课堂时间内理解掌握有一定难度。老师如果只是照搬教参，纸上谈兵，长此以往会导致学生对语文课产生抵触情绪，甚至放弃语文学习。因此，创设教学情境，化虚为实，化难为易，化抽象为具体，便是一种行之有效的方法。

　　《普通高中语文课程标准（2017年版2020年修订）》对具体情境的阐述为："真实、富有意义的语文实践活动情境是学生语文学科核心素养形成、发展和表现的载体，语文实践活动情境主要包括个人体验情境、社会生活情境和学科认知情境。"可见，学生的语文实践活动离不开具体的情境。教学情境的创设应针对学校教学脱离生活实际、知识惰性化等现象，在个人体验情境和学科认知情境的基础上，将教学内容与社会生活情境相关联，还原知识产生与应用的具体背景，充分考虑学习内容与学生已有经验的结合。

　　语文课堂教学情境主要包括生活情境、画面情境和场面情境。生活情境是将陌生的学习内容与熟悉的现实生活相关联，启迪学生的理解与感悟；画面情境是将抽象的学习内容转化为形象的画面，在交互中分享信息，合作探究，加深理解；场面情境更强调学生的主动参与性，学生在个人体验的基础

上，将学习内容通过语言文字表述为不同场景，在思维的交流与碰撞中升华
对学习内容的感悟。

一 教师引领，创设生活情境

课标中有关"情境"的重要表述有"真实的语言运用情境""课程内容
情境化""个人体验情境""社会生活情境""学科认知情境"等。课标对语
文学科核心素养的界定为："语文学科核心素养是学生在积极的语言实践活
动中积累与构建起来，并在真实的语言运用情境中表现出来的语言能力及
其品质。""语言运用"强调语文教学情境是真实复杂的语言文字运用情境；
"真实……情境"强调语文教学情境要紧贴生活，课堂教学应通过设计生活
情境，激发学生学习兴趣，提高课堂教学效果。

我们看浙江省特级教师张全民执教《写作即生活》的片段：

（现场活动之一：教师请各小组长现场分发给每位同学一颗独立包
装的巧克力，请同学们细细品尝巧克力的滋味，并结合教师建议，谈谈自
己的品尝体会。现场气氛开始活跃起来，学生纷纷品尝，互相交流）

师：好，下面有请我们的同学发言。

生：巧克力的甜带有一种苦涩，但这种苦过了之后就有一种回味，
一种绵长的回味。

师：哦，开始品出感觉来了。

生：我想起小时候，阿姨从城里来看我，给我带来一盒巧克力，
看到这么精致的包装，一直都舍不得吃，这样的记忆总让人感觉到很
温暖。

师：小小的一盒巧克力却沉淀着美好的回忆。

生：我总觉得巧克力象征着高贵，在那么多的糖果里面，它总是与
众不同。我这么讲倒不是因为它的价格有点高，而是它的气质不一样，
像贵族。

师：多么充满思辨的一种感想。

生：巧克力可以在表现爱情的文字里作为一种意象使用，比如男主人公送女主人公一盒巧克力，可以暗示一点情感什么的。（学生笑）

师：呵呵，爱的滋味多么甜蜜。[①]

一段时间以来，中学校园流行语文学习有三怕："一怕文言文，二怕写作文，三怕周树人。"写作文是一个沉重的话题，大多师生为此感到焦虑、困惑，老师怕教怕改，学生怕写怕考。当大多数语文老师苦苦追求指导写作的技巧却收效甚微时，张全民老师通过设计"品尝巧克力"这一生活情境，引导学生谈论巧克力的滋味，渗透语言的源头永远是生活，而写作是为了更充实地表现生活的理念。语文课堂设计生活情境，可帮助学生确立内心和生活的联系，进而"吾手写吾心"，实现写作与有灵魂的生活的自然连接。

二　师生互动，创设画面情境

语文课堂教学尤其是诗歌教学，可采用画面情境，教师启发学生将诗句想象成场景，化抽象为形象，进而深入体会文字的魅力和诗歌的意境。"互动"强调师生、生生之间的合作学习。情境认知学习理论强调建立实践共同体，实践共同体的成员间有着共同的学习目标，他们在交互中分享信息，合作探究。画面情境既可以是"现实的真实"，将课堂直接搬到广阔的社会生活中；也可以是"艺术的真实"，即根据教学需要人为加工创设典型情境。不过，在构建语文学习情境时，要特别关注"艺术的真实"，重视情境的合理性。

我们看河北特级教师陈英执教《旅夜书怀》的教学片段：

师：请同学们发挥想象，用自己的语言描述诗歌前四句呈现的画面。

生：岸边微风吹拂细草，一只小船停靠在岸边，桅杆高高竖立。星星低垂，原野开阔，月光映在水面，大江滚滚奔流……

[①] 苏立康主编：《品课》（高中语文卷001），教育科学出版社2013年版，第168—169页。

师：还有诗人呢？他在哪？

生：诗人应该坐在船头，或者站在船的旁边。

师：想象力很丰富啊！阅读诗歌，需要我们调动日常生活体验，运用丰富的想象力去感知意象、品味意境，从而体会作者的思想感情。

下面给大家布置一个任务：假如你是导演，要把这首诗呈现的画面拍一段精美的视频，你会怎样设计？请各小组讨论，然后选一位代表发言。

（2分钟后）

生：我们打算这么拍：几棵绿绿的细草，在微风中摇曳；一条有高高桅杆的小船停在岸边，诗人坐在船头；远处星星低垂，月亮高悬，月影照水中随水滚滚奔流……

师：有意境！镜头怎么切换呢？远近高低有没有变化？具体说说看。

生：镜头先拍近景——细草、江岸、小船、诗人，然后再拍远景——平野、星星、月亮、大江。星星、月亮是仰视，其他都是俯视。

师：意象都有了，好像还不够生动，意境没有体现出来。谁来补充一下，拍几个特写镜头？

生：拍细草在微风中摇曳，要体现草的细小柔弱，把它弱不禁风的特点体现出来。

师：对，草细，风轻，画面似乎很美啊，配点什么音乐呢？轻松欢快的，还是低沉舒缓的？

生：低沉舒缓，有点压抑的，比如阿炳的《二泉映月》。

生：配肖邦的钢琴曲，忧伤的那些。

师：呵呵，"再牛的肖邦，也弹不出我的忧伤"。肖邦确实有很多表达忧郁凄凉的钢琴曲，不能加点喜洋洋的音乐吗？

生：不行，我看课下注释了，杜甫这时候心情压抑，思想苦闷。安史之乱时，他曾经寄居在成都，靠朋友严武的帮助暂时过上了比较安稳的生活。严武去世后，他不得不再次离开成都，乘舟东下，旅途中写下这首诗。

师：我们继续设想，还要拍哪些细节做特写？

生：我觉得可以拍他坐的小船，又小又破，甚至有点裂痕，桅杆很高很细，衬托小船很小。①

陈老师在分析"细草微风岸，危樯独叶舟。星垂平野阔，月涌大江流"四句时，先启发学生发挥想象，用自己的语言描述画面，这还只是初级的画面情境；然后引导学生以想象如何拍摄视频的形式呈现画面，这就是一种跨媒介的学习，将学生的知识视野由语文课堂延伸到了影视拍摄，构建了学习任务与学习经验之间有意义的关联，提高了学生对语文学科的认知能力。学生的镜头下开始只有大轮廓的景与人，在陈老师引导下情境更趋于真实。陈老师引导学生思考镜头的切换和特写的表达，形式上是使情境细节化，实质上在自然而然中帮助学生领悟了表现手法中的远近结合、俯视仰视等，使情境教学与语文知识教学自然融合。情境音乐的选择是诗歌情感理解的深度体验，学生结合诗歌内容和注释，体会到杜甫在诗中抒发的压抑和苦闷，因此选择了阿炳的《二泉映月》和肖邦忧伤的钢琴曲。师生在相互交流画面情境中分享信息，合作探究，探析文化现象，拓宽知识视野。

三　学生主动，创设场面情境

教学是老师"教"与学生"学"的双边活动，在教师引领、师生互动创设教学情境的基础上，将课堂还给学生，动员学生自己创设情境。"一千个观众心目中就有一千个哈姆雷特。"如果一个学生的情境是一朵花，全班学生创设的情境就形成了一座美丽的花园。

我们看云南特级教师任玲《子路、曾皙、冉有、公西华侍坐》教学片段：

师：同学们问题聚焦最多的是孔子为什么"与点"？又为什么要

---

① 顾之川主编：《名师语文课》（高中卷），山东教育出版社2019年版，第59—60页。

"喟然"？为了解答这个问题，我们先走进曾皙的想象世界。大家听一段歌曲。（播放《中国好歌曲》节目中刘相松的歌《春天来了》）

（生听，笑）

师：我对这首歌印象深刻，歌者真的把春天来了的感觉表现得淋漓尽致，又催人发笑，里头有抑制不住奔向大自然的深情和冲动。我们先来分享一下，看看同学们的笔下，曾皙的春天是怎样的？

生：和暖的暮春弥漫青草的气息，我的身体还无法习惯身上的春衣。清澈的沂水里，大人孩子欢快地洗浴嬉戏，风吹过舞雩台我的发际，乘凉的身姿多么惬意。歌声荡漾在归家的小径，我多想眼前就是这样的情景。可惜这美好的风景，只存在于我的礼治之梦里。

师：现代诗的诠释，不仅有在春天嬉戏的美，结尾还有特别的感叹。

…………

生：东风渐歇渐雨晴，落花又纷纷。春衫新成寻春去，留春春无迹。青年志，孩童趣，风起沂水逝。轻舞雩台三两诗，莫问平生志。这是模拟《阮郎归》写的。（掌声）

师：好！词的形式，意味足，结尾也有自己的解读倾向。

…………

生：于暮春之时，着一袭青衣。邀五六伙伴，携六七稚童。沐一壶清泉，舞一袖清风。尽兴歌于途，长幼醉山水，美景在眼前，仁爱存心间。

师：又是一个特色结尾的解读，耐人寻味。谢谢同学们的分享，我们发现每一个人心中都有一个曾皙，每个曾皙又多么不一样啊！之所以不一样，是因为加进了你们自己对春天的向往，加进了你们对曾皙话语的独特理解。[①]

任玲老师讲解曾皙的"莫春者，春服既成，冠者五六人，童子六七人，浴乎沂，风乎舞雩，咏而归"时，没有局限于简单的解词翻译上，而是运用

[①] 顾之川主编：《名师语文课》（高中卷），山东教育出版社2019年版，第192—193页。

情境教学，先用歌曲《春天来了》营造出"奔向大自然的深情和冲动"的氛围，然后循循善诱，帮助学生在想象的基础上创设场面情境，通过创作不同体式的文本——诗歌、骚体诗、词来重现曾皙的理想世界。《论语》中短短几句话，不同学生采用不同韵文创设出不同的场面情境，感受体验与语言表达交流巧妙融合。老师启发巧妙，点评精当，学生思维敏捷，灵动活跃，师生合作，在轻松愉悦中完成了《高中语文课程标准》中"考查学生语文学习过程中的体验和感受、学习策略，以及梳理、探究能力，尤其是基于社会情境的阅读、表达与交流的能力"的任务。

生活情境、画面情境、场面情境，课堂教学的情境创设由老师引领到师生互动，再到学生主动，课堂中心一步步向学生转移，让学生在学习知识的同时，掌握运用的能力并且受到精神的感染，积淀起文化的素养。

当然，教师创设教学情境，不能脱离语文课程的本质，不能脱离语文学科核心素养的要求。语文为主，情境为辅，不能主次颠倒。例如为创设情境，过滥地使用音乐、画面或影视剧视频，这样会淡化语文课的语言文字功能，表面看热热闹闹，其实学生收效甚微。也就是说，语文教师创设的教学情境，要体现语文学科的特点，围绕"语言文字运用"创设情境，提高课堂教学质量。

陕西省宝鸡市岐山高级中学　王建红

第5讲　教学文本的切入

　　一篇文本，在教学的时候从什么地方切入能深入到文本内核，让学生的学习体验更加有趣，学习方法更加简捷，学习感悟更加准确，这是语文教师教学功力和教学艺术的体现。

　　在长期的教学实践中，我们不难发现：可以根据学生观察文本内容的视角，寻找学生对文本的关注点，确立恰当的切入点，以有效提升文本阅读的针对性；也可以根据教学内容的选定和教学目标的设置，结合学生对文本的感知体验，确立合适的切入点，提升文本解读品质；还可以根据文本篇性特征，确立可以使学生获得阅读体验的文本切入点。总之，教学文本的切入点是多角度、多层面的。根据教学需要，选择恰当的教学文本切入点，就可以"一石激起千层浪"，有效激发学生探究文本的兴趣，使课堂生成多元而精彩。我们以多个语文名师的课堂教学实践为例，来探究教学文本如何切入。

一　以作家风格或背景为突破口的教学文本切入

　　我们常说知人论世，从作家及作品切入，是帮助学生理解文本的有效方法。学生通过了解作家的风格特点、作品的创作背景等，感悟作家的思想，把握文本的匠心。

以孙开仁老师《闻王昌龄左迁龙标遥有此寄》的教学片段为例：

> 师：有位诗人，他生活在大唐盛世，他性格豪放不羁、卓尔不群，他的诗雄奇奔放、俊逸清新，他被后人誉为"诗仙"。同学们，你们知道他是谁吗？
>
> 生：李白！
>
> 师：对了，他就是伟大的浪漫主义诗人李白。李白一生留下诗歌无数，他的送别诗特别为人称道："孤帆远影碧空尽，唯见长江天际流"，送别友人孟浩然，他深情款款、无比依恋；"桃花潭水深千尺，不及汪伦送我情"，面对友人汪伦的盛情，他见景生情，慷慨赞美……今天，我们一起学习李白的一首著名的送别诗——《闻王昌龄左迁龙标遥有此寄》，去感受其中那一份深厚情谊。[1]

孙开仁老师结合学生已有的知识积累，从猜诗人入手，调动学生关于李白的生平、作品风格、文学地位等知识储备，并且联系同类作品，进行课内课外知识的衔接。这种巧妙切入，既是温故，又有知新，有效激发了学生的学习兴趣，同时为学生体察送别诗中浓厚的情谊作出了很好的铺垫。

《义务教育语文课程标准》要求：对作品的思想感情倾向，能联系文化背景作出自己的评价。这里的文化背景，涵盖作者的写作风格、作品特色等。孙开仁老师的教学文本切入点与之吻合。

我们再看看著名特级教师褚树荣执教《荷花淀》时的文本切入点：

> 师：在中国现代作家中，孙犁是比较特殊的一个。如果说有些作家是皱着眉头看世界的话，孙犁则是带着微笑看人生的——即使在艰难困苦的战争年代，他也总能发现生活的快乐和美感，《荷花淀》就是如

---

[1] 曹公奇主编：《初中语文经典篇目同课异构与点评Ⅱ》，北京燕山出版社2019年版，第20页。

此。今天，我们就要通过对语言的理解，来体会这篇小说的美感。[①]

褚老师也是以作家作品为切入点进入文本的，同时直指本课学习的方法"通过对语言的理解，来体会这篇小说的美感"，很好地勾起了学生对体会文本美感的向往。

二 以题目发散为兴趣点的教学文本切入

文章的标题，就像文章的眼睛。我们教学的时候，首先应抓住文章的标题，或者标题中的重点词语，进而切入文本，直接进入教学的核心内容或重点问题上。

比如，丁卫军老师在讲《在阿加西斯教授的实验室》一文时，就是从题目切入的。

师：同学们，上课！我们今天一起学习一篇外国的文章《在阿加西斯教授的实验室》。第一次看到这个文章题目时，大家会产生怎样的问题？

生：阿加西斯教授是个什么样的人？

师：他关注了主要人物。

生：作者要在阿加西斯教授的实验室里做什么？

生：在阿加西斯教授实验里发生了什么？

师：他们关注的是主要事件。

生：阿加西斯教授的实验室有什么特别的地方？

师：他关注的是事情发生的地点。非常好，那么我们就放开声音来读课文，看看能不能在"在阿加西斯教授的实验室"这个后面加一个逗号，说一句完整的话。

（师板书，在文题后面加上标点，画一横线。生朗读课文。教师

---

① 《褚树荣讲语文》，语文出版社2008年版，第109页。

巡视）

师：读完了，我们能不能把这句话说完整？可以说说发生了什么事，也可以说说"我"的收获，还可以从阿加西斯教授的角度说。

生：在阿加西斯教授的实验室，"我"学会了对待每一件小事都要认真、专注。

师：她自己做了发挥。

生：在阿加西斯教授的实验室，"我"学会了观察。

生：在阿加西斯教授的实验室，"我"认识了观察的重要性。

师：认识到了观察的重要性。[1]

丁老师的课是讲究语言实践的课。他从课题切入，激发学生研读文本的兴趣。这不是一篇文学作品，而是一个现实生活中的真实故事，丁老师引导学生关注记叙的要素，并在点评时予以肯定。这个故事的核心要义是"仔细观察"，丁老师在题目后面加上标点，画一横线，请学生阅读之后补充，形成一个完整的句子，将这个核心要义很好地发掘了出来。在这个过程中，语言运用得到了很好的体现，值得学习。

三 以文中的关键语句为纲领的教学文本切入

掌握教学文本中的关键语句，正如"庖丁解牛"时掌握牛身上骨节的空隙处，从关键语句切入，就相当于给解读文本之锁配了一把钥匙。这样的切入，角度新颖独特，还能帮助学生充分思考语言运用的准确性，揣摩关键语句的深刻内涵或其反映的心理状态等。

我们看看肖培东老师执教《紫藤萝瀑布》的片段：

师：今天我们学习宗璞的散文《紫藤萝瀑布》。究竟是怎样的一片紫藤萝花，引发了作者无限的感慨？我们再次读读这篇文章。文章不

---

[1] 丁卫军：《简约语文公开课》，北京燕山出版社2018年版，第135页。

长，非常适合诵读，我们就请几位同学一段段接着读，用心地读课文。

（几位学生接读课文，最后一段全班齐读）

师：注意到没有，这篇散文的首尾两句话很相似。我们再读读文章第一句话和最后一句话。来，先读第一句话。

生（齐读第一句话）：我不由得停住了脚步。（听见有一位学生把"我不由得停住了脚步"读成了"我不由得加快了脚步"）

师：刚才谁读错的？你为什么会读成"加快了脚步"？

生：我听错了，句子又差不多。

师：还不仅仅是听错，两个句子看着就是像。这个"加快"出现在什么时候？

生（齐）：文章结尾。

师：我们再把结尾读一读。

生（齐读）：在这浅紫色的光辉和浅紫色的芳香中，我不觉加快了脚步。

师：文中的第一句话"我不由得停住了脚步"，这位同学错读成了"我不由得加快了脚步"。那这位同学，文章的第一句话能不能就改成"我不由得加快了脚步"呢？

…………

师：大家听清楚了吗？我们读文章要有自己的想法。按这位同学的说法，用"不由得加快了脚步"开头，应该也可以。其实，在生活场景中，"加快了脚步"，"停住了脚步"，都有被紫藤萝吸引住的意味，都源于这盛开如瀑的紫藤萝花。（板书"盛"）[1]

肖老师引导学生关注首尾相似的两个关键句，在辨析中思考，在思考中延伸，既有对语言的品析，又联系了生活场景，激扬了情感体验，水到渠成

---

[1] 肖培东：《语文：深深浅浅之间　肖培东语文新课品读》，长江文艺出版社2020年版，第56—58页。

地走近了盛开如瀑的紫藤萝花，开始了对文本情感的探究。

四 以主题为抓手的教学文本切入

"思维发展与提升"是语文核心素养的主要内容，理解作品的主题是引导学生进行语文课堂思维活动的途径之一。学生也许可以粗略地看懂一篇文章的主旨，可是隐藏在文字背后的意义，他们未必能领会。从主题切入，不是直接告诉学生主题，而是借助抛砖引玉式的激发，深入浅出地在语言的正确理解和运用中，发现主题。

我们以褚树荣老师教学《〈宽容〉序言》时的切入点为例来看看。

师：有一副对联的下联是"壁立千仞，无欲则刚"，请问上联是什么？

生（齐声）：海纳百川，有容乃大。

…………

师：是的。对联讲到了宽容的道理。今天我们要就"宽容"这个话题领略下美国作家房龙的思想。昨天布置了预习。对于房龙，大家知道多少？

…………

生：我读过《圣经的故事》，好像讲故事一样的，不像历史书。

师：是啊，这就是他的特点，他善于用极其轻巧俏皮的文字，撰写通俗历史著作。这大概同他当过教师、编辑、记者，又在德国、美国读大学并获博士学位分不开。攻读博士学位的经历让他的著作里有了深刻的思想，教师、编辑、记者的经历，又使他的文章浅白通俗、生动有趣。

世纪之交，中国翻译出版了他的大量作品，有《宽容》《人类的故事》《房龙地理》《发明的故事》《圣经的故事》等。其实，他从20世纪20年代以来发表的一系列作品，大多成为美国的畅销书，并被译成多种文字出版，以后到书店可以稍加留心。他有一句名言，与今天的课文有关，大家可以记一下："人类思想要健康发展，人类社会要文明进步，人类必须要具有能接受异见的宽容的胸怀。"[①]

这篇序言的写法很特别，通篇就是一个隐喻。从形式上看，是散文诗；从主题的表达来讲，是借故事来表达《宽容》的精髓。所以这篇序言兼有散文诗和寓言的特点。褚树荣老师在确立文本切入点时，考虑了教学文本的篇性特点，选择了学生较为熟悉的一副对联，借对联隐喻主题，为学生对课文隐含意义的理解打开了一个很好的突破口。这个进入文本的切入点，渠道顺畅，启迪思维。师生对话的过程，就是对主旨理解不断丰富深刻的过程。

五　以解读多元化为引领的教学文本切入

面对同一篇文本，解读的角度不同，得到的认知也不同。多元化的解读，是发展学生思维的有效途径。直接从多种角度的解读切入文本，可以更好地激发学生探究文本的兴趣。

余映潮老师《故乡》教学设计的切入点，无疑是很好的范例。

师：《故乡》这篇课文，可供我们品读的地方实在是太多了。如：一个贯串全文的"变"字，一个贯串全文的对比的手法，一幅定下全文情感基调的《故乡远景图》，"始于篷船，终于篷船"的两只乌篷船，故事中"闰土"与"我"、水生与宏儿老少两代"亲近与隔绝""亲近与远离"的循环，闰土、杨二嫂、"我"这三个重要人物及"回故乡"——"在故乡"——"离故乡"的情节安排，四种肖像描写的笔法，对闰土的五次肖像描写等等。即使是基础知识中的词语，就有三个"飞"，四个"然"（突然、忽然、愕然、惘然），四个"望"（拜望、盼望、希望、愿望），四个"仿佛"，五个"大约"，十几个量词，十几个叠词，十几个色彩词，十几个用得精美的单音节动词，十几个用得

---

① 《褚树荣讲语文》，语文出版社2008年版，第132页。

精妙的双音节词，很多组同义词、反义词等等，可以进行品味。另外，文中还有好多种句式、好多种描写技法等等可供借鉴。但今天我们只能选取一处进行理解、品读、赏析。

课文练习一中有这样的话："这篇小说实际上写了两个故乡：一是记忆中的故乡，一是现实目睹的故乡。"我们能不能用课文中的内容来替代这段文字中的"故乡"呢？

这篇小说实际上写了两个杨二嫂：一是记忆中的杨二嫂，一是现实目睹的杨二嫂。

这篇小说实际上写了两个闰土：一是记忆中的闰土，一是现实目睹的闰土。

这篇小说实际上写了两种情感：一种是记忆中的情感，一种是现实感受中的情感。

这篇小说实际上写了两种交往：一种是记忆中的交往，一种是现实感受中的交往。

这篇小说实际上写了农民的两种生活：一种是记忆中的生活，一种是现实中的生活。

定向：我们今天就来品读课文中写"现实目睹的闰土"这一部分。①

余老师切入文本时，给学生提供了多种解读文本的角度，拓展了学生观察文本的视角。品读角度的多元化，语言运用的丰富性，人物的双面性，情感的双重性，都唤醒了学生对文本品读的期待，从多个刺激点激起了学生探究的兴趣，可以提升学生的比较、思辨、创新等能力，从而促进学生思维的发展。

事实上，教学文本的切入有多种途径，除了上面提到的几种常见切入角

----

① 《余映潮阅读教学艺术50讲》，陕西师范大学出版社2005年版，第374—375页。

度，还有基于学生心理视角的以疑难点为条件刺激的教学文本切入、基于教师教学环境的以现场生成为生发兴趣的教学文本切入、基于学生认知的跨媒介切入等。

　　语文课程是一门学习语言文字运用的综合性、实践性课程。无论怎样切入教学文本，都应该以学习语言文字的运用为核心，以提升学生的语文素养为目的，避免华而不实的无效或者低效切入，让语言运用在课堂落地，打上鲜明的语用实践性烙印。

陕西省宝鸡高新第一中学　　田　玲

第6讲　教学环节的设置

　　教学环节，是课堂教学中教师"教"的活动和学生"学"的活动的具体安排，是实现教学目标的依托和凭借。教学环节设置得当，不仅能使课堂教学过程顺利流畅，教学实施严谨科学，而且能激发学生的学习积极性，使课堂充满活力，优化教学效果。

　　在日常教学中，我们常常看到这样的语文课堂状态：散文教学每一课都按照题目解析、作者介绍、时代背景、整体感知、分段解析、总结主题等环节机械完成；小说教学，"在中小学语文课教学中，小说，除了被拧干了的人物、情节、环境这三个概念，事实上已经没有多少知识可教了……除了开端、发展、高潮、结局的套路简介，再不见有像模像样的知识"[①]；最突出的是文言文教学，教师们大都按照作者介绍、时代背景、分段翻译、内容理解、主题思想的文章分析套路，对文本进行机械的分析。看似在一步一步地落实基础知识，实则泛泛而教，隔靴搔痒，课堂的教学效率大大降低。教师只注重在既定套路中传授相应的知识，忽略对文章、文学、文化层面的认

---

① 王荣生：《阅读教学设计要诀——王荣生给语文教师的建议》，中国轻工业出版社2017年版，第183页。

知、积累、感悟、赏析。教学环节套路化、模式化，课堂气氛沉闷，整个学习过程索然无味。学生没有作为读者那样积极的思维与情感的参与，只有被动听讲、接受、背诵、做题，既不能真切体会、感悟、理解、鉴赏作品丰富的内涵，也难以发展自身的语文核心素养。因此，教学环节的设置影响着课堂教学质量。

从教学设计来看，教学环节是教师在上课前对课堂所作出的预设，是建立在教师对教材的解读、对学情的分析、对教学内容的选定等基础上的，因而教学环节的设置应简洁明晰，内容明确；从语文学科特性来看，每篇文章的体例不同，风格不同，语言特色不同，立意习惯不同，教学环节的设置也应该有所不同；从实施过程来看，课堂教学是组织学生进行充分的"学的活动"，教学对象是活跃的群体，教学环节的策划就应该是动态的。教学环节设置恰当、新颖，教者心中方向明确、思路清晰，学生的学习热情容易被激发，课堂教学效率会大大提高。我们来欣赏肖培东老师《孔乙己》一课的教学片段。

【环节一】一"记"——你们最"记得"孔乙己的什么？（内容感知）

生：肖老师生日快乐！（今天是肖老师的生日，这个班级的老师知道了，让学生们课前问候表示祝贺）

师：谢谢你们老师记得我的生日，也谢谢你们记住了我的生日。快乐之余，我想问问同学们：你们记得孔乙己的生日吗？你说。

生：不记得。文章中没有提到。

师：那你们记得孔乙己的名字吗？

生：也不记得。

师：为什么？

生：因为全文只提到了他的绰号。

师：孔乙己，"乙己"两个字是他的绰号。好，打开课本，看看这句话是怎么说的，我们一起来读一读。

生（齐读）：因为他姓孔，别人便从描红纸上的"上大人孔乙己"这半懂不懂的话里，替他取下一个绰号，叫作孔乙己。

师：对，这"乙己"还不是他的本名。再问，你记不记得孔乙己家里的人？

生：不记得。

师：为什么？

生：因为他是孤儿。

师：孤儿，哪里看出来的？

生：小说没有提到他家里的人。

师：没有提，你也不能随便下"孤儿"这个结论，但他一定是孤独的人。课文根本没有写到孔乙己家里的人，也没有人去关注孔乙己家里的人。这篇小说你们已经读了几次了，还听说你们还拥有很多《孔乙己》的赏析资料。孔乙己这个人物一定会在你们心中留下深刻的印记。那么，请你们告诉我，这个连名字都不被人记住的孔乙己，你们在阅读小说后，最能记得的是他的什么。请用一个字或一个词来阐述。可以是名词，也可以是动词，可以是表示心理状态的形容词，也可以是表示境况的形容词，当然，也可以是表示性格的词。[①]

肖老师设置的第一个环节是在"记得"与"不记得"之间，用寥寥数语，迅速展开了与学生原初阅读经验的交流。这部分是在主问题"你们最记得孔乙己什么"的交流中进行内容的感知，提问简明，指向明确。一个"记"字就轻轻松松撬动了一堂课，后面的环节则是水到渠成、前呼后应、连贯递进。我们再看看第二、第三个环节的设置：

【环节二】二"记"——小说中的其他人最能"记住"孔乙己的又

---

① 肖培东：《我就想浅浅地教语文：肖培东语文课例品读》，长江文艺出版社2016年版，第210—227页。

是什么？（重点研讨）

　　师：同学们从多个角度阐述了对孔乙己这一文学形象的"记住"。再看看，文章中孔乙己以外的人对孔乙己最能记住的又是什么呢？

　　【环节三】三"记"——这些人真的是"记住"孔乙己了吗？（主题探究）

　　师：由此看到，大人们嘲笑他，小孩子也在嘲笑他。因此，孔乙己的故事就成为一个彻彻底底的悲剧。这样的话，老师就想再问一个问题：你觉得这些人真的是记住孔乙己了吗？①

　　整堂课三个环节，存在于一个整体之中。围绕一个"记"字，各个环节徐徐展开，由"记"出发，在"你最'记得'""其他人最能'记住'""这些人真的'记住'"里落幕，又在这"三记"之间陷入沉思，探求深刻内涵。学生们对这个文学形象最深刻的记忆：迂腐的孔乙己，善良的孔乙己，贫穷的孔乙己，落魄的孔乙己，痛苦的孔乙己，诚信的孔乙己。小说中的其他人记得的只是孔乙己伤疤中的片段，是打折了腿的那种情状和对被打折了的腿的讥讽，那是他们的笑料与谈资。然而，他们忘记的是孔乙己的灵魂、孔乙己的内心世界、孔乙己痛苦的表情、孔乙己悲惨的命运、孔乙己被人屈辱地记着。肖老师由此引领学生体会小说对世态的炎凉和社会的凉薄入木三分的刻画手法。肖老师带着学生在精心设计的环节中自由轻松地深入文本，教和学的过程简约而不简单，点化了学生思维，点亮了精彩的课堂。文章内容的感知、人物形象的剖析、主题的挖掘探究都渗透融合在每一个环节中，自然生成，线索分明，简洁自然，大气深刻，耐人寻味。

　　对于教学环节的预设，我一直很反对老套机械，也一直尝试追求简洁清晰、自然圆融的境界。下面我结合《皇帝的新装》的教学片段谈谈自己的

---

① 肖培东：《我就想浅浅地教语文：肖培东语文课例品读》，长江文艺出版社2016年版，第210—227页。

实践和思考。

【环节一】重温故事，思考真与假

师：今天我们学习《皇帝的新装》，小时候听过这个故事的同学请举手。

（大部分生举手）

师：看来很大多数同学的童年都有故事陪伴，真好。今天再次重温这个故事，谁能概括地给我们讲一讲呢？

（生讲述）

············

师：听了这个故事，你觉得是真的还是假的？

生（齐答）：假的。

生：我觉得吧，故事肯定是假的，但是注入了作者理性的思考，就是真的东西。为什么这么说呢？因为故事揭示了虚伪的现象。作者没有把它的观点感悟直接表达出来，而是编织了一个故事，把这种感悟给放进去。

师：你很会读书，我们一般只是就故事读故事，你是从故事表面读到内在，结合作者的写作意图，了不起。同学们，我们可以从文学体裁的角度来总结这位同学的回答。这篇文章是什么体裁？

生：童话。

师：童话从故事本身来看，是假的。但它又是真的，为什么？

生：因为它源于生活。

师：那么它是通过什么手法来反映生活的呢？

生：夸张，还有丰富的想象。

师：对了，童话最主要的特征是夸张和想象。那我们来想象一下，假如穿越到18世纪的丹麦，你在现场，你会上当受骗吗？

（生犹豫）

师：看得出有人在犹豫，说说看？

　　生：因为新装有个奇怪的特性。①

　　这是课堂教学的第一个环节，目的在于从学情出发，唤醒学生们关于童话的记忆和对于童话再阅读的期待。而且，通过学生的讲述重温整个故事，感知内容，梳理情节，了解童话体裁特点。最后，学生之所以回答犹豫是因为新装奇怪的特性，这时又巧妙自然地过渡到第二个课堂教学环节"看不见与看得见"。

　　【环节二】看不见与看得见

　　（屏显）任何不称职的或者愚蠢得不可救药的人，都看不见这衣服。

　　（生齐读）

　　师：不可救药是什么意思？

　　生：是不能用药物救治了，无法拯救。

　　师：这句话有两层意思，谁能读出来？

　　生：看得见，就说明这个人称职，聪明；看不见的话，就说明愚蠢，不称职。

　　师：这个奇怪的特性首先让谁上当受骗了？为什么？

　　生：皇帝。从第三段可以看出。"那真是理想的衣服！我穿了这样的衣服就可以看出我的王国里哪些人是不称职的；我就可以辨别出哪些人是聪明人，哪些人是傻子。"

　　师：人的心里所想可以从声音、语气、表情、动作里反映出来。谁能够把这段话演读一下，揣摩皇帝语气？

　　（两位学生演读）

　　师：大家觉得谁读得更有味道？

　　生：我自己来说，我觉得我读得好一点，因为一个皇帝如果有辨别的能力，他就是称职的。可是这个皇帝的想法很愚蠢可笑，不是一个优

_____

① 邱俊：《我和我的语文》，陕西人民出版社2020年版，第294—302页。

秀君主的样子。

师：你是根据自己的理解来揣摩人物的内心，这个方法真好。那同学们理解的这是一个怎样的皇帝呢？

生：用一件衣服来检测人们是否称职和聪明，真是昏庸无能，荒唐可笑。

师：是的，这一点在文章开头就已经体现了。我们来读读看。[①]

这一环节围绕新装奇怪的特性"任何不称职的或者愚蠢得不可救药的人，都看不见这衣服"具体展开，聚焦开头几段落，读出皇帝的人物形象。后面的环节三是"说出口与没有说出口的"，学生分别演读上当受骗的老大臣、官员、骑士、百姓……从他们说出来的（语言描写）和没说出来的（心理描写）中揣摩其内心，体会其形象。最后一个环节"笑出来与笑不出来的"，聚焦小孩儿的描写，演读思考，体会在一阵阵笑声之后所蕴藏的不好笑的忧伤。

整个板块的设计依据童话文体特点的一般规律，首先以一颗童心发现文本的文学价值，再从学生视角出发，捕捉学生阅读文本时的兴奋点，合理设置学习步骤，在板块叠加共同推进中，简洁高效地完成教学目标。整个教学过程围绕"重温故事，思考真与假""看不见与看得见""说出口与没有说出口的""笑出来与笑不出来的"四个教学板块有序展开。四个板块以四个问题为核心设置师生对话、生生对话的具体场景，帮助初中生由对童话的感性体验过渡到对童话主旨的理性思考，深入浅出地帮助学生学会阅读童话，掌握阅读童话的方法，并在教学板块的系统推进中感受童话带来的艺术魅力。

简洁清晰的教学环节就像行进中的路标，指引学生有序完成概括童话内容、梳理故事情节、明确文体特点、品味关键细节、揣摩人物形象、探究文章主旨、拓展练习等学习任务。环节的设计一般两到三个足矣，最多不超过

---

① 邱俊：《我和我的语文》，陕西人民出版社2020年版，第294—302页。

四个，每个环节最好呈阶梯排列，层层递进，便于驱动学生在辨析质疑、对比思考、演绎还原中深度体验，给学生带来丰富的情感体验和深层阅读的愉悦。同时，合理的教学环节也是学生语文能力提升的阶梯，教师引领学生由易到难，拾级而上。

课堂教学是一门科学，也是一门艺术。课堂教学的艺术贯穿于课堂教学的全过程，要上好课，就必须精心设计课堂教学的每个环节，根据学生的实际、文章的特点以及自己的教学个性灵活变通，以求课堂效益最大化。

陕西省安康市教学研究室　邱　俊

第7讲 主问题提炼设计

　　课堂提问是教师组织教学的基本方法，它能激发学生学习的主动性和积极性，培养学生的创造思维和综合能力。但是，课堂提问不是"想问就问""突发奇想"，而是基于文本解读、目标确立和学情把握的巧妙预设，体现的是教师的专业素养和教育智慧。当今语文课堂的提问普遍存在的问题有：浅问浅答，一问齐答；碎问碎答，兴之所至；步步为营，请君入瓮；等等。这些提问浅表、琐碎、机械，既表现出执教者疏于解读文本、教学内容选择不周、教学理念落后的缺点，也严重抑制了学生的学习兴趣和主动性，禁锢了学生思维。因此，教师在阅读教学中要善于提出有提纲挈领作用、有思考价值、能支撑课堂教学、带动丰富的语文活动、指向学生语文核心素养提升的关键问题，即主问题。

　　主问题可以是一个。它是一个话题，足以概括教学内容的整体，支撑一堂课的教学，凸显学生的主体地位，引发思考、讨论、理解、品味、探究、欣赏等丰富的语文活动，指向学生语文综合素养的提升。

　　主问题可以是几个。它们既相对完整独立，又环环紧扣，科学推进，从不同角度深化着对语文内容的学习。

　　教师设计主问题，应基于对文本的正确解读、对教学重难点的精准把握、对学生语文核心素养的全面培养和提升。

一 主问题高度概括文本的内涵和价值

发展阅读能力、掌握文本解读方法是阅读教学活动的主要目标，引导学生探究发现文本的内涵和价值是文本解读的重要任务。教师在全面、深入、细致解读文本的基础上，抛出对文本的内涵和价值具有高度概括作用的中心、重要问题，能引导学生循流探源，直奔核心，对课文进行深入研读和探究。

郭惠宇老师执教选修教材《中国小说欣赏》第五单元的《祖孙之间》一课时，考虑到选修课的教学目标定位及学情，决定将教学内容由一篇扩充到一本，将教学目标由了解小说上升到欣赏小说，将思维与文化定位为对传统家庭伦理的反思和批判，最终确立了"倾听年轻生命痛苦的呻吟"这一教学主题，并设计了"巴金对这个家有什么感受"这一主问题。其他问题全部围绕这一主问题，步步深入，以探求作品的思想价值。

> 师：透过特定时期的家庭变迁可以看出，这个家庭所反映的绝对不是一个家，而是一个时代。我们从刚才的介绍看出：巴金对这个家有什么感受？
>
> …………
>
> 师：首先我们从孙子眼中来看看爷爷是什么样的。找到文中孙子觉慧看爷爷时候的表情的词语和他内心觉得爷爷是什么样的词语，用笔画出来，然后我们来概括爷爷是什么样的。
>
> …………
>
> 师：是整个制度吧，是道德、文化、经济等等，对吧？所以，即使爷爷很衰弱，他也让人感觉到很威严、很可怕，不敢高声说话，不敢靠近。作品中有很多这样的词，对吧？那么，这个"祖"看"孙"是怎么看的呢？
>
> …………
>
> 师：这篇小说给我们留下了一些思考："如何理解高老太爷和孙辈

之间的疏离和成仇？"

············

　　师：从选文中你发现中国传统家庭伦理观念有着怎样的特点？[1]

　　由一篇小说的阅读扩充到整本书的阅读，体现了郭老师的视野和勇气。学生读《家》时，囿于知识、文化、思维的局限，不免停留于多个角色爱恨情仇的故事，不能从整体上理解"家"所蕴含的对现实的思考和批判。因此，郭老师高屋建瓴，大胆取舍，以"巴金对这个家有什么感受"为课堂主问题，将对中国传统伦理观念、民族文化和心理的理解确定为教学目标。这也是在教给学生阅读整本书的方法——大处着眼，整体把握。

　　在这一主问题下，其他几个问题如拱卫北辰的群星，和谐严密。"祖孙俩是怎样彼此看待的？"这个问题是要引导学生进入文本，围绕"视角"和"对比"发现传统家庭中新旧文化的矛盾对立，从语言节奏和表现手法切入对人物形象、情节、主题的探究。"如何理解高老太爷和孙辈之间的疏离和成仇？""从选文中你可以发现中国传统家庭伦理观念有着怎样的特点？"这两个问题其实是一个问题，要引导学生对中国传统家庭的伦理观念进行审视、反思和批判。最终，这节课在师生对巴金先生"善于反思、敢说真话"的人格思想的赞美与共鸣中结束。

　　如果说"巴金对这个家有什么感受"这个主问题是为学生搭建阅读、思考、表达的平台的话，其他问题就是为学生"搭梯子"。从整体到局部，从感性到理性，从阅读到思考，从欣赏到评价，从语言到文化，这样的教学层次指向的是文本的内涵、价值的挖掘。

二　主问题体现教学重难点的攻克策略

　　阅读是个性化的学习活动，有深度、有难度的共性问题是教师主导作用的着力点。巧妙的主问题能激发师生直面重难点问题，通过积极互动扩展思

---

[1] 顾之川主编：《名师语文课》（高中卷），山东教育出版社2019年版，第332—340页。

维，解决疑难，建构阅读经验。教师设计主问题时，应精准定位教学目标、教学重难点，有的放矢地提出激发思考、促进合作探究的关键性问题，让主问题成为引领学生突破障碍、攻克重难点的明灯。

肖培东老师在执教《皇帝的新装》时，独辟蹊径，将"童话的价值"确定为教学重难点。我们看看他的教学片段：

> 师：你看，用自己的语言，把这个文章体裁的特点全说出来了。这就是学习的力量。好，再来说说：童话最主要的特征是什么？
>
> …………
>
> 师：同学们，读完了《皇帝的新装》，你们想一想：这个童话当中你觉得最有夸张力的一个细节是什么？先别忙着举手，回到文章再看一看，找一找。
>
> …………
>
> 师：同学们，在光天化日之下如此招摇地裸游，在安徒生的童话里，不可思议地上演了。接下来，我要问一个问题：是谁导演这场戏的？别忙着举手，找出文中的根据，想一想。这个荒唐闹剧成功上演的最主要的推动者，你认为是谁？
>
> …………
>
> 师：在皇帝面前，也就是在权力面前，在生存面前，百姓迫于压力，迫于生存生活的需要说了假话。同学们，这个时候是不是更能发现《皇帝的新装》其实讲的就是成人世界的故事？这样一想，对这件新装我们就该有更深的思考。①

《皇帝的新装》是课文名篇，学术界的解读五花八门，名家示范课不少。肖老师在课堂上引用了安徒生的话："我用我的一切感情和思想来写童话，但是同时我也没有忘记成年人。当我在为孩子们写一篇故事的时候，我

---

① 肖培东：《我就想浅浅地教语文：肖培东语文课例品读》，长江文艺出版社2016年版，第298—319页。

永远记得他们的父亲和母亲也会在旁边听。"①这是他将文本解读为"用孩子的视角看成人世界的故事",并将教学重难点确定为"《皇帝的新装》究竟在嘲笑谁"的文本依据。

确定了重难点之后,该怎样攻克呢?一是要抓住文体特征这一根本,带领学生穿过文本的纷繁复杂,直达目的地;二是要方法得当,通过阅读、感受、揣摩、质疑等方法"拨云见日"。

肖老师设计的几个主问题"童话的主要特征是什么?""文本表现夸张的细节有哪些?""谁导演了这出夸张的戏?"是颇具匠心的。文本的主题、童话的意义是教学难点,这个难点是思想的、思维的、审美的。但问题的解决必须是语言的,即要从作品的文体特征、语言入手,发现上面附着的思想文化,在语文的人文性和工具性的统一中提升语文素养。

"童话的主要特征是什么?"这一问题不仅体现了肖培东老师"从童话入手教童话""我就想浅浅地教语文"的思想,而且自然引出第二个问题,教学思路简约清晰。"文本表现夸张的细节有哪些",这是肖老师站在学生角度提出来的。成人看成人,任何表演都是合情合理;孩子看成人世界,反倒能发现其夸张、荒唐处。此时,学生已经进入对作品语言的欣赏、揣摩、品味。"谁导演了这出夸张的戏?"一改之前的"温和"节奏,引导学生在思考、质疑、碰撞中深入人物内心和作品主题。不惜裸奔也要展示权力的皇帝,巧妙利用皇权谋取利益的骗子,迫于生存压力而集体失声的人民,他们都是"成人"。因此,"皇帝的新装"是"成人的心装"。如果说主问题是预设的话,那么能否丰富、深刻、有价值地生成,能否"四两拨千斤",巧妙地攻克重难点就是检验主问题设计成败的重要标准。

三 主问题指向语文核心素养的全面提升

有意义的语言运用和实践活动是学生语文核心素养形成、发展和表现的

---

① 肖培东:《我就想浅浅地教语文:肖培东语文课例品读》,长江文艺出版社2016年版,第313页。

载体。在阅读鉴赏活动中，教师应坚定立德树人与学生语文素养全面发展的目标，以人为本，设计明确指向语言建构与运用，能够促进学生思维能力、审美能力的发展和优秀传统文化的传承的问题，让主问题成为语文学科素养、关键能力提升的抓手。

我们看董一菲老师执教《阿房宫赋》一课的主问题设计：

师："朝为田舍郎，暮登天子堂"。文人才干的最大用处是做帝王师。在这儿，杜牧立了一个什么样的意？在秦王朝中，他读出了什么？文章有没有表达？

…………

师：可以有点儿掌声。（全班鼓掌）这就是中心论点。同学们想知道杜牧写这篇千古第一赋《阿房宫赋》的时候多大吗？23岁。孩子们，23岁的杜牧用如椽巨笔虚构了一座遥远的阿房宫。杜牧生活在晚唐时代，离秦朝很远，但是他的心灵离秦朝很近。对于阿房宫的描述，《史记》当中寥寥数笔，客观的，冷静的，冰冷的，不带任何温度的。杜牧笔下的阿房宫则不同。他为什么写这样一座阿房宫？抬头看（屏显"阿房一梦""盛""衰"等字样），有这样一种艺术的辩证。只有当你将一个事物写到极致的时候，它的衰才那样地令人震撼。

…………

师：何为气？气太抽象了。看不见，摸不着，但是它真的存在。中国人有气功，是一种神奇的东西。它说人体上有数百个穴位，这都是中国人的贡献。何为气？也许是气势，也许是气脉，也许是气韵，还有人说是气场。那么，如何体会文章的气势、气脉、气韵呢？朗读吧，让我们做一个朗读者。①

---

① 顾之川主编：《名师语文课》（高中卷），山东教育出版社2019年版，第79—88页。

《阿房宫赋》是中国辞赋经典。作者杜牧以如椽巨笔，勾勒了一座恢弘壮丽又发人深省的"阿房宫"。董一菲老师执教《阿房宫赋》，注重阅读策略设计，以"教学要有精要之美"为宗旨，用"凡为文以意为主，以气为辅，以辞采章句为兵卫"①这一教学主线贯穿教学活动，通过品思想、品气韵、品语言培养学生的语文素养。

"这篇文章立了什么意？"第一个问题出人意料。大多数教师绝不会一上来就问文章的主题是什么，董老师问了，学生还答得很好，并且能对杜牧一系列咏史怀古诗作出准确解读。这是引导学生跳出高墙大院去远望、俯瞰、类比，从整体上理解文本。

"他为什么要写这样一座阿房宫？""这样"当然是极大的推崇与褒扬。学生不仅要找出"哪样"，更要揣摩为什么"这样"。这是引着学生再进入那亭台楼阁中去，细细欣赏、比较、评价。

"如何体会文章的气势、气脉、气韵呢？朗读吧，让我们做一个朗读者。"这个问题的提出和解决紧扣语言运用这一中心，教学生体会朗读之妙、语言之美。

与很多学生记住了秦始皇的奢靡，记住了"借古讽今"不同，董老师的学生更多地领悟了作文的章法，这是教师文化积淀与教育智慧的体现。

主问题设计不仅适用于阅读教学，也适用于写作、梳理探究等其他课型。教师设计主问题的途径很多，比如从教材出发，从教学重难点的攻克出发，从阅读策略和学习方法出发等。但要想设计出有价值的主问题，诀窍只有一个，那就是不断加深文化积淀，提升专业素养，更新教育理念，优化教学方法。

陕西省宝鸡市长岭中学　杜凤慧

---

① 顾之川主编：《名师语文课》（高中卷），山东教育出版社2019年版，第79页。

第 8 讲　问题链建构设计

　　义务教育和普通高中《语文课程标准》都指出："语文课程是一门学习祖国语言文字运用的综合性、实践性课程。"因此，语文教学的根本目标是培养学生听、说、读、写的基本能力，引导学生正确理解与运用祖国的语言文字，驾驭语文工具。如何引导学生学习语言文字的运用，教师要借助怎样的方法，设计怎样的问题，便是实现这个目标的核心。同时，学生是学习的主体，在学习过程中，他们应该是积极的参与者，而不是被动的接受者。因此，教师需思考如何提高学生主动性，如何坚持学生的主体地位。简而言之，不论是语文课程目标的实现，还是学生主体地位的凸显，其中一个行之有效的方法便是教师在教学中巧妙设计环环相扣的问题链，以激活学生思维，激发学生细读文本的意识，提高其阅读理解能力，提升其思维品质。

　　在语文教学中，教师应按照设计好的教学目标，精心设置问题情境，设计教学问题，并围绕重难点问题设计一系列有层次、有梯度的问题链，通过学生自主思考、合作探究等形式，解决文本阅读理解的有关问题，提升学生的语文核心素养。

　　那么，如何设计问题链呢？

一 借助文章标题设计问题链，启发学生思考

标题是一篇文章的眼睛，或言简义丰，概括文章主要内容，如《林黛玉进贾府》《散步》等；或新颖独特，激发读者阅读兴趣，如《囚绿记》《装在套子里的人》等；或点明主旨，表现情感，如《再别康桥》《记念刘和珍君》。善于借助题目特点，根据题目与文章的关系，在题目上"大做文章"，设计恰切问题，往往能有效激发学生兴趣，提纲挈领，化难为易，很好地指向文章核心，扎实有效地完成教学内容。

以张肖侠老师的《林黛玉进贾府》课例为例，来具体分析借助标题巧设问题的好处。以下是张老师课堂实录部分内容：

师：同学们课前读过课文，知道《林黛玉进贾府》这个标题是编者加的。那么，编者加这样的标题有什么好处呢？如果改成"贾府迎黛玉"好不好？

生：不好。"贾府迎黛玉"中"迎"是迎接的意思，显得过于隆重，抬高了黛玉的地位和身份。

师：用"迎"不好，那你知道小说中哪位人物回贾府要迎接吗？

生：元春，元春省亲时才用"迎"，因为她是皇妃。

师：看来你对小说中的人物身份了解得很清楚啊！那如果把题目改为"林黛玉回姥姥家"呢？

生：也不好。"林黛玉回姥姥家"中"回"表示来过贾府，实际上林黛玉是因为母亲去世投奔贾母的，是第一次来贾府，用"回"不恰当。

生："林黛玉回姥姥家"这个题目虽说通俗，贴近生活，给人一种亲切感，但是"姥姥家"显示不出声势赫赫的豪门贵族贾府的威严。

师：这个题目将"一年三百六十日，风刀霜剑严相逼"的环境温暖化了，太多温情。那么，"林黛玉进贾府"这个标题又好在哪里呢？

生：这个标题概括了小说内容，简单明了。

师：你的点评言简意赅，只是太笼统了。能不能结合小说体裁，具

体分析这个标题的特点呢？

生："林黛玉"是小说塑造的一个主要人物，"贾府"点明典型环境，"林黛玉进贾府"标题表明中心事件，写林黛玉的所见所闻。

师：这位同学审题准确，抓住了小说三要素——人物、情节和环境，这也是我们鉴赏小说的三个关键点。

师：请同学们快速阅读课文，圈点黛玉活动的主要场所，概括主要事件。（学生速读圈画）①

《林黛玉进贾府》节选自《红楼梦》，从内容上来说，贾府尊崇的地位在此展现，核心人物也在这一回悉数登场。但较长的篇幅、众多的人物、生僻的名词，又难免令学生望而却步。张肖侠老师机智地借助题目，通过比对、替换词语等方法，设计了一个环环相扣的问题链，一点点激起学生思考的欲望，一步步引导学生走向教学重点。借助题目进行针对性设问，有效地服务于本节课教学目标，引导学生初识贾府人物、感受贾府环境，为后面深入感知贾府环境奠定基础。真是问中有深意，繁难已平易。课题用得巧妙，问得有质量，而且教师在借助题目设计问题的过程中有对词语的理解赏析，有对小说三要素的落实，有效观照语文学科重要知识，注重提升学生的语文综合能力。

二　抓关键性语句设计问题链，打通文本

阅读教学中，教师通过深入研读教材，如能借助关键性的语句，设计能够打通整体文本的关键问题，设计环环相扣的问题链，整堂课便有了"线索"。"在这样的教学中，大部分教学内容、教学时间都被教学'线索'贯串着，内容紧凑，活动充分，探究深入，表现出对课文整体阅读教学的明显特点。"②

---

① 张肖侠、曹公奇：《〈林黛玉进贾府〉课例赏鉴》，载《语文教学通讯》（A）2014年第7—8期。

②《余映潮语文教学设计技法80讲》，广东人民出版社2016年版，第11、59页。

如余映潮老师所说，艺术地设计"主问题"，是进行课文整体阅读教学的一个重要手法。设计到位的"主问题"，能够轻便有力地牵动学生对全篇文章的整体感知、整体理解和整体赏析。形象地说，这就是所谓"挈领而顿，百毛皆顺"①。

《散步》这篇文章情节简单清晰，学生易于理解，如按惯常教法，教学效果也许不甚理想。如何有效激发学生阅读兴趣，怎样有效设计问题，最大化挖掘教材价值，这体现了教师教材研究的功力。以王君老师执教《散步》一课为例，具体分析借助线索句设计问题的方法。

第一部分　背读导入

···········

师：请读第一句。

生（读）：我们在田野散步。

师：这是一幅多么神奇的画面！老师年龄越大，就越觉得神奇！

···········

第二部分　咀嚼"我们"

师：今天我们就聊这幅图画的三个关键词。好，现在我们来研究一下这个"我们"。"我们"有哪些人？

生：我，母亲，妻子，儿子。（师板书）

（屏显）聊一聊"我们"："我们"中的每一个人……

···········

（屏显）神奇的写人技巧——一"言"可传神

无"言"亦传神

第三部分　咀嚼"田野"

师："我们"散步的地方，特别值得研究，不是马路上，不是小区里，不是公园里，而是在——

----

① 《余映潮语文教学设计技法80讲》，广东人民出版社2016年版，第11、59页。

生：田野上！

（屏显）聊一聊"田野"

师：田野！现代人离田野太远了，让我们走到田野里去——谁能用朗读把我们带到田野中去呢？①

在这篇文章的教学中，王君老师用一个句子"我们在田野里散步"提挈起整篇文章的教学，课堂随之有了抓手。然后，王君老师把这个核心句分解成"我们""田野""散步"三个问题，形成一个问题链，化繁难为简易，有效落实了人物评价、景物赏析、主题探究等目标任务。

又如余映潮老师的《愚公移山》教学。在学生充分诵读课文的基础上，教师紧扣"吾与汝毕力平险，指通豫南，达于汉阴，可乎"，抓住"平险"一词进行反复突破，设计如下问题，牵动对课文的深读理解：

（1）着眼于内容：请同学们从不同的角度说说什么是课文中的"平险"。

（2）着眼于人物：请同学们说说课文中不同的人物与"平险"的故事。

（3）着眼于文体："帝"是在平险吗？为什么故事中会出现"帝"呢？②

《愚公移山》是一则古代寓言故事，如果按照惯常学习文言文的方法，难免费时又枯燥。余教师以"平险"二字为线索，设计了三个富有针对性的问题，分别观照内容理解，观照人物分析，观照文体特征。三个问题形成的问题链，紧紧围绕教学的重难点，分别落实不同层面的教学任务，合起来就构建了本课的整体教学，思路清晰，简省有效，值得我们学习借鉴。

---

① 王君：《听王君讲经典名篇》，人民出版社2019年版，第2—11页。
② 《余映潮语文教学设计技法80讲》，广东人民出版社2016年版，第60页。

　　"流程必须是连贯的，否则就难以流动，因而也不称其为'流程'。而流程的连贯问题，实际上是几个环节的关系问题。环节之间的关系，向来是语文'教学设计'受关注的地方，甚至被提到'环环相扣'的高度。""我以为溪流流淌的关键，是对文本体性的把握，是对学生学情的估量，是要有流程终点的愿景，是时时把握着课堂如何在流，流向何方。换言之，关键是各个环节的流向。"[①]因此，应确定能够牵一发而动课文全身的主问题，设计环环相扣的问题链，在教学中按一定顺序间隔出现，分别承担起不同的教学任务，让课堂既生动、有趣，又严整、有序。

　　设计环环相扣的问题链，有助于激发学生的学习兴趣，激活学生思维；有助于培养学生细读文本的能力，一点点引导学生发现文字背后的奥秘，进而提高学生理解感悟的能力；有助于促使教师认真深入地研读文本，从而发现解读文本的密码，在"裸读"教材的过程中，逐步提高教师教材研究的能力。当然，教师设计的问题，也不能一味追求标新立异，也要尊重学生实际，让学生"跳一跳，便能摘到桃子"，让学生有思考、参与的存在感和成就感。

陕西省宝鸡南山中学　　雷　敏

---

① 郑桂华、王荣生主编：《语文教育研究大系》（中学教学卷），上海教育出版社2007年版，第182、183、184页。

第9讲　人文情感的熏陶

　　人文情感的熏陶，是指教师在引导学生进行文本解读的过程中，通过语言文字的落实，使学生形成语言技能后受到理性的启发和诱导，对学生感性的点染和熏陶。这种点染和熏陶是对学生人文情感的启发和培养。这个过程不等同于教师在解读文本时对学生的灌输，不是强加给学生的一种情感体验，而是一种源于教师对文本的解读，由学生的自主意识衍生出来的情感体验。语文教学过程中，人文情感的熏陶是体现语文学科人文性的重要途径。

　　《普通高中语文课程标准（2017年版）》明确指出："应该重视语文的熏陶感染作用和教学内容的价值取向，尊重学生在学习过程中的独特体验。"教育归根结底就是对人的培养，发展学生核心素养就是为了培养"全面发展的人"，主要表现为人文底蕴、科学精神、学会学习、健康生活、责任担当、实践创新等六大素养。语文教学要能更好地发展学生的核心素养，涵养学生内在精神，使学生成为有宽厚文化基础、有更高精神追求的人。人文情感的熏陶有助于学生树立正确的人生观、情感观、价值观，从而培养出有知识、有能力、有文化，有涵养、有情感温度的个体。

　　人在富有情感的情境中学习是最有效的。因此，语文教学时应找到一个最终能实现情感体验和文本教育价值的切入口，以言导入，以情输出，抓住情感熏陶的共鸣点，提领而顿、披文入情。怎样能达到不过分夸张又不失时机的情感熏陶，是每一位语文教师在处理文本时需要认真思考的问题。

语文教学的人文情感熏陶是个慢功夫，不能一蹴而就，更不能一"说"就得。这个"慢"不单指速度上慢，还指熏陶的方式是浸润式、渗透式的潜移默化。如果置教学文本不顾而大谈特谈人文情感，让学生归纳总结情感体验是什么、收获了哪些感想，那么课堂看似热热闹闹，实际上教师根本无暇顾及创设人文情感熏陶的情境，无心寻找情感熏陶的共鸣点。这充其量只是教师在打自己的情感牌罢了，大大弱化了语文教学情感熏陶的人文性。

要更好地在语文教学中进行人文情感的熏陶，就要关注情感的产生是由外在点染再到内心体验的过程。因此，语文课首先要让学生对语言文字产生兴趣，其次教师要提升个人整体素养，创设良好课堂氛围，最后要让学生在课堂氛围中产生情感。

一　提升情感熏陶的着眼点——语言文字的感染熏陶

语文学科的工具性与人文性决定一堂语文课应当做到两个扎实：扎实的语言文字运用训练和扎实的人文情感熏陶。归根结底，人文情感的熏陶是在语言文字运用的落实中完成的。[1]离开最基本的语言文字属性单纯地对学生说教，这是苍白无力的灌输。有效的着眼点就是要落实学生对语言文字的阅读、品味、揣摩、感受，并完成人文情感的感染熏陶。

我们一起来看彭玉华老师执教《我与地坛》（节选）片段：

三、品读言语，体悟母亲

（屏显）这是一个怎样的母亲？请找出最感动的段落读一读。母亲给了"我"怎样的生命启示？

（低沉舒缓、略带忧伤的音乐响起）

---

[1] 涂文静：《以〈梅花魂〉为例浅谈语言文字训练与人文情感熏陶的统一》，载《小学生（教学实践）》2018年第11期。

师：好了吗？我们分享一下。

生：第15段，"但这绝不是小时候的捉迷藏……我已经懂了可我已经来不及了"。（读得很投入）

生：最后一段，"有一年，……有过我的车辙的地方也都有过母亲的脚印"。（读得情深意切）

生：第9段，"她不是那种光会疼爱儿子而不懂得理解儿子的母亲"。从这一段可以看出她确实很理解儿子，她料想"我"不愿意和她一同去，所以她从未要求过"我"，而把等待的煎熬留给自己，独自承受痛苦的折磨，所以说她是一位勇敢、善良、伟大的母亲。

…………

生：第16段，"她艰难的命运，坚忍的意志和毫不张扬的爱，随光阴流转，在我的印象中愈加鲜明深刻"。母亲坚忍的意志教会了"我"面对残疾的命运，让"我"也具有了这种坚忍的意志。

（板书"母亲坚忍不张扬"）①

在这一片段中，我们看到彭老师就像课堂的旁观者，全程都在聆听学生对母亲这个形象的感受，此时教师的无声胜有声，将语文课堂和文本交还给了学生。课堂空间静态生成，在教师与学生、作者与文本之间架起了一道沟通的桥梁。

读是学生走进文本的重要一步。学生先是默读寻找感动自己的句子，然后在老师的鼓励下饱含深情地读出感动自己的句子与段落，并且能够发自肺腑地交流出文字里史铁生的母亲给自己的生命启示。母亲本身就是每个人情感的源头，再加上语言文字本身的力量，我们对学生的人文情感根本不需要刻意而为之，它自然而然地完成了熏陶和感染的使命。

---

① 彭玉华、胡勤：《〈我与地坛〉（节选）课例赏鉴》，载《语文教学通讯》（A）2012年第7—8期。

二 提升情感熏陶的源发点——语文教师的素养熏陶

语文教材中充盈着丰厚的人文情感，理应使学生兴趣浓厚、课堂气氛热烈，教学效果良好，但事实上许多语文课堂教学却达不到预期效果。为了达到理想的教学效果，就要提升语文教师对教学的情感投入。语文教师对文本、对课堂、对学生投入情感，就要不断运用自身所学的教育教学知识、技能充实自己，积淀自己的生活经验，丰盈自己的思想情感等。学生亲其师方能信其道，语文教师要想恰到好处地对学生进行人文情感的熏陶，就要先从自身着手。

我们看河北省特级教师陈英在执教《旅夜书怀》中的一个片段：

师：我们来看杜甫的另一首诗。

对 雪

战哭多新鬼，愁吟独老翁。

乱云低薄暮，急雪舞回风。

瓢弃樽无绿，炉存火似红。

数州消息断，愁坐正书空。

请小组讨论，找出这首诗中的意象，用自己的语言描述画面，说说作者抒发了怎样的思想感情。

…………

生：这首诗选了老翁、乱云、急雪、回风、酒瓢、酒樽、火炉等意象……

生：和家人断了联系，"数州消息断"。诗人说过："烽火连三月，家书抵万金。"断了消息，自然更牵挂亲人。

师：还有别的感情渗透其中吗？

生：我觉得还有对时局的担心。不知道前线战况，妻子儿女的消息断绝，表现杜甫对国家和亲人命运的深切关怀而又无能为力的苦恼愁闷。

师：理解得很深刻。……从《旅夜书怀》到《对雪》，我们看出诗人写诗擅长运用情景交融的手法，表达上天下地、俯仰古今的悲怆之慨，表现先天下之忧而忧、后天下之乐而乐的爱国情怀。这就像陆游的爱国名句——

生："死去元知万事空，但悲不见九州同。王师北定中原日，家祭无忘告乃翁。"

师：陆游还说过："位卑未敢忘忧国，事定犹须待阖棺。"就像林则徐说——

生："苟利国家生死以，岂因祸福避趋之。"

师：我们还知道谭嗣同在《狱中题壁》中说的爱国名言："我自横刀向天笑——"

生："去留肝胆两昆仑。"

师：好！还像鲁迅先生说的："寄意寒星荃不察——"

生："我以我血荐轩辕。"①

　　这一教学片段，是陈老师在《旅夜书怀》教学任务完成后举一反三、拓展延伸的环节。课堂上陈老师没有过多地解释杜甫诗歌的含义与内容，而是通过"师引生答"的方式一步一步引导学生把握诗歌感情，然后上升到爱国诗人的爱国情怀，最后升华到青年学生的爱国主义精神上来。在这个过程中，陈英老师并没有将爱国名言刻意地读背出来，而是采用启发引导的方式，激发学生主动思考，调动知识储备，使学生积极参与，水到渠成地将名家爱国名言补充完整。陈英教师的课堂充分体现了她丰富的知识储备、精练的语言表达、自然流露的亲和力、对课堂文本的情感投入、对学生的鼓励引导。陈老师用她深厚的语文素养、睿智的教学技巧、恰到好处的引导，丰富了学生对古诗中爱国主义情感的理解与把握。这就是一名语文老师对文本、课堂、学生的情感投入所取得的效果。

---

① 顾之川主编：《名师语文课》（高中卷），山东教育出版社2019版，第65—67页。

三　提升情感熏陶的爆发点——语文课堂的氛围熏陶

《中国大百科全书》将课堂教学气氛界定为：师生在课堂上共同创造的心理、情感和社会氛围。李秉德教授认为："课堂教学气氛指在班集体课堂教学过程中形成的一种情绪情感状态。"[1]皮连生教授认为："课堂教学气氛是指课堂里某种占优势的态度和情感的综合状态。"[2]语文学科是一门综合性很强的学科，它独特的魅力恰恰就体现在课堂教学的氛围当中。

师生共同营造一个学生对学有兴趣、教师对教有激情的课堂氛围，有利于教师在引导学生分析文本、接受文本的过程中潜移默化地达到人文情感的熏陶。

我们看信金焕老师的《荷塘月色》课例片段：

师：课前碰到一位语文老师垂头丧气地回到备课区，说《荷塘月色》讲得特没劲，学生没兴趣。作为一篇广为称颂的美文，你们感受到《荷塘月色》的美了吗？

生（大部分）：没有，还得背诵。

师：感受不到美，就是因为要背诵？

生（少数）：感受到了。

师：感受到了什么美？

生：文中描写的景色特别生动、形象。

师：好，这就是景物美。

生：还有一种意境的美。作者对荷塘的描写，创造了一种清幽、宁静的氛围；作者对古代采莲活动的描写体现了作者对美好生活的向往。

生：还有一种修辞美。

师：修辞美实际上是什么美？是不是应该是语言美？

生：情感也挺美的。"什么都可以想，什么都可以不想，便觉

---

[1] 李秉德：《教学论》，人民教育出版社2001年版，第274页。

[2] 皮连生：《学与教的心理学》，华东师范大学出版社1997年版，第397页。

是个自由的人。白天里一定要做的事，一定要说的话，现在都可不理。""但热闹是它们的，我什么也没有。"①

信老师一进入课堂，没有急于导入《荷塘月色》文本，而将其他教师授课的感受如实地反映给学生，没有让学生因为要背诵全文产生畏难情绪；其他老师感觉讲得没劲，学生没兴趣，并不能代表信老师的学生没有兴趣，于是一个看似不起眼的课堂氛围就营造了起来。学生进入到了朱自清先生所描写的景美、文美、情美当中，信老师及时肯定学生对这三美的体会，课堂在一种轻松愉悦的氛围当中继续推进。

学生人文情感的熏陶，需要一个恰如其分并被学生乐于接受的课堂氛围。教师要在平时的教学中，多投入精力，多给学生创设真实情境，从而使我们的语文教学落实在学习语言文字运用的过程中，让人文情感也在学生的心底落地开花。

简而言之，语文、语文人、语文课构架起了这个既重工具性又重人文性的学科。教师教学生学习语言文字、结构技巧等都是一种途径，一种让学生获得知识与技能、情感与体验等的途径。在这一过程中，语文教学肩负的使命就是培养具有人文思想、人文情怀的人，而这一目标的实现，要通过落实文本的语言文字运用，经过教师有效的启发引领，在语文课堂潜移默化的影响下完成。

陕西省宝鸡市渭滨中学　孙晓娟

---

① 信金焕：《创设真实情境，触动生命体验——〈荷塘月色〉课堂实录和教学叙事》，载《语文教学通讯》（A）2020年第1期。

第 10 讲　语文要素的落实

什么是"语文要素"呢？首先我们要明白什么是"要素"。《现代汉语词典》（第7版）中的解释是：构成事物的必要因素。"语文要素"中的"语文"一词，是指"语文学习"这件事。"语文要素"应该理解为"语文学习要素"，它既包括语文知识，也包括语文能力，还包括语文学习的方法和习惯等。

语文要素的落实，即将语文要素的各种基本"因素"，包括基本的语文知识、必需的语文能力、适当的学习策略和学习习惯等，分解成若干个知识或能力训练点，由浅入深，由易及难，均匀地分布在不同的教学单元和教学内容中。它主要体现在各单元的单元导语、阅读提示、思考探究、积累拓展、旁批、补白等助学系统之中。

"语文要素"的明确提出，解决了教师面对教材到底要教什么和学生具体应该学什么的难题，拨开了教师教学的迷雾。从小的方面说，让学生的语文学习日有所进；从大的方面说，对语文教学的推进是一个新策略、新突破。

教学中，对于语文要素的落实没有程式可套，且教材中语文要素的编排必定呈螺旋递进的态势。所以，教师在教学中要关注语文要素的前后联系，依托教材资源展开教学，进行专门训练，创设教学活动，抓牢语文要素，随机落实。

一　依托教材资源，展开教学，专门训练

语文要素的落实要依托教材资源，特别是教材中的单元导语、阅读提示、思考探究、积累拓展等助学系统，明确教学目标，遵循认知规律，循序渐进地展开教学，并进行专门训练。

比如肖培东老师的《走一步，再走一步》课例片段：

师：这篇课文，编者希望我们怎么去学习呢？找到了的同学举手。你知道吗？

生：我觉得应该是第29段。

…………

师：好。这是文章的道理。这篇课文该怎么去阅读，去学习？你能从学法上去思考吗？怎么学它，知道吗？哟，那位同学看到了。

生：这篇文章应该自读，因为目录上说标注星号的是自读课文。

师：聪明，这是一篇自读课文，有同学知道了，而且关于这篇自读课文编者已经给出了一个"阅读提示"。大家有没有看过呢？在哪啊？第几页？

生：第80页。

师：80页"阅读提示"告诉我们阅读这篇文章的方法。我们平时不看"阅读提示"，那是错的。读自读课文，一定要看"阅读提示"。哪个同学能找到编者希望我们阅读和学习它的方法？来，你给大家读一读。

生（读）：默读课文，勾画出文中标志事件发展和描写"我"不同阶段心理活动的语句，试着复述这个故事。

…………

师：这篇自读文章有没有专门对心理描写做出批注？自读课文，经

常会有批注帮助你学习。你给大家讲讲看，出现"心理描写"四个字的是哪个批注？你来读。

…………

师：对了，这就是我们阅读这篇文章要重点学习的心理描写。[①]

这些教学片段中，肖培东老师坚持让学生默读，引导学生去发现、关注、聚焦于"阅读提示"，以此为起点和切入点推进课堂，有指向地提醒学生从学法上去思考、去学习，聚焦学法，探究学法，抓住助学资料，专门训练。

该课"阅读提示"有一句话："默读课文，勾画出文中标志事件发展和描写'我'不同阶段心理活动的语句，试着复述这个故事。"从中便知文中内蕴，编者导引，学生需要，迫切的教学内容便由此而来。据此，语文要素大致可以确立文章"教什么"，很清晰地把握编者意图，理解本文的教学目标，按照"整体感知—品味心理描写—深度探讨"的步骤，实践本课的教学。肖老师的教学，就是这样落实本课的语文要素的。

关注单元导语，综合运用默读、朗读，巧用自读提示，指向心理描写的旁批，搭支架、给台阶，顺势而为，专门训练。一步一步老老实实地走，一步一步深深浅浅地悟，促进语文要素的落实。

再如肖培东老师的《周亚夫军细柳》课例片段：

师：同学们，这节课上其实还有一个老师，他比我更厉害，他就藏在你们的课本里，他的名字就叫作——"思考探究"。

（屏显教材文章下的四道思考探究题）

师：这个叫"思考探究"的老师给我们提出了四个问题。来，我们先把第三个问题解决掉。（师指向屏幕"思考探究"第三题，即四个多义词的解释）你跟着他学就行了。

[①] 肖培东：《语文：深深浅浅之间》，长江文艺出版社2020版，第2—13页。

…………

师：接下来，我们再看看这位"思考探究"老师给我们提出了怎样的自读要求。一起来读"思考探究一"。

生（齐读）：熟读课文，简要复述文中的故事。想一想汉文帝为什么称周亚夫"真将军"，与同学交流。

…………

师：……我们来看，"思考探究"老师是怎么提醒我们的。读"思考探究二"。

师：……让我们一起来读读这句赞叹，用心读好。

…………

师：……这些都归功于司马迁高超的写作艺术。我们来看，"思考探究四"是怎么说的，你来读读。[①]

肖培东老师把"思考探究"看作藏在课本里的很厉害的老师，这体现着明晰的"方法意识"。肖老师通过机智的插话和点拨进行专门训练，融知识的学习与方法的指导在习惯的养成之中。《周亚夫军细柳》课后"思考探究"有四个，细细揣摩，其实四个问题是从内容、手法、文言词语、拓展阅读的角度对学生学习进行有针对性的指导。这些教学环节看似简单，实则干货满满，从内容范畴、思维层次引导学生用独立自主与合作探究相结合的方式学习，可以有效地推动学生的阅读和思考。如此，将"思考探究"关于复述故事、对比衬托写法、文言实词理解、写人艺术等语文要素一一落实到位。没有复杂的环节、没有花样的教法，针对学生学习习惯层层递进，步步落实。这样的设计，这样的语文要素落实是依托教材资源展开教学，带着学生浅浅地读，专门训练，深深地走进文本，体验真真切切的语文之美。

---

① 肖培东：《语文：深深浅浅之间》，长江文艺出版社2020版，第364—374页。

二 创设教学活动，抓住要素，随机落实

语文要素在文章中的体现是多角度、多层次、多渠道的。教学中，还需要根据学生的学情来设计语文要素，灵活地创设教学活动，随机落实语文要素。

例如余映潮老师的《散步》课例片段：

师：我们刚才的学习活动是"品情"，我们继续——"赏景"。（屏显）

赏景

品析能力训练之二：写一句

话题：景物描写的作用……

师：描述和议论。我告诉大家，在"这一切"前面画一条竖线，你就看得更清楚了。前面是描述，后面是议论抒情。好，大家再来写一句分析的话，就在这一段旁边，写"这一段的景物描写真美好啊！它的作用……"这一段景物描写的作用在哪里，大家分析一下。

（学生静读、思考、写作，约2分钟）

师：好，我先说几个字，大家把它记下来——穿插景物描写。有的文章在写故事的过程中，顺势写到景物上来，这就叫穿插景物描写。我们一起来欣赏穿插景物描写的作用吧，这是读懂这篇文章的最难的一个点。①

余映潮老师在给学生范例赏析后，再引导学生从景物描写的角度来学习，体会景物描写的作用，立体式地展开品读欣赏，依据学生的学习相机给任务，顺势讲解景物描写在文中的穿插及其作用，实现文法知识的自然渗透。对学生品析能力的训练步步深入，从细处着眼，用心品析，记录所得，

---

① 《余映潮中学语文精品阅读课教学实录》，中国轻工业出版社2016年版，第6—8页。

动笔的要求贯串整课教学。语文要素的落实在师生共赏共读中逐渐突显，随机落实。我们知道任何单一的赏析都会显得孤单，缺少意味，必须结合学生的认同感、理解水平、知识储备、文本解读能力来关注学习要素，内化为语文修养。教学活动中要依学生学情循序渐进关注教学目标，关注语文要素的落实，删繁就简，突出一课一得。教学生老老实实地读书，枝繁叶茂绝不烦冗芜杂，俊秀劲挺绝不旁逸斜出，贴着文本，贴着语言，贴着学生的认知，贴着语文的根脉，去凝视，去发现，去落实。这样，教学活动链上都是学生充分活动的身影。轻轻地，又深深地将文章读得那样厚重，使得语文要素的学习扎实、有效。

语文要素的学习不止于教材助读系统，一定要在能力习得、习惯养成、方法掌握、知识构建的过程中不断落实。教师需站在学生学习的视角来设计语言学习活动，引领学生在活动中掌握语文知识，学会语言文字运用。教师学会随文而教，学生学会随文而学。创设教学活动，抓住语文要素，课课有得，课课相连，直至内化和自动化，从而实现语文要素与学习活动的融合，实现深度的教与学。

总之，在阅读教学中落实语文要素，方法应是多样的。我们可以依托教材资源展开教学，进行专门训练，创设教学活动，抓住要素，遵循"学生为主体，教师为主导，训练为主线"的教学策略，以实实在在地提高学生的语文素养。

陕西省榆林市第一中学分校　李　斌

第11讲　学情分析的路径

学情是伴随着现代教学设计理论产生的概念，是教学设计系统中"影响学习系统最终设计"的重要因素之一。美国著名认知教育心理学家奥苏泊尔在其《教育心理学》的扉页中写道："如果我不得不将教育心理学还原为一条原理的话，我将会说，影响学习的最重要的因素是学生。学生已经知道了什么，我们应该根据学生原有的知识状况去进行教学。"[①]由此可见，教学前对学情状况的把握为教师全面系统地了解学生提供了依据，是有效教学的关键。

然而，研究者对学情的解释尚未达成一致，其矛盾主要集中在对"学情"二字的界定上。换句话说，就是大家都在用同一个"能指"（学情）表达不同的"所指"（指向的内容与对象）。有学者对当前有关学情的表述进行了梳理与归纳：有的认为"学情"即学生的学习情况，包括对学习的认识、学习态度、学习动机、学习兴趣、学习方法、学习能力、学习习惯、学习成绩等情况。这样的"学情"所指太宽泛，忽视了"学情"与具体课堂情境的关联。有的认为"学情"是学生在学习过程中所表现出来的不同能力差

---

① ［美］奥苏泊尔著，任夫松译：《教育心理学：认知观点》，人民教育出版社1978年版。

异和特点的具体情状。这样的"学情"看似注意到课堂中的"学习过程"和"个体差异",但仍未揭示"过程性"的具体内涵。有的教师认识到了具体课堂情境中的学情要素,认为"学情"是指学习者在某一单位时间内或某一学习活动中的学习状态,它包括学习兴趣、学习习惯、学习方法、学习思路、学习进程、学习效果等诸多要素。学情具有客观性、动态性、可知性、多样性。这种意见关注到了学情的几大特征和过程状态,但起点和终点要素阙如。而有的教师用"学情"专指学生的情意状态,认为学情指的是学生观察事物、理解知识、掌握技能、发展智能、培养良好的非智能因素,成为具有个体发展优势的全面发展的现代社会所需要的年青一代的客观过程,是学生学习的客观规律的体现。[①]

基于以上教师和研究者对"学情"理解的差异,笔者认为,"学情"是学习者在已有经验的基础上,具体学习某一知识或技能时的学习状态以及所能达到的能力状态。它是一个动态概念,其中的学习者已有经验也是一个动态发展的过程。陈隆升提到学情是连续不间断的过程,贯串课堂教学的始终,主要包括学习起点、学习状态和学习结果。本讲侧重于研究学习起点,即在上课起始时学生已有的知识基础、认知水平以及学习心理状态等对这堂课教学内容产生的影响,而不是广义上对学生进行全方位的了解。教师根据学习者已有经验确定课堂教学的起点,对学生学习某一内容前的真实状态或预估状态进行预判。

一般来说,多数教师的语文课堂立足于本校本班,教师通过日常的预习、作业、课堂观察、考试测评等多种形式基本构建了学情预估体系。学情既可以通过学生共同的疑难问题来进行预估,例如对文体特征的认识、预习中存在的疑惑等,还可以通过把握学生的一般特征预估,尤其是根据学生的认知发展水平和学习心理。学生共同的疑难问题和一般特征构成了全面立体的学情预估体系,使广大教师更直观、科学地把握学情。例如郑桂华老师在执教鲁迅的《〈呐喊〉自序》时面对的是本班学生,长期的师生互动交流使

---

① 陈隆升:《语文课堂"学情视角"重构》,上海教育出版社2012年版,第35—36页。

得教师对每个学生和整个班级的学情都很了解。她说："课前，我布置了预习，目的是让学生初步熟悉课文，理解表层信息。这对我的学生来说，并不是困难的任务。因此本节课一开始在简单梳理了《〈呐喊〉自序》的基本信息后，我就将学习直接引入重点：寻找课文中形象化表达的句子，并根据对时代背景的了解，还原出鲁迅要表达的本来意义；将鲁迅的形象化表达和我们还原出来的直接表达进行比较，看一看鲁迅先生这样形象化的表达好在哪里。"[1]郑桂华老师和学生的朝夕相处，使得她对学生的情况了然于心：哪些内容是自己预习可以搞清楚的，哪些是需要教师引导讨论的，哪些是需要学生之间合作探究的……对学情的准确了解和精准定位让教学目标的制定更加明确、内容更加恰当。因而，学情分析是课前科学预设的前提，也是确定教学起点的重要依据，更是课堂精彩生成的保证，它为下一步设计出好的"问题链"和进行"开放性教学"奠定了良好的基础。那该如何把握好学情，做好学情分析呢？笔者认为有以下三条路径。

一　通过书面信息获取学情信息

在课堂教学之前可以通过书面信息获得学情。书面信息种类繁多，主要包括问卷调查、课前预习作业、课后练习等，可以通过这些书面信息真实度和可信度的分析来把握学情，确定教学目标、教学起点、教学文本解读的切入点和教学策略等。

例如著名特级教师张玉新在《学情永远是教学的前提》一文中写道："作为有20年中学教学经历的教研员，我每年也上所谓的'观摩课'，自知也存在许多不足，但是在尽可能了解学生、选好教学的起点、与学生在课堂上真实学习等方面还是有一些值得借鉴的地方。面对不熟悉的学生，在上课前才与学生有极短见面时间，如何较充分地了解学情？我的做法是前置性学习，提前发问卷，与学生见面时收问卷，然后对问卷进行分析，根据学情确定教学策略。这种做法很'冒险'，可能手忙脚乱，还可能'丢丑'。无论

---

[1] 郑桂华:《听郑桂华老师讲课》，华东师范大学出版社2007年版，第40页。

是准名师还是名师，甚至'大师'，无论课多么'精彩'，若以在课堂上展示自己才华为出发点，把学生视为自我表现的棋子，不把学生放在眼里，不是通过教学促进学生的发展，则还没入流。"①

张玉新老师提出的"原生态语文教学观"着眼于语文教学的"返璞归真"，以学生为本，让语文教学回归到其内在规律上来，在语文学习中启迪灵性，追求语文学习之道。张玉新老师坚持以"点课"的形式，为全国教师展示原汁原味、不加雕饰的示范课。他在上课之前特别关注学情。他在执教《小石潭记》一课时，在得知本课已经学过的情况下，迅速调整授课方式，制作调查问卷。调查问卷内容如下：（1）认真阅读书下注释，查字典，大体上能读懂课文，能熟练朗读，最好能尝试背诵全文。（2）看看题目与课文之间有什么关系。（3）小石潭主要特点是什么？文中表达作者情绪的词有几个？（4）从课文中找出一个字概括全文特点，你找的是哪个字？他根据全班53人提交的调查问卷，及时进行分析总结，并将新授课改为复习课，将教学目标定为：在已经熟读并能精通课文的基础上，对能概括全文的"清"字达成共识；理清本课的文题与内容的对应关系。②张老师并没有因为担心自己"丢丑"而要求学生像没有学过一样"配合"自己，而是迅速通过对学情的分析，大胆调整课堂思路，上了一堂真真正正的语文课。由此可见，通过书面信息来了解学情，从学情出发，尊重学生的已有经验，是语文课堂有效教学的关键。

二 在"谈话"过程中分析学情状况

在课堂教学中，师生之间的"谈话"也可以呈现大量的学情信息。通过这些信息，教师可以充分把握学生在"学习状态"中呈现的整体情况，并依据这些情况有层次有节奏地推进学生的真实学习、深度学习。

例如程翔老师执教的《老王》课例片段：

---

① ② 张玉新：《怎样上出魅力家常课》，华东师范大学出版社2019年版，第30、31页。

师：同学们，今天我们这节课要学习一篇文章，这篇文章叫什么题目呀？

生：《老王》。

师：哎，《老王》。好，请同学们抓紧时间，我要问一下，在这之前已经看过文章的同学举手。（学生举手）

师：已经看过啦？什么时候看的呀？请放下手。哪位同学拿着话筒说一说，什么时候读的呀？

生：昨天下午。

师：昨天下午，看了几遍？

生：两遍。

师：两遍啦，看这么多。请坐下，你看了几遍啦？

生：我也看了两遍。

师：也看了两遍，谁让你们看的呀？

生：自己看的。

师：自己看的，不是老师让你们看的吧？就是光看了一下？还做别的了吗？

生：做预习。

师：还做预习是什么意思啊？

生：就是不会的词查词典。

师：谁让你们查的呀？

生：自己查的。

师：自己查的。除了查词还干什么啦？

生：还做了一些对文章的理解。

师：谁让你们做文章的理解的？

生：自己。

············

师：既然同学们已经看了，也找了字词，也理解内容了，那咱们这个课的上法就变一变了。好了，现在组长组织本组的同学讨论一个问题：这篇课文还有哪些地方不理解的？不会的？需要老师来帮助的？需要同学一起来研究、来交流的？你们虽然自己读了，自己查了字典，但是并没有这样坐在一起进行讨论吧？我想没有的，如果已经坐在一起进行讨论，我们的课就没法往下上了，是这样的吗？

生：是。①

程翔老师在上《老王》一课之前，得知面对的是初一学生，他通过课堂谈话的方式了解到学生学习的基本情况：学生有阅读有预习有理解，但是没有自己独立的思考，更没有在独立阅读后提出问题。在了解了学情之后他自然而然地说："既然同学们已经看了，也找了字词，也理解内容了，那咱们这个课的上法就变一变了。"然后要求学生以小组为单位进行讨论和交流，同时还要求组长记录每个小组阅读课文之后不懂的问题，每一个组都要提出问题来，提不出问题的就要找组长。程老师在看似不经意其实是早已铺垫好的情形下向学生指出语文学习的价值：通过阅读课文发现问题、独立思考问题并解决问题，这些能力远比掌握语文知识更重要。这样就在谈话过程中完成了对学情的分析，并根据学情状况及时变化调整了教学的起点，而这些变化与调整恰恰就是语文教学成功的关键点。

三 通过课堂现场观察"学情"

一般情况下，教师的课堂教学由两个相互关联的过程组成，先是对学生学习状态的观察，后是依据学习状态调整教学。观察是教师在日常教学活动中必不可少的因素，是教师有目的、有计划地对教育对象、教育现象或教育过程进行考察的方法。教师在课堂上，要多注意观察学生在学习过程中各种外在的行为表现及其学习情绪、学习态度等的自然流露，还要在课下经常与学生进行交流和沟通，以便对学生的学习情况和学习态度等有较为深入而全面的了解。

---

① 魏本亚、尹逊才主编：《十位名师教〈老王〉》，上海教育出版社2014年版，第204页。

　　例如，于漪老师就对课堂教学过程中出现的学生学习状态表现出高度的敏感和洞察力。她在《"窗户"的学问》一文中介绍了自己在课堂上对学生学习状态的观察。在课堂上提问时，她发现一位学生总是"把头埋得低低的"，在其他同学回答了问题后才慢慢地抬起头，目光时聚时散时而恍惚。从这双眼睛中，她看到了这位学生学习漫不经心，对语文缺乏兴趣。后来她打开这位学生的作业本进行分析，课后又不断找他谈话，鼓励他积极思考。过了半年左右，她发现这位学生上课时目光凝聚了、集中了、稳定了。终于有一次在上课提问之后她碰上了这双期待着的眼睛，这位学生正确流利地回答了问题。于漪老师在总结其中的甘苦时说："眼睛，心灵的窗户。面对着几十扇各具特色的窗户，我必须精心地加以观察，透过它们洞察小心灵的秘密。"[①]

　　美国实用主义教育家杜威认为，教师教学的有效性一定要体现在学生的经验发展中，而这首先需要教师密切观察学生的经验变化。他所谓观察学生的经验变化指的就是课堂情境中的"学情观察与分析"。他说："教师不仅要感受到儿童用文字表达出来的意义，而且要注意到身体所表现出来的各种理智状况，像迷惑、厌倦、精通、观念的醒悟、装作注意、夸耀的倾向、以自我为中心把持讨论等等。教师不仅要了解这些表现的意义，而且要了解学生思想状态所表现出来的意义。"[②]

　　总体来说，通过书面信息获取学情、在谈话过程中把握学情状况、通过课堂现场观察分析学情，这三条路径是获得学情的基本方法，但在很多时候，教师为了确定其教学起点往往将多种方法融合在一起，以期快速准确地获得真实有效的学情。

陕西省宝鸡市金台区教研室　朱慧颖

[①] 于漪:《我和语文教学》，人民教育出版社2003年版，第437—438页。

[②] 杜威著，姜文闵译:《我们怎样思维·经验与教育》，人民教育出版社2004版，第224页。

第 12 讲　新课开始的导入

新课导入，是课堂教学环节的一个有机组成部分，是一节课的前奏，有着"未成曲调先有情"的功能。新课导入是否恰切，直接影响着一节课的效果。具体来说，新课的导入可以安定学生情绪，吸引学生注意，激发学习兴趣，联结师生情感，明确教学目的，启迪学生思维，确定课堂基调等。

那么，怎样导入才能让其成为课堂教学成功的一股助力呢?

一　扣住文题，巧妙引入

标题是文章的眼睛，是读者和作者的初次邂逅，是文章内容和读者情感之间的第一个接触点。标题能起到重要作用，比如概括文章的主要内容，点明中心主旨，揭示文章的线索，明确作者情感的出发点，交代文章中所写的人或事。锁定题目也就抓住了文章的命脉，也就有了进入课文的切入口。如笔者执教《从百草园到三味书屋》一课的导入:

师:有人说，题目是一篇文章入门的"钥匙"。本节课我们就用这把"钥匙"开启鲁迅先生的一篇散文《从百草园到三味书屋》。(板书课题)

（生齐读课题）

师："从……到……"，这个句式隐含着两重信息——本文既有空间顺序也有时间顺序。而百草园和三味书屋，一个是鲁迅家屋后的园子，一个是他12岁至17岁时求学的地方。从"百草园"到"三味书屋"，就是鲁迅从家走进学堂、从童年到少年、从幼稚走向明达的历程。那段历程里的一人一事、一草一木都深深地刻在中年鲁迅的记忆里。现在就让我们进入先生的文字里重温那段美好的时光。

充分利用题目中的信息，让课文的框架快速在学生心中搭建起来，明朗文章内容板块；再在已有信息中巧妙引导，引发阅读欲望，顺势进入文本。

从标题入课可以直接把学生引入课堂，引入将要学习的内容当中，节省时间，保证课堂教学的实效性。从标题入课可以直接揭示标题的作用和妙处，帮助学生掌握解题的方法、技巧，充分发挥教材这个例子的功用。从标题导入还可以助力学生学拟作文标题，引导学生体会文题之妙，渗透拟题之法。因此，释题导入法应该是功在平时，益在将来。

二　设置问题，激趣引入

古人云："学起于思，思源于疑。"设疑就是一种根据学生追根求源的心理特征，在讲授新的教学内容时，教师给学生故意设置疑障或"陷阱"，引起学生的兴趣，撬动学生的思维，把他们的注意力快速吸引到课堂的导入方法。例如文明珠老师《天净沙·秋思》的导入：

师：同学们，今天我们来学习一位元代作家写的诗歌《天净沙·秋思》。同学们，我刚才的话有没有说错？错在哪儿？[1]

"刚才的话有没有说错？"这个看似简单而随意的问题，如一粒石子

---

[1] 曹公奇主编：《初中语文经典篇目同课异构与点评 II》，北京燕山出版社2019年版，第61页。

扔入平静的湖面，激起学生思维的浪花。"有没有说错？""错在哪儿？"学生不仅得反复"倒嚼"老师的语言，还要调动自己的知识储备来判断老师之"错"。这样的导，一举三得：既检验学生听的能力，又了无痕迹地进入"曲"的知识讲解，还延长学生听讲的注意力。日本教育家斋藤孝说："在表达自己的同时，也融入对方的世界，并巧妙地萃取精华，再延伸至自己表达的内容里。"[1]设疑导入也是如此，在预设问题的同时，融入学生的世界，根据学生的反馈，随时调整自己的教学策略、教学方向。但设疑要注意，提出的问题一定要扣住教学内容，新颖，科学，规范，能有效聚拢学生的关注力，为下面的教学做铺垫。

三　温故引新，顺势导入

温故引新导入法，指由已知向未知引渡，架设攀登新知识高峰的梯子，激发学生对新知识的探究欲望的导入方式。如讲解《黄鹤楼》可从学生已掌握的七律的朗读节奏导入，讲解《大自然的语言》可从学生所了解的说明文知识导入等。以余映潮老师的《小石潭记》导入为例。

> 师：让我们来回忆一首诗——《江雪》："千山鸟飞绝，万径人踪灭。孤舟蓑笠翁，独钓寒江雪。"这首诗里面有两个重要的字眼："孤"和"独"。"孤舟蓑笠翁，独钓寒江雪"，在一个非常寥廓的、非常冷清的、非常孤寂的背景下，有一个人在那儿"钓寒江雪"，这个人就是柳宗元。柳宗元写《江雪》和《小石潭记》，是在同一个地方，因此，《小石潭记》是一个失意的文人写的。这个文人是被贬官了，贬到一个很荒僻的地方了。因此，读他的文章，读《小石潭记》，就还要读出他游览景物的心情。[2]

---

[1] ［日］斋藤孝著，傅稜君译：《如何有效提问》，文化发展出版社2017年版，第5页。

[2] 《余映潮语文教学设计技法80讲》，广东人民出版社2016年版，第119—120页。

在这个导入里，余老师先领着学生回忆旧知，再沿两者的相同点自然带入新文，新旧诗文无缝衔接。

运用温故引新导入法，一为夯实学生学过的知识，以免"猴子掰玉米——掰一个丢一个"；二为帮助学生逐步形成较完整的知识结构，把同主旨、同作者、同题材、同类型的文章进行关联，达到融会贯通、触类旁通、闻一知十的效果；三为新知引入寻一条快捷的路径，使课堂更简明。此种导入法要注意的是，温故只是引子，不宜花费过多的精力。

四　简介作者，背景引入

所谓写作背景是指对事态的发生、发展、变化起重要作用的客观情况。白居易曾提出"文章合为时而著，歌诗合为事而作"，就是说每篇文章都有特定的背景，是作者应时应景的真实感悟。特别是在一些特殊背景下（如遭遇贬谪、身逢战乱等）写就的作品，更需要了解其创作背景，这是学生读懂作品、了解作品主旨、理解作者情感的基础。

杨兆红老师的《湖心亭看雪》导入可引以为鉴。

（师指名学生背诵自己积累的描写雪景的诗文名句）

生（简介作者张岱）：张岱，号陶庵，明末清初山阴人，寓居杭州。出身仕宦世家，少为富贵公子，爱繁华，好山水，晓音乐、戏曲，明亡后不仕，入山著书以终。有《陶庵梦忆》《西湖寻梦》等。

师（补充）：明亡后，张岱曾参加抗清斗争，后来消极避居在浙江剡溪山中，专心从事著述。他的文章以缅怀往昔风月繁华、追忆前尘往事为主，字里行间流露出深沉的故国之思和沧桑之感，带有淡淡的哀愁。[1]

杨老师采用师生合作的方式，完成了对作者、作品、背景的介绍，打通

---

[1] 杨兆红：《敢于放手，为学生创造活动的课堂》，载《新课程初中语文教学案》2020年第7期。

了一条生本之间的通道。新课标要求，阅读是运用语言文字获取信息、认识世界、发展思维、获得审美体验的重要途径。因此，以背景资料、作者经历为导入语，是激起学生品读文本兴趣的前提条件，是理解作者创作意图的关键，是让教与学变得轻松的法门之一。理解作品，背景先行，不失为一种好的导入法。需要强调的是，背景介绍一定要有的放矢、言简意赅，不可漫无边际、烦琐冗长。

五　借助诗歌，诗意导入

中国古典诗词语言精练，含意丰富，表现力强。恰当地引用一些诗文做导入，对学生学习语文有启迪意义，对学生心灵与精神的成长起促进作用。如曹公奇老师执教《老山界》时的导入：

> 师：（朗读诗歌《七律·长征》）毛泽东同志在这首描写红军长征的著名诗作中写道：险峻的五岭绵延起伏，可在红军眼中只像水面吹起的细小波浪。这是何等的气势！这五岭就是：大庾岭、骑田岭、都庞岭、萌渚岭、越城岭。其中的越城岭，土名叫"老山界"，是红军长征中所翻越的第一座难走的山。今天，就让我们一同看看红军战士是怎样翻越这第一座难走的山的。①

《长征》这首诗，磅礴的气势与文中战士们翻山时直面困难的乐观、坚强的精神相切合，所含的内容也与文本贴合。老师在朗读后的讲解中补充了"五岭"的知识，为后面的课文教学做了预备。诗歌导入法，有益于课堂诗意氛围的形成，让课堂更有文学底蕴，有益于学生对将要学习内容的预知，为后面的阅读学习打下基础，有益于丰厚学生古诗词的积累，在潜移默化中提升学生的语文素养。

---

① 曹公奇：《本真语文》，长春出版社2014年版，第122页。

六 借助媒体，情境导入

借用多媒体导入，就是在教学伊始，教师有目的地引入一些音频、视频或者图片等资料，创设具有一定情绪色彩的、以形象为主体的、生动具体的场景，以引起学生一定的情感体验，为帮助学生理解教材提供特定情境。如杨涛老师《苏州园林》一课的导入：

师：请大家先看一张图片。猜一猜：这是哪里？你是根据什么判断出来的？（师生对话，师引导点拨：介绍一个地方一定要抓住主要特征，这样才能让人一下子记住这个地方）今天，就让我们走进叶圣陶先生的《苏州园林》，领略苏州园林之美。（板书课题）①

杨老师的导入，用一张《意大利人眼中的苏州》的图片引起学生的阅读兴趣。老师相机引拨，使学生把关注点放在苏州园林的总体特点上，为下面的教学活动做铺垫。吕叔湘说："语文教学一半是科学，一半是艺术。"语文课堂的导入不仅要讲究科学性合理性，也要讲求艺术性。运用多媒体手段导入，既创设一种生动的教学情境，又能给学生以艺术熏陶，让学生未入其文，先动其心。但凡事得有"三度"：一曰广度，所用素材必须与教学内容紧密联系，不能为追求趣味性而任意选材；二曰温度，视频、音频或图片得给予学生精神的温暖；三曰密度，方法虽好但不能用得太密集，否则课堂只剩热闹，失了语文味道。

七 故事讲述，轻松导入

故事对于学生来说有着一种特殊的魅力，它很容易将学生的学习动机激发起来，使学生热情积极地投入到对课文的探索中去。有的可用原著中另外的故事导入，如《美丽的颜色》《陈太丘与友期行》；有的可用与作者相关

---

① 白珍编著：《陕西省中小学教学能手优秀教学设计集》（初中卷），江苏教育出版社2014年版，第11—12页。

的故事导入，如《陋室铭》。如邱俊老师执教《陋室铭》的实录片段：

> 师：刘禹锡的《陋室铭》是家喻户晓的名作，听说这篇文章是被"气"出来的，听说过这个故事吗？
>
> 生：听过，但是我记不清了。
>
> 师：当时的刘禹锡在和州做通判，知县策大人对空降至此的刘禹锡很不喜欢。本应住衙门三室三厦的房子，策知县偏偏安排他住在城南郊区。刘禹锡来到郊区一看，此处依山傍水，风景优美，便高声吟诵："面对大江观白帆，身在和州思争辩。"策知县不乐意了，哼，让你高兴！从城南移到城北去吧，三间房子变成一间半。刘禹锡来到江边，看白云悠悠、杨柳成行，挥笔写下："垂柳青青江水边，人在历阳心在京。"策知县气愤不已，让刘禹锡从城北迁到破烂不堪的陋室，只有一间茅草屋，但那又如何呢？刘禹锡在茅草屋里，和墨濡笔，《陋室铭》便挥洒而成。后人评说，刘禹锡是个有境界有意思的人。这节课，我们一起到诗里面去探寻。[①]

用与作者、背景相关的故事导入，既无痕嵌入知人论世，完成了对作者、背景的介绍，又集中了学生的注意力。不仅如此，有趣的故事还会使学生对本次课堂的内容产生浓厚的兴趣，入课快，正能量的故事还能促学生树立正确的人生观、价值观，有利于学生高尚人格的形成。老师用故事与学生沟通，还会使学生身心放松，轻松的学习状态有利于学生对知识的悦纳。另外，讲述的故事还能成为有心学生的写作材料。故事导入，可谓是一举多得。

八　连类比物，巧妙导入

连类比物就是在导入中选取和所学内容相关的事件，或特征相似的人

---

① 邱俊：《我和我的语文》，陕西人民出版社 2020 版，第 246—247 页。

物，或有相似点的课文，形成类比，然后引出新内容。肖培东老师讲授《孔乙己》时的入课即是如此：

> 师：我们继续沿着上一节课走进这节课。刚才徐杰老师给你们上的课叫什么？
>
> 生（齐）：是《幽静悲剧》。
>
> 师：我们接下来要学习的课是——
>
> 生（齐）：是《孔乙己》。
>
> 师：《幽静悲剧》写的是一棵古藤萝的悲剧，《孔乙己》写的又是谁的悲剧？
>
> 生（齐）：孔乙己的悲剧。
>
> 师：或者说是人的悲剧。这节课我们一起来做一个探讨：散文中的古藤萝和小说中的孔乙己，两者有怎样的相似之处？把两篇文章打开。（学生有两篇文章的复印资料）读一读《幽静悲剧》后面写古藤萝的部分。思考：一棵植物的悲剧和一个人的悲剧，这两个文学形象有什么相似之处？[①]

一篇是散文，一篇是小说；一篇写藤萝，一篇写人物。肖老师抓住两者内容的相似性，以对比为导入，以悲剧为起点，以学生真实的学习为基础，巧妙入课。运用对比式导入，有利于突出事物的本质特征，加强文章的艺术效果和感染力；有利于学生深刻理解文本的艺术形象；有利于培养学生的发散思维，使学生更全面、更深入地思考问题。

语文课堂导入的方法还有许多，如谜语导入法、引用警句法、插图漫画导入法等。无论使用哪种导入方法，我们须注意：控制时长，一般在一至三分钟，过长往往会主次颠倒，本末倒置；目标明确，指向集中，应选择与新

---

① 肖培东：《语文：深深浅浅之间》，长江文艺出版社2020年版，第154—155页。

知识联系最紧密的材料；随课而变，要根据具体的学习内容、学生实际和我们自己的教学风格择善而导；方法融合，方法既可以每一种独立使用，也可以多法相融。

总之，导入是课堂教学要走好的第一步。一个精彩的导入，既能让学生产生学习的欲望，激活学生的思维，同时又是教师教学基本功、教学艺术和魅力的展示。在教学中，要不断探索，深入研究，让导入之花更加绚丽多彩。

陕西省安康市平利县城关初级中学　曹冬梅

第 13 讲　作者背景的介绍

　　"知人论世"是语文教学中老师引导学生准确把握作者情感、写作意图的重要突破点，表现在语文课堂上，就是对作者背景的介绍。作者背景具体指与文章相关的作者的生平履历、生活境况、创作初衷、时代特点、思想历程、作品风格等。背景知识就像一座桥梁，将作者与课文内容进行衔接，还原写作现场，不仅能让学生更好地了解写作目的，深入理解文章主旨，准确把握文意，还能激发其阅读兴趣，拓宽其阅读视野。

　　我们平时的语文课堂中，对作者背景的介绍还存在一些误区：

　　误区一：模式固定化

　　一些老师总习惯把作者背景介绍放在新课伊始，文本阅读前。堂堂课如此，篇篇文如此，固守陈法，不顾及文体和文本差异，久而久之，模式固定化，乏味不堪。

　　误区二：内容游离化

　　作者背景的内容必须结合文体和文本特点谨慎选择，而不是为了介绍而介绍，让背景内容游离于课文之外。有些老师介绍作者背景时，面面俱到，看似全面，其实对学生理解所学课文毫无益处。

误区三：形式单一化

有些老师在介绍作者背景时，很少关注引入背景资料的方式是否符合文本的特点，也很少结合学情，不关注学生对这些背景资料的含义是否已经了解、熟知。导入形式单一还表现为以教师的主动呈现为主，少有学生参与其中，很难发挥学生的积极主动性。

从上述教学误区可以看出，很多老师对背景介绍没有深入研究，只是将其作为一个微不足道的教学环节。这多是忽略了作者背景的重要性导致的。在教学中作者背景的介绍应该遵循哪些原则呢？王荣生教授在《阅读教学的要诀》里提出"建立学生与这一篇课文的链接，引导和帮助学生更好地阅读。这句话蕴含着阅读教学的重要原则"[1]。这个阅读原则也适用于作者背景介绍，阅读教学中学生要获得的是与"这一篇"课文相符合的理解和感受，与之相关的背景知识就可以选择恰当时机介绍给学生，帮助学生加深对课文的理解，丰富对课文的感受，并产生明显的阅读变化。秉持这样的文本原则，作者背景的介绍才是有效的、积极的。在阅读教学中，需要语文教师适时介绍作者背景，将背景资料的作用发挥到极致，真正体现出作者背景资料的教学价值。那么，作者背景何时介绍？应介绍哪些内容？

一　介绍时机应灵活多变

作者背景的介绍要适时，要根据文本、文体、学情灵活变动，避免一成不变。可以课前铺垫或激趣式导入：那些具有时代感的课文，教师可以在阅读教学前将作者背景呈现出来，以更好地引导学生进入阅读情境，体悟文本的内涵。也可以在课中穿插，根据学情相机介绍。孔子说："不愤不启，不悱不发。"在学生阅读遇到困惑、需要作者背景时，恰到好处地呈现。特级教师王君在教授《老王》时，作者背景的介绍恰到好处，起到了锦上添花的作用。课堂上王君老师带领学生深入文本，体察老王和杨绛的生命状态。学生容易感受老王"活命"中的辛酸凄苦，但不容易理解杨绛的"活命"，尤

---

[1] 王荣生：《阅读教学设计要诀》，中国轻工业出版社2019年版，第66页。

其对她在老王去世后"不多问"存在争执。

> 师：好。请坐。我们看看杨绛所处的背景。当时的杨绛是个什么状
> 态？他们生活的时代，是个疯狂的时代。杨绛作为一代才女，过的是什
> 么日子呢？
>
> （屏显"文革"背景材料）
>
> 师：下面的文字是杨绛回顾"文革"岁月，你来，帮大家读一读。
> 老师给你配点乐。
>
> （屏显杨绛回顾"文革"岁月的文字）
>
> 师：中国历史上最美丽的女子，最有才华的女子，中国最高贵的
> 家庭，代表着中国知识分子最高层次的家庭，他们当时就过着这样的日
> 子。哪里仅老王是活命的状态啊，杨绛以及他们一家人也是什么……
>
> 生：活命。[1]

王君老师开课后没有介绍作者背景，当学生因为欠缺作者背景而产生阅
读困惑时，王老师适时介绍与"这一篇课文"相关的时代背景，让学生体会
到一代才女、中国最高贵知识分子家庭在那种岁月中也是处于"活命"的状
态。作者背景介绍后，学生的思维从"山重水复疑无路"到"柳暗花明又
一村"，阅读感受发生了变化，这样有助于学生加深对文本内涵的理解和
感悟。

作者背景还可以在课后补充式介绍：以这一篇课文为例子，将学生引向
群文阅读时，可以采用在阅读文本之后，对作者背景资料进行补充介绍。这
样的补充介绍为的是引导学生对其他作品的拓展性阅读。

另外，可以通过课文中暗示性、隐含性语句引入对作者及时代背景的介
绍。如象征类文章的暗示性语句一般比较隐晦，学生阅读时容易忽视，这时

---

[1] 王君：《"活"出高贵的生"命"——〈老王〉课堂教学实录》，载《语文教学通讯》
（B）2012年第9期。

适时介入作者背景，可以帮助学生挖掘隐含在语言背后的内涵，正确把握作者意图。

总之，作者背景知识的介绍时机非常多变，教师要灵活应对，不能故步自封，变成远离文本、远离学生的固定模式。

二 介绍内容要适当选择

作者背景介绍的内容不能长篇大论，不能不加选择地全盘托出，需要教师慎重选择，真正体现背景资料的教学价值。

背景内容的选择首先要为文本主旨服务，与之有关的适当选择，偏离的内容筛掉不选。

其次，背景内容选择还要结合文体特征，必须选择与文体相对应的教学策略，导入因体而异。比如在讲授散文时，重点应放在对散文优美意境和语言的品味上，背景导入部分对作者的生平经历应点到即止，对作者的作品风格和创作初衷应着重介绍。在讲授有时代烙印的小说时，写作背景是重要因素，应着重介绍。

再者，背景内容的选择还要关注学情，对学生已经了解的作者背景可以放弃不讲，大胆取舍；对学生需要的作者背景，教师备课时候应该储备全面的、深层次的背景内容，随时根据学情倾囊相授。如特级教师韩军老师在讲授《登高》一课时，并没有长篇大论介绍杜甫生平，而是根据学情和文本，智慧地选择了部分内容。

师：颔联，写了几种景物？

生：只有两种，落木、长江。

师：由落木，我们想到什么？由树及人，还是要联系杜甫的此时此境来联想。

生：我想，杜甫看到落叶飘零，肯定想自己像树一样，已是晚年，已老了。

生：人已经到了生命晚秋。

师：生命怎么样？长久还是短暂？

生：生命短暂。

师：倏忽就是百年。杜甫生于712年，卒于770年，活了58岁，写这首诗时是767年，55岁，也就是去世前三年写的。如果说"落木萧萧"是有生命短暂之感的话，那么，"不尽长江"呢？

生：应该是时间的无穷。[①]

可以看出，韩军老师只在个别诗句的讲解中补充了作者的背景知识，指出作者写此诗是去世前三年。如此，既能使学生深刻理解个体生命的短暂，又能让学生读出作者年老多病、漂泊他乡的悲凉心境。如此选择作者背景知识内容，真可谓高明。

语文教师在选用作者背景资料时，要从学生的学习实际出发，与学生的阅读过程相融合，讲究背景资料内容选择的"度"，让作者背景与阅读文本巧妙衔接。

三 介绍方式宜丰富多样

作者背景的介绍方式可以是多样的，不全以教师呈现为主，要积极发挥学生阅读主体的作用。可以采用预习交流的模式呈现作者背景资料。统编教材中有些作者的背景资料，易于搜集，教师就可以放手安排学生通过图书馆阅读、上网搜索等方式，在课前进行搜索，在课堂教学的过程中让学生将自己搜索到的资料拿出来进行交流。如鲁迅的文章，因为时代原因和作者独有的语言风格，学生阅读有距离感。以往多是老师出示作者背景，而苏红老师改变传统教学模式，在作者背景导入上花心思，引领学生走近鲁迅，个性解读鲁迅，再进入课文情境体验情感，实践个性阅读。

师：从初一起，我们就学习了鲁迅先生的作品《从百草园到三味书

---

① 韩军：《〈登高〉课堂实录》，载《中学语文教学》2001年第7期。

屋》《社戏》《藤野先生》等，与他渐渐熟识，而越走近他，便越觉得他文章意蕴深厚，思想深刻而灵魂高贵。昨天我们已经安排过预习，请同学回读一下学过的鲁迅作品，再次深刻理解鲁迅。现在，谁来说说自己对鲁迅的了解呢？

生：鲁迅是浙江绍兴人，我国现代伟大的文学家、思想家和革命家。鲁迅原姓周，"鲁迅"是其投身五四新文化运动后使用的一个笔名，因为影响很大，所以人们习惯称他为鲁迅。

…………

师：我与同学们一起读过鲁迅的作品，对鲁迅有自己的理解。在我的眼里，鲁迅是一个严于解剖自己、善于自省的人。我看到他在《风筝》里反省自己对小兄弟精神虐杀的行为时的自我谴责，看到他在藤野先生给自己用红笔从头到尾添改过讲义时的愧疚不安，感受到他在听到日本"爱国青年"欢呼"万岁"时深深的自责。他强烈的自省精神让他成为大写的"人"。下面，请同学们结合学过的作品，说说你对鲁迅其人的理解。

生：我眼中的鲁迅是一个伟大的爱国者。从《藤野先生》看到他在日本留学时候不忘自己是一名中国人。每每遇到有损中国形象的问题，他会毫不犹豫地站出来，向世人澄清事实。在他身上，我看到了一颗炽热的爱国心。

…………

师：同学们结合作品谈对作者鲁迅的了解，就觉得他是身边熟悉的人，走近他，就越亲近他，敬仰他！我们读小说《故乡》，看你们又能读出一个怎样的鲁迅。[1]

苏老师在介绍方式上增加创意，先让学生讲述自己了解到的作者背景，

---

[1] 苏红：《小小创意，激活课堂——〈故乡〉个性化阅读课教学案例》，载《文教资料》2010年第36期。

发现学生的介绍太生硬，缺少个性解读，没有贴合文本，老师做了一个很好的示范，结合作品谈了对鲁迅的看法，激活了学生思维。这个"我眼看鲁迅"的教学环节，避免了对作者平面化的理解，引导学生通过作品感受其人格魅力，学会在作家多部作品之间建立联系。

另外，作者背景介绍的呈现方式也不要只靠教师口述完成，可以用视频、音频、微课等多媒体技术手段演示。

总之，作者背景的运用只是语文教学的辅助行为，巧妙介绍作者背景会使阅读教学变得更有深度、有广度、有思想，但若介绍不当，也会喧宾夺主，违背以学生为本的教学原则。教师对所要导入的作者背景要恰到好处地把握，确保能够为学生的语文学习指引正确的方向，让学生真正体验经典文学作品的各种美。

陕西省宝鸡市三迪中学　李　萍

第14讲　朗读的指导训练

　　朗读，顾名思义就是用清晰响亮的标准语音有感情地朗读出文章来，是将书面语言通过声音加工成生动活泼的口语，是多种感官参与的活动。在中学语文教学中，朗读训练作为阅读训练的基本内容之一，是课堂教学的重要环节，是学生初步感知文本的基本手段，更是每一位语文教师引导学生析读文本的有效途径。《义务教育语文课程标准（2011版）》明确要求"能用普通话正确、流利、有感情地朗读"，要让学生在朗读中通过品味语言体会作者及作品中的情感态度，学习用恰当的语气语调朗读，表现自己对作者及其作品情感态度的理解。朗读要提倡自然，要摒弃矫情做作的腔调。好的朗读，是声情并茂、快慢有致的。在吐字发声中，往往融入了朗读者对作者行文情感的理解。读者在逐步感知文章内容的基础上，运用和调整声音的高低起伏、快慢轻重来进行表达，重点在于对文章意境美、文字美、音韵美的体验和展示。由此可见，朗读是一种外化的学习方式，其中的技巧能够通过训练获得。所以，精准的朗读指导训练是语文教师必须掌握的基本教学技能。

　　朗读训练是要贯穿文本解读始终的。有感情的朗读，往往能使一首优美的诗歌意境尽显，一篇隽永的散文浓情流淌，一个动人的故事引人入胜，一篇雄辩的议论文启思拓想。语文教师要有安排、有计划、讲究策略地进行朗读训练。那么，如何才能行之有效地进行朗读训练呢？

一　巧用范读，调动尝试

人们常说："言传不如身教。"朗读训练中，教师的"身教""领门"，也就是恰到好处的范读，对学生认知文本、提升朗读水平乃至语文素养意义重大。

教师的范读应是优美的，恰当地配以悦耳的旋律，加入自己动人的感情，充分地体现朗读中某一方面的特定要求，读出每一篇文本独特的味道。语文教师在备课时，最好反复朗读，对经典段落读出重音、节奏、韵律、感情、意境等。好的范读既可以起到调动的作用，也能促使学生尝试模仿，增进感悟效果。同时，可以让一些有朗读特长的学生声情并茂地范读，或是用电教手段播放名家的朗诵精品来引导学生。

教师可选择在开篇时用范读直接将学生带入新的文本，亦可在学生尝试朗读后，加入范读，在对比中用朗读将学生带入文本深处。范读的"时机"，需要老师依据自身对文本与学情的了解来定。恰当、有效的范读，能给予课堂新鲜的活力，不只将学生带入文本，更可促进学生对文本的深度解读。

我们看田玲老师在教学《乡愁》时范读指导的片段：

师：这到底是怎样一种愁绪？怎样才可以通过朗读传达出来呢？老师来范读，请同学们画出节奏，思考朗读时应该注意哪些方面才能够准确表达这种愁绪。

（师播放自制小视频配乐范读，刻意重复了第四小节的最后两句：我在这头，大陆在那头。生和听课老师专注倾听，鼓掌）

师：谢谢大家。同学们认为老师是怎样传达出思念家乡的忧愁之情的？

生：读得慢一点。

师：对。说得专业点，就是语速要舒缓一些。（板书"语速舒缓"）

生：声音低。

师：很好。表达愁绪，需要语调低沉点。后面那位同学接着说。（板书"语调低沉"）

…………

师：范读之前老师要求大家听的时候要画出什么呢？

生（齐）：节奏。

师：朗读，必须得读准节奏。（板书"读准节奏"）刚才老师读的时候，大家画节奏了吗？

（生面面相觑，摇头）

师：老师再读一遍第一小节，同学们注意听老师朗读的节奏，用斜线画出来。

…………

师：如果让同学们选择词语加重语气，你们会选哪些词？

生："窄窄"，因为我刚听到老师重读了"小小"。

师：你很善于听，听说读写，听排在首位。认真听，是学习的好方法。"小小""窄窄"，还有三、四小节的"矮矮""浅浅"，这几个形容词从形式上看又可以叫什么词？

生：叠音词，叠词。（生挠头，不太肯定）

师：对的。顾名思义，像"高高""深深""远远"等，这种一个字重复两遍构成的词，就叫叠词。我们朗读时还可以重读这些词。（板书"叠词重读"）

师：我们请四位同学每人读一小节，大家按照"读准节奏，语速舒缓，语调低沉，叠词重读"这四个方法来给予评价。[①]

田玲老师正字正音后的深情范读，牵住了学生的思绪，驾驭了学生的注意力，引导着学生在知识的海洋中前行。可见，范读好课文是语文教学中登堂入室的第一步。我们知道课文中重要的字、词、句往往是文章的主题思想

---

① 田玲：《灵动语文公开课》，北京燕山出版社2020年11月版，第154—156页。

所在。田老师依据范读，抓住"乡愁"一词，侧重作者在诗中"愁"的情绪对学生进行了"语速、语调、节奏、重音"四个层面的朗读指导，让学生明确文本的语言环境，以此带动学生学习语文的热情，水到渠成地使他们正确把握了《乡愁》这首诗歌的思想情感。这种朗读的指导训练，必须建立在教师对课文透彻理解的基础上。教师一方面给学生的朗读做一个引领，另一方面及时发现学生学习朗读、模仿朗读不到位的地方并给予指正。相较来说，这种范读式的朗读指导比较适合题目情感明确的文章。

那么，对于情感较为复杂的、内敛的课文，我们又该如何进行范读指导呢？看看著名特级教师李镇西自述教学《再别康桥》的一段：

同学们认真地听我朗读《我所知道的康桥》的片段，我从他们的神态上感到，他们被这些文字感染了。

我说："他对着夕阳跪下了！你们听到这几句，就能理解他为什么对金柳那么地眷恋，他为什么会把金柳比作夕阳中的新娘。在他的心里，康桥是他的精神家园！因此，我们在读这首诗的时候，要怀着一种温柔眷念的情感，要读得轻柔一些、舒缓一些。比如开头第一节，这样读是不是更好些？"

我试着范读"轻轻的/我走了，正如我——轻轻的/来；我轻轻的/招手，作别/西天/的云彩"。

教室里很安静，只有我一个人的声音。

我停下朗读，问道："'作别/西天/的云彩'，李老师为什么要在这儿停顿？"

生："为了表现一种依依不舍之情。如果读快了，就表达不出这种感情。"

我点头说："对，那么现在大家齐读，体会一下作者当时的感情。"

学生齐读，声音低缓，虽然没有起伏，但已经比刚才好很多了。[①]

---

① 李镇西：《听李镇西老师讲课》，华东师范大学出版社2010年版，第92—93页。

　　李镇西老师在发觉学生朗读不够到位的原因可能是缺少与作者情感的共鸣时，找到了作者所写的与《再别康桥》情绪相近、叙事抒情较为详尽的《我所知道的康桥》这篇散文，借助朗读叙说作者徐志摩丰富的人生经历，代入作者与康桥之间深厚微妙又复杂的情感，引导学生在充分了解作者的情况下，自己进行生动形象的范读。学生在教师引导下，在教师范读指导下，再次朗读课文就发生了明显的变化。所以，对于情感内敛含蓄的文章进行朗读指导，教师要做好课外的准备，把教材的外延有效地带入课堂教学中，做好范读指导。

　　学生做好朗读才能展开形象思维，这是深层阅读文本的关键。教师范读好课文，能使学生在听读及尝试朗读时自主深入地接受艺术形象的感染和教育，从而提高阅读理解的能力。而这也是考验教师是否走进文本、吃透文本的重要标准。

二　精心指导，注重技巧

　　朗读教学是一种创造性的活动，语文教师既要掌握一定的朗读方法，又要有指导朗读的技巧，更要留给学生一些想象和创造的空间。好的语文教师要努力挖掘朗读教学中的"亮点"，让语文课堂因为朗读而充满活力和生机。朗读训练无外乎停顿、重音、语速、句调等，语文教师必须掌握这几种基本表达手段，指导学生合理运用，从而使学生准确表达作品的内在含义。那么如何掌握，又如何指导呢？首先，语文教师自己要明确停顿、重音、语速、句调的基本概念和操作。其次，教师要有精心指导学生朗读的意识，认识到朗读在语文教学中有不可替代、不可忽略的重要性，文本教学必须要建立在指导学生反复朗读的基础上，以读代教，潜移默化。再次，好的课堂教学一定是注重方法和技巧的，好的技巧可以让我们的课堂教学事半功倍，朗读训练亦是如此。

　　我们来看看王成老师在执教《雪落在中国的土地上》时是如何进行朗读指导训练的：

师：这一节前面写的是年老的母亲，后面写的是中国的路，由一个词"而且"连缀在一起。"而且"这个词在此处应该是表示语意递进的。你刚才在读的时候，我感觉声音越来越平缓，语调越来越低，这样处理好似难以体现诗人此刻急切、焦虑的心态。你能试着用激扬的语势来读一下这三个句子吗？

（生语调上扬、略带急促地读。赛场响起掌声）

师：不错不错。现在你告诉老师，读了两遍之后，你觉得最后三句语调越来越低沉好，还是越来越激扬好。

生：语势激扬一些更好。

…………

生：你要到哪儿去呢？

师：这句话，你感觉诗人对农夫的情感是怎样的？

生：同情。

师：说得很准确。那你能带着感情将这个句子读一下吗？

生（语势平稳）：你要到哪儿去呢？

师：这是一个问句。既然是问句，你能不能将这种问句的效果读出来呢？

生（语势较急，问句形式明显）：你要到哪儿去呢？

师：这位男生，你来点评一下，刚才这位女同学读得怎么样？

生：整体还好，不过我觉得读得有点快。

师：好吧，那你为大家再读一遍。

生（停顿明显，语势有起伏，问句形式明显）：你要到哪儿去呢？

师：很不错，那种同情感非常充沛，问句的形式也非常明显。你能将这一节整体读一遍吗？

（生略带低沉、充满同情地读完第三节）[①]

[①] 王成、曹公奇：《读品结合话苦难——〈雪落在中国的土地上〉课例赏鉴》，载《语文教学通讯》（A）2018年第7—8期。

　　王成老师在整个课堂上不厌其烦地带领学生一遍又一遍地朗读，以读带品，对学生进行了精心有序的朗读指导，让学生在诗歌的字里行间品味诗情。其间注重了学生朗读诗歌不同语句时的停顿、句调及语势，赢得掌声阵阵，这无疑是渗透着王老师自身对文本的深层解读能力以及对朗读技巧的娴熟运用的。我们可以看到学生在王老师的精心指导下，朗读愈来愈到位，情感把握越来越准确，甚至还主动提出对他人朗读的看法和建议，将对诗歌主旨思想的理解引向了深处。

　　语言是人类交际的重要工具，语文教师一定要把握清楚我们所教学科特有的属性——培养学生语言文字的表达与运用能力。表达能力最基本的就体现在口语表达上，朗读训练是口语表达的根基，是人与文字之间交流和理解的桥梁，而这不是一朝一夕可以速成的。所以，注重朗读的指导训练，是语文课堂的重中之重、恒中之恒。

陕西省陕西师范大学杨凌实验中学　杜丽梅

第15讲　默读的指导训练

默读是不出声地读书。钱梦龙先生指出，朗读和默读如"车之两轮，鸟之双翼"。由此可见，默读与朗读同样重要，也是语文教学中训练阅读能力的重要方法。

宋人朱熹曾说："读书有三到，谓心到，眼到，口到。"默读省去了发音的动作，不需"口到"，提高了阅读的速度。默读要求"心到""眼到"，"心到"就是要集中注意力，一边读一边思考，所以默读更有利于聚精会神地阅读、理解与记忆。

但是，目前语文教学对朗读训练比较重视，忽视了默读训练，学生的默读能力较差，这种现状甚至影响到其他科目的学习。

如何开展默读教学，进行默读训练，提升学生的默读能力呢？

首先，要了解语文课程标准和统编教材对默读教学的要求。《义务教育语文课程标准（2011版）》非常重视默读，要求7—9年级"养成默读习惯，有一定的速度。阅读一般的现代文，每分钟不少于500字。能较熟练地运用略读和浏览的方法，扩大阅读范围"，"在通读课文的基础上，理清思路，理解、分析主要内容，体味和推敲重点词句在语言环境中的意义和作用"。

统编初中语文教材依据课程标准在七年级上册设置了三个单元进行默读

训练：

单元	训练内容	训练目的
三	不出声，不动唇，不指读，不回看，一气读完全文，以保证阅读感知的完整性和一定的速度	把握基本内容，了解文章大意
四	在课本上勾画出关键语句，并在你喜欢的或有疑惑的地方做标注。在整体把握文意的基础上，划分段落层次，抓关键语句	理清作者思路
五	边读边思考，勾画出重点语句或段落，并学做摘录	概括文章的中心思想

统编语文教材将课标中默读的目标要求转化为具体的训练内容和训练目的。默读指向的不仅仅是读的行为、习惯的养成，也指向学生的理解、概括等能力的培养，这三个单元形成了一个默读训练的阶梯。

其次，要按照教材的要求开展默读训练。在教学过程中，教师可以按照教材的安排，依据单元提示、预习提示、文本特点等，有计划、分步骤、循序渐进地进行默读训练。

下面我们来看《从百草园到三味书屋》的教学片段：

师：让我们再来默读课文。

（屏显默读要求）

四不：不出声、不动唇、不指读、不回看。找出文中的三个人、三件事。

思考：这三个人、三件事，对我产生了怎样的影响？

（计时阅读开始。请学生迅速开始拿笔画出人和事。看谁最快，找出了就举手）

师：朱锐同学只用了2分45秒。朱锐，你是怎么做到的？

朱锐：老师，这篇课文，我以前读过很多遍，现在默读，速度自然就快了。

…………

师：好的，把"太性急"画下来。还有一位是谁呢？

生：寿镜吾老先生。

师：寿老先生是怎样的呢？在文中找出来。

生：严厉、博学、方正、质朴。（师板书）

师：对"我"呢？对我有什么影响？

生：好起来，给"我"的书也渐渐加多。[①]

《从百草园到三味书屋》是统编语文教材七年级上册第三单元的第一篇教读课文。本册书第一单元和第二单元都要求重视朗读，从第三单元开始提出重点学习默读。所以，这篇课文是初中阶段学习默读的起点。

这节课教师在反馈预习、话题引入之后进入第二个教学环节：默读训练，概括事件。

默读习惯的养成在于教师的训练和指导。学生拿到一篇文章默读，往往觉得茫然无从下手，这时候，教师要给他们一些具体的提示，训练他们去默读，指导他们去思考。这位老师深知默读训练的要义，在学生默读课文的同时，根据单元提示和预习提示，提出"不出声、不动唇、不指读、不回看"的要求。接下来设计了"找出文中的三个人、三件事"并思考"这三个人、三件事，对我产生了怎样的影响"，请学生带着问题默读。又通过"计时阅读"保证阅读的速度，在学生交流的过程中及时提示"还有一位是谁呢""寿老先生是怎样的呢？在文中找出来"。这些教学细节培养了学生边默读边思考边动笔的习惯，达到了本单元学习默读、了解文章大意的训练目的，培养了学生的理解能力和概括能力。

再次，合理运用方法技巧，提高默读效率。在学生默读习惯的养成和默读能力的提升过程中，教师还需要指导学生在默读中运用一些方法，如圈点、评注、联想、比较、质疑、揣摩等，加深对文本的理解，提高默读效率

---

① 陆其勇、钟石：《编者意图深领会　旧文新教出智慧——〈从百草园到三味书屋〉教学实录及观察》，载《中学语文教学参考》（中旬）2018年第12期。

和阅读质量。

下面我们来看特级教师肖培东执教《植树的牧羊人》一课的实录片段：

> 师：这节课，我们要学习《植树的牧羊人》，它是一篇外国作品。这篇文章的学法是什么？请大家齐读预习提示二。
>
> 生（读）：默读课文，圈点勾画。
>
> 师：文章写作者和牧羊人三次见面，哪一次见面叙写的语段最少？
>
> 生：最后一次，两个段落。
>
> 师：加上全文的总结段落，也就三个段落。接下来请同学们默读"我"与牧羊人最后一次见面的语段，做好圈点勾画。
>
> （生默读，圈画）
>
> 师：你圈出了哪些词语或画出了哪些语句？
>
> …………
>
> 师：议论以及抒情性语句，起到点睛作用，值得细细品味。所以，对老人的赞美、评价语句要圈画出来。（板书"评价老人"）
>
> （学生陆续找出其他评价老人的语句）
>
> …………
>
> 师：这样我们就明白了，默读文章，圈点勾画，不是随便的，而是要注意圈画出显示行文思路、老人特征、荒原变化及评价赞美的相关语句。①

《植树的牧羊人》是统编语文教材七年级上册第四单元的一篇文章，是法国著名作家让·乔诺的绘本名作。第四单元是七年级上册学习默读的第二个单元，在上一单元学习的基础上，单元提示指出：继续学习默读，在课本上勾画出关键语句，并在你喜欢的或有疑惑的地方做标注。在整体把握文意的基础上，学会通过划分段落层次、抓关键语句等方法，理清作者思路。

---

① 肖培东：《圈点勾画读"奇迹"——我教〈植树的牧羊人〉》，载《语文建设》2018年第1期。

　　肖培东老师根据单元提示及预习提示，选择了内容相对集中，文章技法典型的"第三次见面"作为研读的主要内容，引导同学们默读、圈点勾画。肖老师细致而耐心地通过"为什么画这句""写高原变化的句子很多，我们可以择其关键词、关键句做出圈画""议论以及抒情性语句，起到点睛作用，值得细细品味""这句话也是交代写作思路的句子，同学们不该忽视"等提示，引导学生自己圈画，说明原委，理解哪些是关键语句，学会圈点勾画这种默读的方法，最后从"荒原变化""行文思路""评价老人""牧羊人特征"等角度对学生的回答进行总结提升。

　　在我们的语文课堂中，也经常会有"默读课文，圈点勾画"的教学环节，但往往疏于对什么是圈点勾画、怎样圈点勾画等学生实际存在的问题做具体指导。可见，教师指导学生默读需要借助一些方法，更要对"如何学习这种方法"做一些深入的研究，这样才能科学地指导学生学习，使学生学有所得。

　　最后，养成良好的默读习惯。当学生初步养成默读的习惯，具备了一定的默读能力时，教师还要培养学生根据阅读的需要自觉地运用默读方法的能力。

　　下面是笔者《春望》的一个教学片段：

　　四、精读，读出你的理解

　　1. 用做批注的方法学习《春望》

　　批注是指阅读的时候，把读书感想、疑难问题，随手批写在书中的空白地方，以帮助理解、促进思考的读书方法。怎样做批注呢？（屏显批注方法）

　　2. 精读

　　题目"春望"即春天望长安之景色。

　　（1）观长安之景

　　读诗歌，再现画面。哪句诗印象最深刻，最能触动你的心灵？借助联想与想象，描绘画面，批注在书上。

学生展示交流。

（2）赏词句之妙

"语不惊人死不休"，是杜甫著名的诗句。诗人杜甫喜欢写诗琢句，在诗歌创作中十分注重语言的选择和锤炼，认为要写出佳句，就必须有足以使人吃惊的语言。请同学们默读诗歌，你觉得哪个字或词用得妙，批注到书上。

学生默读诗歌，做批注。

（3）悟诗人情怀

拓展阅读杜甫的《月夜》。

默读诗歌，比较两首诗在思想感情和写作手法上的异同。你更喜欢哪首诗？将自己的想法批注在书上。[①]

《春望》是统编语文教材八年级上册第六单元《诗词五首》的第二首。在之前的古诗文学习中，学生已经初步认识和学习了鉴赏诗歌的基本方法。本节课教师在此基础上引导学生默读诗歌，用做批注的方法赏析字词、体会情感、提高诗歌鉴赏能力。

八年级学生在七年级默读训练的基础上，已经养成了默读的习惯，具备了一定的默读能力。课堂上，教师还要引导学生自觉地默读，自主地思考，让学生在主动积极的思维和情感活动中，加深理解和体验。

"教学有法，教无定法"，默读教学有规律可循，有方法可依，但我们更要根据教学的需要、学情的特点，选择适用于学生的方法。教师要不断学习研究，实践创新，以促进学生语文学习习惯的养成、阅读能力的提升。

陕西省宝鸡市渭滨区秦机学校　高　原

---

① 曹公奇主编：《初中语文经典篇目同课异构与点评Ⅱ》，北京燕山出版社2019年版，第153—154页。

第 16 讲　重要词语的品味

　　《义务教育语文课程标准（2011年版）》要求7—9年级学生在通读课文的基础上，"体味和推敲重要词句在语言环境中的意义和作用"。重要词语是指具体语境中具有指代性、特定性、隐含性信息的词语，也就是那些具有深层含义、在文章中起重要作用、容易被误解、具有指代作用或有言外之意的词语。这些重要词语是在具体的语言环境中，是具体而动态的，和字典意义有着某种联系而又非字典意义。

　　不同的文学样式，重要词语的侧重点略有不同。重要词语的品味是脱离不开具体语境义的，所以不同的内容、不同的表达方式抓取的重要词语会有所不同，品味赏析的角度也会有所不同。初中最常见的散文、小说、诗歌等文体中，哪些词语是重要词语？这些重要词语如何品味呢？

一　品味散文、小说文本中的重要词语

　　词语按照有无实际意义来分，可以分成实词和虚词。按照词性进一步分下去，实词包括名词、动词、形容词、数词、量词、代词，虚词包括副词、介词、连词、助词、语气词、叹词。不同词性的词在句中扮演不同的角色，不同词性词的准确运用给读者带来的阅读感受也不同。我们欣赏名家作品，

往往会为某些经典词汇恰到好处的运用拍案叫好。我们读古文，也常会为古人的"推敲"折服。其实我们都在潜移默化中品味文本的重要词语，从这些重要词语的探求中，发现文章的美好，提升自己的审美能力。这些最能引起人们共鸣的词语有动词、形容词、副词等，另外还有从词语修辞角度分析的叠词和拟声词等。这些词是我们赏析句子时应该重点关注和研究的。

1. 动词的品鉴。动词品味常见于小说和散文中，因为动作描写是刻画人物形象的一个重要方面。一个动词的巧妙运用，可以真切地体现人物的性格，使文章极富表现力。所以我们在教学过程中需要引导学生关注动词。如《孔乙己》中"排出九文大钱"的"排"，就是一个非常经典的动词。此外，这篇小说中还有一些动词值得我们好好玩味。比如丁国斌老师的《孔乙己》课例中的一个片段：

（师板书"哄笑"）

师：这个词出现两次，大家看怎么读。（生读"hōng xiào"）这是一个多音字，还可以读hǒng，还可以读hòng。什么叫哄笑？

生：哄堂大笑。

师："哄"是一个人吗？一起，就是人多，大家同时在笑，而且这个笑带有什么意味？

生：嘲讽意味。

师：这个词在文章中出现了两次。出现在哪里？第4自然段，第6自然段。也就是孔乙己满口"之乎者也"的时候，大家会哄笑；"君子固穷"的时候，大家也会哄笑。[1]

这一段教学中，丁国斌老师先从给动词正音开始，再从词义入手，结合语境联系生活实际，引导学生了解"哄笑"的情境，以及这种笑所体现出的人物情感，进而得出了"众人笑""嘲笑"的内涵。这种教学构思，让动词赏析落到实处，让学生真正了解动词所具有的表现力。

---

[1] 丁国斌：《〈孔乙己〉课堂实录》，载《初中生世界》2016年第24期。

2. 形容词的赏析。形容词的赏析多出现在写景文以及环境描写的段落中。形容词用得越多，形容词所修饰的中心语就越细腻准确，给读者留下的印象就越深刻，所以想理解写景文句的准确意思，需要我们关注并理解形容词的含义。比如王娟老师的《秋天的怀念》课例中的一个片段：

> 生：作者：我可活什么劲儿！母亲：咱娘儿俩在一块儿，好好儿活，好好儿活……
>
> 师：那么这个矛盾如何化解呢？我们不妨联系文中描写菊花的文字来理解，读一读，想一想，可以结合关键词来品析。
>
> 生："淡雅""高洁""热烈""深沉""泼泼洒洒"这些词描写出菊花怒放的生命，都是美好品质的表现。
>
> 师：是啊！母亲非常朴实，除了无微不至的爱，她也懂得以花开导我。文章以母亲提议看花起，到妹妹推我看花终，为什么？
>
> 生：应该是以花喻人，告诉我们人应像花一样怒放，活得高洁，活得热烈，活得深沉，活得泼泼洒洒。
>
> 师：对，人应该像花一样活出生命力，活出色彩。母亲就是用这样一个饱含良苦用心的隐喻来劝导我，显示出生活的大智慧。
>
> 生：从"母亲多次希望他能去看菊花，在母亲去世之后，他自愿和妹妹一起去看菊花了"这个前后照应的细节中可以看出，作者读懂了母亲的"好好儿活"的含义，那就是过花一样的生活。[①]

文章中对菊花姿态的描写中，运用了大量的形容词。诚然，这些形容词是菊花姿态的真实写照，但是我们用王国维"以我观物，故物皆着我之色彩"的理论探幽，这些花又体现出作者的内心情感。王老师就是以花的姿态及颜色切入，让学生谈谈这些词语所表现出的花的精神品质，从而引导学生探寻作者内心情感的变化，可谓思路清晰，构思精妙。

3. 副词的赏析。绝大部分的副词是修饰动词或者形容词的，在句子中做

---

① 王鹏：《〈秋天的怀念〉课堂实录》，载《语文教学与研究》2020年第21期。

状语。修饰动词，表示时间、地点、程度、方式、频度等。我们可通过对文句中副词的诠释，来更好地理解副词背后核心词的含义和特征，领会作者所要表达的思想感情。再比如丁国斌老师的《孔乙己》课例中的一个片段：

师：书上怎么讲？"孔乙己大约的确死了。"他到底死没死？

生：死了。

师：那为什么前面还有个"大约"呢？

生：不确定。

师："大约"就是说不确定到底死没死，用现在的话来说就是"失联"了。孔乙己的失踪，似乎也是常事。文章中有没有讲到呢？

生：第5段，连人带笔墨纸砚一起失踪。

师：因为孔乙己写得一手好字，所以他常靠给别人抄书维持自己的生计。但他经常"失踪"，帮别人抄书时，连笔墨纸砚和人一起失踪。[①]

丁国斌老师带领学生通过对"死"字前面副词"大约"的关注，来更好地理解孔乙己的人物命运，体会鲁迅先生写文章的用语特色及他对孔乙己这个人物所寄予的情感。通过这个课堂实录片段，我们发现丁老师通过"大约"一词，关照了前文中的情节，让同学们深刻体会到文章内容的紧凑和连贯，同时也带领学生领会人物命运走向的必然性，更好地把握文章的主题。

所以，我们在赏析文章的过程中，品味副词是十分必要的。好好领会副词，能帮助我们更好地理解文章内容和作者的情感，进而准确地把握文章的主题。

4. 叠词、拟声词的赏析。叠词和拟声词属于从词语修辞角度划分的词类。叠词在使用过程中可以增强语言表达的韵律感和节奏感，使诗句读起来朗朗上口。这里需要强调的是，叠词并不是简单的词语重复，而是具有强调的作用，同时还能够让词语表意更加丰富，达到渲染氛围的作用。如吴均

---

① 丁国斌：《〈孔乙己〉课堂实录》，载《初中生世界》2016年第24期。

《与朱元思书》中"泉水激石，泠泠作响；好鸟相鸣，嘤嘤成韵"这一句，就把泉水激石的声音、好鸟相鸣的声音生动地表达出来。教师在解释这两句时，就应该引导学生着意关照"泠泠""嘤嘤"这两个词，体会作者从视觉和听觉角度描摹山水之美的匠心。

拟声词主要是模拟声音的词汇，在文句中恰当使用拟声词能生动形象地表现事物的特点、人物的心情以及动作的状态，给人一种身临其境的感觉。如李森祥《台阶》中有这样的描写："再大些，我就喜欢站在那条青石门槛上往台阶上跳。先是跳一级台阶，蹦、蹦、蹦！后来，我就跳二级台阶，蹦、蹦！再后来，我跳三级台阶，蹦！又觉得从上往下跳没意思，便调了个头，从下往上跳，啪、啪、啪！后来，又跳二级，啪、啪！再后来，又跳三级，啪！我想一步跳到门槛上，但摔了一大跤。"这些拟声词，生动形象地表现出"我"在台阶上跳上跳下时发出的声音。新屋造好，"我已长大成人了"，说明准备盖房前后用了一二十年。写小孩子能连跳三级，可见台阶之低。教师引导学生领会拟声词背后的深刻含义，从另一方面理解父亲执意要造新台阶的原因。

二　品味诗歌文本中的重点词语

诗句虽然也是由动词、名词、形容词、副词、数词、量词等组成，但是因为其形式短小、语言凝练，所以我们在品味这些词语的时候，往往从炼字的角度进行赏析。在平时的教学过程中，引导学生对诗句中某一个字的内涵进行深刻领会，领会诗句的意思和诗人的情感。王国维在《人间词话》中说："'红杏枝头春意闹'，著一'闹'字而境界全出。"说的就是"炼字"这种解读诗歌的角度和方式。

我们通过具体的课堂实录来看看教师是如何引导学生通过炼字来完成对诗歌的解读的。比如吕爱军老师《渔家傲·天接云涛连晓雾》课例中的一个片段：

师：虽然写的是梦境，但豪语之中也有词人真实的生活感情。细读这首词，请同学们从字里行间寻找一些字词，体会词人流露出的真情实感。比如，"仿佛梦魂归帝所"，你觉得哪个词可以读出词人的内心？

生：归。

生：帝所像家一样，温暖的。

师：可是词人是来自人间的，她说天庭如家一样，是不是还可以读出……

生：她在人间找不到温暖了。她渴望温暖，就像回家一样。

…………

师：我报路长嗟日暮，学诗谩有惊人句。哪个词让你感受到词人怎样的内心世界？

生："嗟"，让我感受词人找不到归宿很失望，很无奈。

生：我从"谩"字中读出词人不满现实，很生气，很愤怒。

师：词人向往帝所，从天帝那里得到了温暖，心里很是感动，就和天帝诉说了自己心中的悲苦与愤懑。面对困境，词人没有消沉，而是强烈、迫切地去寻找自己的梦想。[①]

这堂课中，吕爱军老师引导学生通过对"归""去""休""嗟""谩"这些词语含义的品味，领会词人李清照复杂又不失豁达、乐观的内心情感。如果不逐句进行炼字分析，我们可能对词的情感把握不全面、理解不到位。如果关照每句话中重要词语的含义，就能全面地把握词人的情感走向和内心世界。

除小说、散文、诗歌外，说明文、议论文、实用文等文体中，一些词语或非常准确简明，或有其引申义、比喻义，或有其他特殊含义，这些词都属于重要词语，都是我们在教学中应该重点品读的。

陕西省西安铁一中滨河学校　董问博

---

① 吕爱军：《〈渔家傲〉课堂实录》，载《语文教学与研究》2020年第13期。

第17讲　重要句子的赏析

重要句子主要指对表达文意起重要作用的句子，如揭示中心句、深化主旨句、内涵丰富深刻句；或是营造意境、传递旨趣、写人叙事描景等方面艺术特色鲜明的精妙之笔，如生动描写句、形象修辞句、情景交融句；或在文章结构方面有提挈全文、推动发展等意义的起始句，以及终结句、过渡句、强调句等。

重要句子在文章中有着举足轻重的作用，常常是一篇文章的文眼和灵魂。语文课程标准指出：在通读课文的基础上，理清思路，理解主要内容，体味和推敲重要词句在语言环境中的意义和作用。精心品读重要句子往往"牵一发而动全身"，是提升读写能力的有效途径。

赏析文中重要语句的角度众多，句中修辞手法的学习，句子表达特点、与内在情感的品味，句子含义的揣摩，句子意味的品析，句子表达手法的探究，句子表达作用的研讨，句子表达效果的分析等等，不一而足。一般可以从思想内容、表现手法等方面切入，具体方法因文而异，因情境而异。

一　从思想内容角度赏析重要句子

从思想内容角度赏析重要句子，往往能够发掘其深刻的内涵、深远的意蕴。句子的深层含义多在特定的语言环境中，蕴含在表层含义之外，如欧阳修为《新五代史·伶官传》作的序。文章总结了后唐庄宗李存勖得天下而后失天下的历史教训，文中的名句"忧劳可以兴国，逸豫可以亡身"阐明了国家盛衰取决于人事的深刻道理。

对于背景复杂、时代久远、内涵深刻的重要文句，我们在阅读中应结合中心抓住关键词，准确、深入、细致、多角度地反复推敲、揣摩，充分了解已知信息，如时代背景，作者生平，具体语境等，此时的教学铺垫至关重要。言为心声，如不能设身处地、知人论世地理解具体语境，只能是断章取义、隔靴搔痒、盲人摸象。

如丁卫军老师《背影》课例片段：

师：父亲"大去之期不远矣"，对作者而言不是一种将要到来的诀别吗？文章开头作者淡淡地说"我与父亲不相见已二年余了"，"不相见"是不能见，还是不愿见？我们看一个资料。

（屏显背景资料）

师：原来父亲来信的背后，遮遮掩掩之间，隐藏着父子之间的一场"情感战争"。大家想想，这封信，是父亲在干嘛？上课一开始大家说希望儿子回去看看。现在想想呢？对，求和。是父亲在向儿子求和。这里是儿子胜利了吗？对！没有什么胜者和败者。作者读到信泪如泉涌，是一种什么情感？

生：有了对父亲的理解。

生：有了一种愧疚。[1]

丁老师的铺垫为化解课文中难以理解的重要句子和复杂情感作了预设，为作者和父亲情感的曲折变化奠定了坚实的基础。这类教学铺垫，有针对性地引入知识、简介背景、预读课文、调动情绪等，降低坡度，由易及难，由

---

[1] 丁卫军：《简约语文公开课》，北京燕山出版社2018年版，第24页。

远及近，渐渐引入，为赏析重要句子做了铺垫。恰当的铺垫可以助推学生走进复杂久远的具体语境，领会重要句子的深刻内涵、深远意蕴，有助于学生把握文章的主题，领悟作品的内涵，获得对自然、社会、人生的有益启示，同时也有助于提升学生深层思维、发散思维的能力。

从赏析角度来看，句子的深层含义，包括句子所表现的作者的思想、感情、观点、态度等，也包括句子所描述人物的思想、性格，句子本身所包含的哲理等。赏析时一般先阐明它的语境义（包括与本义有关的象征义、隐含义、比喻义、双关义等），再结合具体手法，指出它强调了什么内容或主旨，点明它表达蕴含了什么思想内涵。

二　从表现力角度赏析重要句子

表现力强的句子，往往是运用生动的修辞或独特的艺术表现手法，经过作者的精心锤炼、推敲才写成的。这种句子往往是最为传神或者最为耐人寻味的，熔铸了作者强烈的主观情感和生动的艺术创造，是作者情感的升华。这种句子值得读者反复品析，是学生赏析借鉴的绝佳素材。

赏析这类重要句子，我们要从句子表现力的角度出发，看看这些句子用了哪些表现手法，具有怎样的表现力。比如余映潮老师的《紫藤萝瀑布》课例片段：

第三个教学板块：语言欣赏活动

1. 请同学们自选内容，从课文语言的角度品味课文美点。

2. 同学们准备。小组交流讨论。

3. 同学们开始课堂发言，老师的评点穿插其间。

• 美在"像瀑布从空中垂下"显示出磅礴的气势。

• 美在紫色条幅上的点点银光显露出生命的欢乐。

• 美在"瀑布"的四次运用，这带有夸张的比喻写出了高下，写出了曲线，写出了动感，还写出了光彩、欢快、生动与热烈。

• 美在花中闪现出的生命的美好、生命的欢乐、生命的灿烂、生命的辉煌震撼着"我"的心，让"我"感到了"精神的宁静和生的喜悦"。

…………

● 美在文中有醇美的意蕴表达——"花和人都会遇到各种各样的不幸，但是生命的长河是无止境的"这个抒情段，这就是借物抒情，写花就是写人。①

余映潮老师抓住文本中重要句子，从形、色、态之美，个体整体之美，近看远望之美，静态动态之美，精神意蕴之美等角度，引导学生充分地感受紫藤萝美好生命的色彩，倾听紫藤萝旺盛生命的歌唱。这样的句子赏析，会带给学生难以忘怀的美好体验，让学生全方位感受到文学之美。同时，这种方法能使学生潜移默化地学习如何感受生命之美，如何赏析此类极富艺术创造力的佳句，从而逐步提升鉴赏能力和写作能力。

那么，在教学过程中，运用怎样的具体方法与技巧，才能提高欣赏品味句子的能力，带领学生走入美好的艺术佳境呢？我们从田玲老师的《记承天寺夜游》课例片段中也许会找到启发。

师：自主赏析，先读后讲再全班分享。

（生自由读写景句子）

生：老师、同学们，我看到的美景是庭下的积水透明清澈，水里面藻和荇互相交错着，仔细一看，原来是竹子和柏树的影子。

生：我认为他没有将"庭下"讲清楚，应该是院子里。

生："如"字丢了，意思是像。

师：请你将"庭下如积水空明"完整地描绘一下。

生：院子里像积水一样透明清澈。

师：我怎么觉得这个句子缺少点东西，谁发现了？

---

① 《余映潮阅读教学艺术50讲》，陕西师范大学出版社2005年版，第249—250页。

生：院子里的月光像积水一样透明清澈。

师：大家都关注了喻体，这个同学看到了本体。这就是在理解文言文文意时强调"增、删、调、换"四种方式中的"增"，增补出主语。

老师找到了丹青高手绘出的这般情景，请同学们看着画面尝试背诵写景部分。（师出示图片，生有感情地背诵）

那么，让我们展开想象，用生花的妙笔把画面以美文呈现，体现个人审美感受，全班分享。（生写，师播放轻音乐）

生：皓月当空，月光洒在院子里，像积水般清澈，水中的藻荇摇曳生姿，定睛一看，原来是翠竹和柏树的影子啊！

师："皓月""摇曳生姿""定睛一看"这三个词用得好。

生：清冽的月光照在庭院中，空明澄澈，微风吹过，水面藻荇随风飘动，定神凝视，原来是竹子和柏树的影子在风中婆娑起舞。

师：她给我们呈现了静态的月光美和动态的竹影美。

生：淡淡的月光洒在庭院中，宛若一湾澄澈透亮的清水，微风轻拂，水中些许藻荇互相交错，顾盼生姿，定睛细看，原是竹柏的影子罢了。

师：动静结合，清雅地宛若一段小随笔。

生：大家请看——清明澄澈的月光诗意地洒向大地，院子里仿佛空灵透亮的积水，竹子和柏树的影子宛若藻荇般互相交错着，如诗如画，令人心旷神怡。[1]

正如田老师所言："月色一句，最为经典，历来为人所称道。如此美的画面意境，教学时如果仅限于用比喻来准确地释义，就如同缺了水分的秧苗，缺失了蓬勃的生机，欣赏品位和审美情趣的提升只是一句空话。"为欣赏本句，田老师精心搜寻筛选图片，请美术老师修图，根据苏轼凝练的十八个字，将其处理成一幅月光澄澈、竹影斑驳、幽静迷人的夜景图，并引导学

---

① 田玲：《灵动语文公开课》，北京燕山出版社2020年版，第32—33页。

生反复诵读，插上想象的翅膀，描绘画面，再现画面的意境之美。课例中，赏析这个句子，从朗读、理解、想象，到展示形象画面后质的飞跃、生动的描绘，充分展现了执教者扎实的教学功底。

三　从不同角度赏析重要句子

好文章的结构往往独具匠心，一个语段往往是一个独立内容。提示、概括、定调需要首括句总领；起承转合、文意转换、情感变化、结构上的连贯等，离不开过渡句；文末句往往卒章显志，总结全文，令人回味无穷。句子在文中位置不同，意义和作用也不同，可以从其位置结构等角度去赏析。

"横看成岭侧成峰，远近高低各不同。"同一个句子，也可以从不同角度去赏析，根据不同要求找准一个切入点，从某一个角度去赏析；或者融会贯通，多角度、多层次、立体式思考、探究、分析而领悟其精髓，提升阅读能力。

如赏析《社戏》中的这个句子："两岸的豆麦和河底的水草所发散出来的清香，夹杂在水气中扑面的吹来；月色便朦胧在这水气里。淡黑的起伏的连山，仿佛是踊跃的铁的兽脊似的，都远远的向船尾跑去了。"

1. 抓关键词进行赏析："踊跃"在这里是跳跃的意思，使得静态的山呈现出动态，化静为动，写出了在行船上看山这一特定的情景。

2. 从修辞的角度赏析：作者运用比喻，把淡黑的起伏连山比喻成踊跃的铁的兽脊，生动形象地写出了山的形态，表现了去看社戏时激动的迫不及待的心情。

3. 从描写角度赏析：运用环境描写，作者从嗅觉、触觉、视觉多个角度描写了一幅美丽的江南水乡图，烘托了去看社戏时的兴奋激动之情。

在我们带领学生赏析这个写景的重要句子时，就可以从不同的角度反复揣摩。从用词角度赏析，看它词语运用的凝练和精美；从修辞角度赏析，看它比喻运用的生动形象；从描写角度赏析，看它从不同感觉描写的江南美景。如此赏析一个句子，就可以全方位地品味其艺术效果。

　　由于文学创作的艺术性、独特性，重要句子的鉴赏虽有一定规律可循，但一定离不开具体社会背景和语言环境以及个人的审美素养。只有不断提升语文核心素养，淬炼审美鉴赏能力，含英咀华，厚积薄发，才能领悟重要句子的魅力和精髓。

陕西省榆林高新中学　马莉娜

第18讲　标点符号的品析

　　"标点符号是辅助文字记录语言的符号，是书面语不可或缺的组成部分，是准确、生动地传情达意的重要手段。"[①]有人将标点符号比喻为"书面的眉眼""笔端的舌头"，有人干脆说它是"无声的语言"。可以说，标点符号能使书面语在意思表达上更加准确、鲜明、生动、简洁，甚至能起到文字本身起不到的作用。

　　鲁迅先生就非常重视标点符号的作用。他的小说《药》写完以后，专门写信请语言学家对自己小说中的标点符号加以修改订正。他在致钱玄同的信中说："送上小说一篇，请您鉴定改正了那些外国圈点之类，交与编辑人；因为我于外国圈点之类，没有心得，恐怕要错。"小说《孔乙己》发表以后，在汇集成书时，又订正五十余处，其中十处是对标点符号的修改。可见鲁迅先生一丝不苟的精神和对标点符号的重视。

　　标点符号最基本的功能是表示停顿和语气。除此之外，标点符号的妙用和活用还可以有力地增强语言的表达效果：或加重语气，突出语意；或含意丰富，余味无穷；或描态状物，形象生动；或一字一顿，铿锵有力；或消

---

① 郭爱民、丁义浩：《标点符号规范用法19讲》，北京大学出版社2016年版，第1页。

除歧义，准确鲜明；或以符代字，引人联想……这些巧用、妙用标点符号所获得的表达效果，往往不是标点的常规用法所能取得的，可以称其为修辞功能。①

标点符号之于作者，是表情达意的一种手段；标点符号之于读者，是解读文本的一把钥匙。语文教材中的许多标点符号都隐含着作者特别的用意，教师只有带领学生细细琢磨、深深品读，才能使学生读出文章的意蕴。

一　品析标点符号的停顿功能

用标点表示停顿，对意思的表达有很重要的作用。句子中用不用标点，用什么标点，用在什么地方，表意大不一样。各种标点表示停顿的时间是不同的，大致情况是：句号、问号、叹号＞冒号（涵盖范围为一句话的冒号）＞分号＞逗号＞顿号。

《论语·泰伯》中有言"民可使由之不可使知之"，后人因为句读不同而理解大相径庭，千百年来争议不断。如果孔子时代就有标点符号的话，估计这个歧义就不复存在了。由此可见，标点的有与无、此与彼，会导致语句意思随之而改变。为此，教学中教师不妨通过使用增删替换标点的方法，带领学生咂摸"意因标点而丰厚"的魅力。

张彬福老师执教《桃花源记》时，先在大屏幕上出示没有标点的《桃花源记》让学生抄写，接着让学生不看注释自由断句，加标点，朗读，然后指导学生通过小组讨论交流，理解疑难词义句意，疏通文意。课堂上学生有任务可做，有疑难要解，学习兴趣很高，学习氛围很浓。

郭沫若认为："标点之于言文有同等的重要，甚至有时还在其上。言文而无标点，在现今是等于人而无眉目。"②可见，在进行阅读教学时，教师指导学生准确断句或添加标点等具体做法，利于文本的疏通理解与品读鉴赏。张彬福老师让学生自读文章，然后断句，再加标点，既能有效训练阅读

---

① 参见兰宾汉：《新国标标点符号使用手册》，中华书局2014年版，第14页。
② 郭沫若：《沸羹集·正标点》，大孚出版公司1950年版，第129页。

文言文的能力，更能让学生明白标点符号在文章中表情达意的效果。

再来看一位教师教学《湖心亭看雪》时引导学生品读课文的片段：

> 师：同学们，如果把"天与云与山与水，上下一白"中的三个"与"字去掉，变成"天、云、山、水，上下一白"，表达效果会如何？
>
> 生："与"是连词，用"与"就把"天、云、山、水"连在了一起。
>
> 生：我认为顿号也有这种连在一起的感觉。
>
> 生：但顿号多多少少有些停顿的意味，而"与"则让眼前的事物紧紧相连，密不可分。
>
> 师：你是说这样有一种无缝对接的感觉，是吗？
>
> 生：三个"与"字还给人以天地苍茫、浑然一体的感觉，而用顿号则感觉有明显的界限。
>
> 生：用顿号仿佛变成了四幅各自独立的图画。
>
> 师：的确，这样就破坏了画面苍茫迷蒙的整体美，自然表现不出磅礴浩渺的气势。大家再读一读，从语感上品味一下。[①]

连词"与"表示并列关系，作用与顿号相似。在这一教学片段中，教师将"天与云与山与水，上下一白"替换为"天、云、山、水，上下一白"，既让学生懂得上下一白的苍茫迷蒙的组成要素，又让学生明白了画面的整体感不可割裂的道理。虽然上述教学片段中标点符号的去留各因表达需要而不同，不可一概而论，但紧扣文本细微处的字词和标点引导学生一起品味咀嚼，确可真正引导学生进入文本深处感悟到文学艺术的无穷魅力。

二 品析标点符号的语气功能

句子是表达相对完整意义的语言单位，前后都有较大停顿，带有一定的语气和语调。我们说话的时候，无论是陈述还是疑问，是祈使还是感叹，

---

① 陈淑君：《顿与不顿间的对话》，载《语文学习》2015年第1期。

通过句调的变化，都可以把意思表达得很清楚。但是，将句子变成书面语以后，语气和停顿都没有了，这就必须依靠标点符号来表示。

《动物笑谈》中写道："落日的余晖照在它巨大的翅膀底部，就像夜空因为星星而发光一般，我看出来这是一只白鸟——老天！这不是可可吗？它的翅膀稳定地动着，不是很清楚地表示它正要去做长途飞行？"一个感叹，两个反问，反映了此时"我"吃惊、疑惑、不可置信、急切的心理。韩愈年轻时，曾几次上书给当朝权相，希望得到重用，以展才智，但都被冷落，其《马说》一文结尾"呜呼！其真无马邪？其真不知马也！"用两个感叹号、一个问号，充分体现了他"不平则鸣"的感慨、悲愤之情。

鲁迅在《从百草园到三味书屋》中，为了形象生动地再现寿镜吾先生的老夫子形象，特意引用了一段文字："铁如意，指挥倜傥，一座皆惊呢～～～；金叵罗，颠倒淋漓噫，千杯未醉嚄～～～……"这里的"～～～"是鲁迅先生的独创，吕叔湘、朱德熙称其为"浪线"，又名"颤音号""曳引号""仿声号"，表示声音的延长和摇曳颤动。浪线形象地展现了老先生颤颤巍巍、抑扬顿挫的读书语调。课堂上，教师可以设计现场演绎环节，增强学生对人物的感性认识。

再看肖培东《皇帝的新装》教学片段：

师：你能把大家说的那句话读出来吗？

（学生读："乖乖！皇帝的新装真是美丽！他上衣下面的后裙是多么美丽！这件衣服真合他的身材！"）

师：同学们说，那时候那个大人说出的语气是这样的吗？那个大人说这句话的语气是喊出来的还是轻轻地说出来的？

生：是喊出的。

师：为什么是喊出来的？要让别人都听见。大家看看这些句子后面都是什么符号？

生：感叹号。

师：感叹号啊！同学们，因此这个句子就要读出夸张的语气，谁来试一下？"乖乖……"

（学生再读。教师引导学生一起齐读，并要求男、女生分别读）

师：注意这里是个什么符号？

生：感叹号。

（教师指导朗读）①

叹号表示感叹句末尾的停顿。感叹句是表示强烈感情的句子，如表示赞叹、感慨、喜欢、惊讶、悲愤、叹息等情感，句末都可用叹号。在这个课例中，肖老师引导学生通过对感叹号所包含的夸张语气进行感悟并进行不同层次的朗读，让学生在读中思考，在读中感悟体验，从而加深对童话文体夸张的语言特点的认识。

三 品析标点符号的修辞功能

陈望道在《标点之革新》一文中说，"标点可以神文字之用"②。巧妙灵活地运用标点符号，往往可以使读者产生听觉或视觉上的联想，突出语意，增强节奏，使语言表达得更为生动、形象、鲜明。这可以称为标点符号的修辞功能。

标点符号不是毫无生命的"规范"，是作家自觉的、有目的的选择，教师可以用删减替换的方式强化标点符号在文本中的修辞作用。茅盾的《白杨礼赞》是脍炙人口的名篇，教材在编选时曾对标点符号进行删改。课堂上，教师可以呈现不同版本的《白杨礼赞》，对其重点语句进行对比分析。如在分析四个反问句时，教师可以呈现不同版本的标点符号使用情况，顺势提问："文中的前三个问号可否用分号替换？"通过对分号和问号的辨析，学

---

① 王志芬：《品读标点：阅读教学新尝试——以特级教师肖培东的课例为例》，载《教育研究与评论》2015年第8期。

② 陈望道：《标点之革新》，载《学艺》1918年5月第3卷。

生能够从四个问号里感受到作家喷涌而出的情感，在层层递进中领悟白杨树的象征意义。[1]

鲁迅的小说中有一位迂腐的读书人——孔乙己，他是一个"多余者"，游离于短衣帮和长衫客之外，没有任何的话语权，所以鲁迅在孔乙己的话中用了省略号。如："你怎么这样凭空污人清白……""窃书不能算偷……窃书！……读书人的事，能算偷么？"在咸亨酒店看客们的嘲笑声中，孔乙己极力辩解。鲁迅却用一个省略号宣告：所有辩解都是苍白无力的。没有人会去探究事实的真相，更没有顾及孔乙己的痛苦。当孔乙己再次用破碎的语言争辩时，两个省略号早已昭示出孔乙己的羞愧、难堪。

肖培东在《孔乙己》的教学中，就注意到了对标点符号修辞功能的品析。

　　师：读书就要潜入文字当中，甚至不放过一个标点。来，同学们，我们一起来试试看，句号时怎么说，"他打折了腿了"，你们说——

　　生：哦。（句号语气，平淡）

　　师：问号时怎么说？"他打折了腿了"——

　　生：哦？（问号语气，疑问）

　　师：感叹号时又怎么说？"他打折了腿了"——

　　生：哦！（感叹语气，吃惊）

　　师：哦！（声音延长）这个感叹号里包含怎样的感情？

　　生：对孔乙己打折腿的惋惜。

　　师：对孔乙己打折腿的惋惜？平时你表达惋惜会用感叹号吗？

　　生：我觉得是对他打折腿的惊讶。

　　生：不关心腿，更想知道是怎么打折的，很好奇。

　　生：急于听到这里面的故事，很好奇。

　　师：对，惊讶好奇，想知道这个过程有着怎么样的新奇，它将成为

---

[1] 徐琰：《见于言外，情郁于中——论标点符号在初中语文教学中的妙用》，载《新作文（语文教学研究）》2019年第4期。

这个酒店里的一个谈资、一个笑点。所以，他不是关心孔乙己的生死，而是猎奇这段所谓的痛快淋漓的被打。来，同学们，感叹号读读试试看，"他打折了腿了"——

生：哦！（感叹，吃惊）①

在这一课例中，肖培东老师在"他打折了腿了"一句后分别加了三种不同的标点符号。句号的平淡，问号的疑惑，感叹号的吃惊，均淋漓尽致地体现了人们对孔乙己腿被打折的态度，而这些态度又统一折射出人们对孔乙己被打的真实情感。"哦"字在语气上的呼应，更是让学生真切体会到了"看客"喜欢看热闹且麻木不仁的特征。

胡裕树主编的《现代汉语》指出："标点符号是书面语言里不可缺少的辅助工具，它可以帮助读者分清结构，辨明语气，正确地了解文意。"②吕叔湘、朱德熙也说："每一个标点符号有一个独特的作用，说它们是另一形式的虚字，也不为过分。应该把它们和'和''的''呢''吗'同样看待，用与不用，用在哪里，都值得斟酌一番。"③标点符号常常被学生忽略，这与教师的漠视有很大关系。教学中，教师要及时抓住标点符号与文字配合巧妙的句子，带领学生细细品味标点符号在停顿、语气、修辞等方面的功用，探幽览胜，从中咂摸出不一样的味道，学会规范地运用标点符号表情达意，使语言表达文畅、词达、自然。

陕西省陕西师范大学附属中学　王　芳

---

① 杨萍：《立足言语，深入浅出教语文——肖培东教学艺术浅析》，载《中小学教学研究》2020年第1期。

② 胡裕树主编：《现代汉语》（重订本），上海教育出版社1979年版，第382页。

③ 吕叔湘、朱德熙：《语法修辞讲话》，辽宁教育出版社2002年版，第218页。

第19讲 课堂提问的艺术

一堂好课，往往起源于一个好的问题。现代教育理论认为：课堂教学中，师生互动的探究活动是以问题的形式展开的。由此可见，教师课堂提问水平的高低，直接影响着教学的质量和效果。一个巧妙的发问，能够引领学生的思维向纵深处、开阔处发展，可以帮助学生更好地巩固所学知识，及时了解学生对知识的掌握情况，进而调整自己的教学策略，取得更好的教学效果。

目前语文课堂教学中的教师提问，依旧存在以下问题：课堂上，无效提问仍有"市场"；缺少主问题的引领；存在"碎问""次问"占"主阵地"的现象，教师的提问缺乏艺术性，无法引起学生探究的兴趣；教师的提问覆盖面不广，更多地关注了学优生及中等生，致使一部分学困生游离于课堂之外；预设性的问题占绝大比例，关注学生创造性思维的问题很少；等等。

教师的提问的确是一门艺术。教师的教，不在于全盘授予，而在于恰当的引导。教师所提的任何一个问题，都不是随随便便出现在教学过程之中的，它需要教师以教学目标、教学内容为依据，结合学生的学情来巧妙设计。就语文教学而言，一节课，涉及的往往不会是一个问题，而是几个问题，这几个问题形成一个有中心、有梯度的问题链。在这个问题链驱动下，我们的语文课堂教学有序展开。

一　课堂提问，应做到适时、适当、适量

所谓适时，指的是在恰当的时间需要问题统领教学时，教师提出问题。孔子曾说："不愤不启，不悱不发。"这就要求我们应当于学生愤悱之时而启发，于学生矛盾之处而提问。只有这样，才能够激活学生的思维，促使学生对所提问题进行思考，进而达到对文本的深度解读。

所谓适当，指的是根据课堂教学目标及教学内容，提出难易适中的问题。问题太简单，学生不需要深入思考即能回答，不利于训练学生的思维；问题太难，学生则会感到无所适从，以至于对课堂丧失兴趣，泯灭了探究欲望。如果将知识比喻为一个桃子，那么这个桃子挂在需要学生费点神才能摘到的地方，才是最适当的。

所谓适量，指的是根据课堂教学目标及教学内容、学生已有知识储备，提出数量合适的问题。问题太多了，容易陷入碎问、无疑而问的误区；问题太少，则不利于我们深入文本，挖掘文本的思想内涵。

我们看刘秀银老师执教的《昆明的雨》片段：

师：散文贵在"形散而神不散"，作者在文中最直接的情感表达是哪句话？

生：我想念昆明的雨。

师："我"和"雨"之间，作者用了一个词"想念"，"想念"是什么意思呢？

生：回想，思念。

生：对过去的回望，惦念。

生：想起过去的事，念念不忘。

师：看来作者是把自己的情感聚焦在了过去。每个人都有过去，也都会回忆过去。"往事回思如细雨"，雨润心田情意长。让作者如此牵

念和珍视的昆明雨季到底是怎样的？[①]

刘老师在教学中让学生寻找文中最能表明作者情感的句子，再由抒情句"我想念昆明的雨"直接切入对昆明雨的赏析。学生找到的抒情句犹如文章的主旨，但仅有主旨，没有记叙的内容做支撑是空洞的。此时，刘老师立即抓住这一时机，要言不烦地提出问题：让作者如此牵念和珍视的昆明雨季到底是怎样的？可谓适时而贴切，巧妙而智慧。

另外，刘老师在教学的主体环节仅设计了两个问题。第一个问题是：让作者如此牵念和珍视的昆明雨季到底是怎样的？用一个字来形容，你会用哪个字？第二个问题是：昆明雨季的美，是我们通过作者的语言感受到的，如果用一个词来概括本文的语言特点，你会选用哪个词？一节课，刘老师紧紧抓住这两个主问题，与学生在语言文字中穿梭前行，体会昆明的雨之美，体味汪老语言的美。课堂上，没有烦琐、无意义、无价值的碎问，问题设计直击教学目标，引导学生欣赏美景，学习技法。

二　课堂提问，应具有一定的层次性

这里的层次性，应该包含两个层面的内容。

第一个层面就是老师将所带班级的学生划分成三个层次：学优生、中等生、学困生（所分的这个层次不需要告诉学生）。教师在课堂提问时，哪些问题针对学优生，哪些问题针对中等生，哪些问题针对学困生，要心中有数。这样做能保证不同层次的学生参与到课堂活动之中，也便于教师及时掌握学生对知识点的掌握情况，进而适时调控自己的教学策略。

第二个层面指的是教师提问时所设计的问题应有一定的层次性、逻辑性。《礼记》云："善问者如攻坚木，先其易者，后其节目，及其久也，相说以解。"因此，教师在设计问题的时候，可以根据教学目标及教学内容，先写下几个主要问题，然后将这些问题按照课堂的逻辑顺序由易到难依次排

---

① 刘秀银：《〈昆明的雨〉课堂实录》，载《语文教学与研究》2020年第7期。

列。这样做既符合学生的认知规律，也便于教师在课后回忆学生对不同问题的反应，及时反思提问效果，改进后期教学。

李洪丹老师执教《秋天的怀念》时，在课堂伊始直击课文题目："读课文之前，如果只看到这个题目，你们有哪些疑问呢？"老师将学生的疑问加以总结，就构成了这节展示课的几个主要问题：怀念谁？为什么怀念？为什么是秋天的怀念？①

教师引领学生初读文本，整体感知课文内容，探讨"怀念谁"，体会作者患病后的无助，这是对文本的直观认识，属于认识的浅层次；再精读文本，品析文章语言，探讨"为什么怀念"，体会同样患病的母亲对儿子无私的爱以及儿子对母亲的愧疚、理解与自责，上升到了认识的较高层次；最后探讨"为什么是秋天的怀念"，理解秋天，升华主题，感受作者生命的成熟，上升到了认识的更高层次。这三个问题的设计，由易到难，由浅入深，由外在到内在，符合学生的认知规律。课堂上，在这几个主要问题的驱动下，教师引导学生解读文章可谓水到渠成。

沈建忠老师在引导学生学习鲁迅的《故乡》一文时，这样设计教学问题：

1. 这篇小说写故乡，主要写了故乡的哪些变化？
2. 这篇小说是如何表现这些变化的？
3. 这篇小说为什么要写这些变化？②

通过第一个问题，引导学生感知故乡的环境以及人物闰土和杨二嫂；通过第二个问题，引导学生探究作者为表现故乡的变化所运用的两种手法——插叙和对比；通过第三个问题，引导学生探究文章的主旨。这三个问题由环境、人物到写法，再到主旨探究，形成了一个由浅入深、由表及里、由易到难

---

① 李洪丹：《〈秋天的怀念〉教学实录》，载《语文教学通讯》（B）2019年第7—8期。
② 沈建忠：《〈故乡〉深度教学的路径安排》，载《中学语文教学参考》（中旬）2020年第8期。

的问题链，以这个问题链为出发点，循序渐进，启发、引导，达成教学目标。

三 课堂提问，应富有艺术性、趣味性

郭建老师执教《孤独之旅》时，在整体感知环节总结了一段话，设计了提问，颇具艺术性、趣味性。

> 师：这段话里还有个秘密，里面穿插了几个表示主人公杜小康情感的词语。同学们能把它们找出来吗？
>
> （生讨论）
>
> 师：是的。由辍学放鸭的无奈，到去芦荡后的恐慌，再到安顿之后的孤独，以及鸭子下蛋后的惊喜，这就是少年杜小康的情感经历。其实，这也可以看作他的什么历程？
>
> 生：成长的历程。
>
> 师：对，成长之旅！可是，编者为什么不把文章的标题定为"成长之旅"，却命名为"孤独之旅"呢？孤独与成长之间的关系是什么呢？下面就让我们一起走进课文，尝试解开这个谜题。[①]

郭老师颇具艺术性地对全文内容进行了概括、重组，让学生在兴味盎然听故事的过程中识记、积累了字词，又重温了文本内容，还因老师的步步追问将思维引到了更高层次，思考孤独与成长的关系。一个学习任务却达成了文意概括、字词积累和情感梳理三个学习目标，这得益于老师在备课过程中，充分考虑到了学生爱听故事又富于探究的心理特点，艺术性地设计了教学问题，激发了学生的学习兴趣。

四 课堂提问，应关注学生的思维发展

语文课堂是培养学生思维能力的主阵地，而此项能力的培养又离不开教

---

① 郭建：《〈孤独之旅〉教学实录》，载《语文教学通讯》（B）2019年第7—8期。

师在课堂上的巧妙提问。课堂上，老师可以引导学生以一个问题为基点，尝试从不同的方向、不同的角度去思考、探究、感悟，进而有所收获。

我们看李春丽老师执教的《紫藤萝瀑布》课例片段：

> 师：这一篇文字里，宗璞笔下的紫藤萝盛大而美丽，满溢着重生的生命力。开在宗璞笔端的花，不止这一朵，我们一起来欣赏《二月兰》和《好一朵木槿花》，说说你们有什么发现。
>
> …………
>
> 师：同学们发现，宗璞笔下的花都各具情态、品质，又传达了作者的独特感悟和启示。举一反三，我们就可以提炼出这一类写作手法的特征——
>
> （屏显）
>
> 通过细致描摹一物，展其情态、品质，使其具有某种寓意，从而成为作者志趣意愿的寄托。这种写作手法叫托物言志。
>
> 师：托物言志类文章最有意思的地方在于客观的物与主观的志趣相融合。有时对同一物，不同的作者表达的志趣可能截然不同。让我们一起来欣赏白居易笔下的紫藤萝花，思考作者借此表达了怎样的志趣。[①]

这一环节，李老师运用了两组对比，第一组是同一作者不同物的对比，二月兰和木槿花都是开在宗璞笔端的花，思考这些花有什么共同点，旨在训练学生的求同思维。学生要感悟到两种花的共同点，必须经过一系列的思维活动才能完成。作者在写作这两种花的时候，都运用了托物言志的手法。老师这样设计，由课内文本《紫藤萝瀑布》延伸到课外文本《二月兰》和《好一朵木槿花》，举一反三，加深了学生对托物言志手法的认识，并通过这样的思维训练，提高了学生的语文能力。

第二组是不同作者同一物品的对比，旨在训练学生的求异思维。同是一

---

① 李春丽：《〈紫藤萝瀑布〉教学实录》，载《语文教学通讯》（B）2019年第7—8期。

物，作者的主观情感不同，反映出来的志趣就有所区别。先求同，再求异，经过这样的思维训练，学生亦会明白：运用托物言志手法时，从一定意义上讲，物的特征是由作者志趣决定的。可见，语文课堂上用比较法设计问题，能使学生迅速抓住事物的本质特征或事物之间的联系，进而分析、筛选、整合，从而有效提高学生的思维能力。

课堂提问，要讲究实效，讲究艺术，就应该注意以下问题：

第一，应避免无效提问。为问而问、满堂问、问题中带有隐含答案的现象应尽力避免。第二，问题衔接要严丝合缝。课堂提问的优劣直接影响着教学效果。作为课堂的组织者，教师一定要考虑并设计好问题与问题之间如何衔接，这样才能使课堂取得事半功倍之效。第三，提问语言需讲究技巧。一个优秀的老师，课堂上语言声调的变化、发音的轻重、语速的快慢等都应重视，而且语言表达应力求简洁、干净，不拖泥带水，更应避免含混不清、指代不明。

总之，课堂提问是将教师的教与学生的学联系起来的一座桥梁，提问不在于多，而在于巧。我们只有深入研读课标、研读文本、研究学生，才能设计出高质量的问题，有效发挥提问的教学功能。

陕西省宝鸡市眉县城关第二中学　孙凤芸

第 20 讲　学习任务的驱动

　　"任务驱动"作为一种教学法，其理论基础是建构主义，是指教师从学生的真实需要出发，将教学目标和教学重点转化为具体的学习任务，学生通过自主探究和小组讨论等方式解决问题，在听说读写的语文实践中完成学习任务，从而将语文知识转化为语文能力。不难看出，任务驱动的学习方式实现了从教师讲授向学生自主学习探究的转变，教师角色也由教学的中心转变为学生学习的引导者和合作者。

　　设置学习任务驱动，从任务解决的角度将教育目标、教学内容、教学方式方法整合起来，争取学生全面参与、均等获知，是突显学生学习主体地位的体现，也是引导学生获得知识、方法，达到深层阅读，获得情感体验的必要手段。

　　那么，如何有效运用"任务驱动"，让其在教育教学中发挥更大的作用呢？

一　"任务驱动"中学习任务的设置

　　这里所说的学习任务，也可以理解成学习的核心问题或核心目标，即与学习主题密切相关的真实性事件或问题，将此作为学习的中心内容，让学生面临一个需要去解决的学习任务。

实施学习任务驱动教学最重要的环节是任务设计。教师恰到好处的任务设计，可以给每个学生营造自由发挥的空间，激发学生阅读思考的主动性。好的学习任务是导向，也是一节语文课的终点。把任务放在前面先交给学生，把课堂学习变成做事情，一步步做完了事情，也就完成了学习任务，从而达成学习目标。虽然人有千面，文有特性，任务的设计因单元目标、文本特质、学生情况各有不同，但大体要遵循以下原则。

1.任务设计应关注学生的思维深度，紧扣核心素养

通过任务驱动引领学习是一种教学策略，旨在突显学生学习的主体地位。"如果说设置学习情境任务是'显性任务'的话，那么，提升学生语文核心素养则是教学必须完成的'隐性任务'，而'显性任务'是为'隐性任务'服务的。"[1]所以，任务设计一定要关照学生的核心素养，不能脱离对文本的深层理解与探究。

例如肖培东老师在《周亚夫军细柳》的教学中，设置了"复述故事，探究周亚夫之'真'"的任务。其中有这样一个片段：

    师：好，我们请一位同学简要复述细柳军营的故事。

    …………

    师：好，谁愿意再把这个故事简要复述一遍？刚才是一位男同学，这次我希望是一位女同学。

    …………

    师：你看，就是不一样吧。语气拖长，感觉就是不一样。那么请问：周亚夫"真"在何处？怎么他就是个真将军？

    …………

    师：军令如山，军纪严明，周亚夫真"严"。讲原则，不畏权，

---

[1] 顾海平：《努力追求"隐性任务"的完成——例谈任务驱动型古诗词教学的价值追求》，载《中学语文教学参考》（上旬）2020年第12期。

刚正不阿，不是因为天子就轻易地改变自己军营的规矩，周亚夫真"正"。这真是真将军！一起再来读读皇帝对他的称赞。[①]

上面的学习活动，将"周亚夫是真将军"作为终点任务来指导学生复述探究。肖老师引导学生深入到文本的字里行间，反复阅读，朗读品味，深入讨论，积极探究，不仅检测了学生对文言文文意的疏通和内容的掌握，也促成学生对周亚夫真将军之"真"的形象及其精神的理解，激发他们的审美想象。这一教学设计正是扣住了提升学生审美鉴赏和创造能力这一核心素养的最终任务。

2. 任务设计尽可能与学生的生活相关联，激发探究兴趣

学习任务的设计要尽可能跟学生的生活实际关联，这样就能更好地调动学生学习的积极性，在活学活用中实现知识能力的有效迁移。

例如在教授七年级上册《诫子书》一课时，笔者就设计了"探寻诸葛亮诫子策略，有效实现生活中的规劝"的学习任务。一开课即让学生了解本文是诸葛亮临终那年写给八岁儿子诸葛瞻的一封信，并附上以下材料：

据《三国志·诸葛亮传》记载，诸葛瞻精通书画艺术，记忆力特强，是三国时代屈指可数的人才。诸葛瞻在抗击邓艾入侵时，与儿子诸葛尚一同战死疆场，不负父亲的一世清名。司马炎还赞叹说："诸葛亮在蜀，尽其心力，其子瞻临难而死义，天下之善一也！"

有了这个材料做铺垫，就给出了本课的学习策略：反复诵读课文，分析"诸葛亮是怎样诫子的，能如此奏效"。引导学生分两步完成任务：（1）理解诫子的内容：应做什么？不应做什么？（2）理解诫子的言语形式：怎么说？

学生们以这个任务为驱动，通过反复诵读理解了文意，并从中分析到了诸葛亮诫子的"言之凿凿"——该做什么，不该做什么，"情之殷殷"——

[①] 肖培东：《语文：深深浅浅之间》，长江文艺出版社2020年版，第366—368页。

语气恳切，句式巧妙，正反对比。这样学生既理解了文章的内容，也理解了语言的表达形式，达成了本课的学习目标。学习目标统整在任务之下，避免了旁逸斜出、碎问碎答。课堂上学生积极思考、探究，课下积极撰写"诫己书""诫友书""诫母书"，让一篇古文的学习变得生动有趣。更重要的是因为有一个跟现实生活相关的任务，学生为了一个能规劝别人的崇高目的学习，热情特别高，不仅在完成任务的过程中实现了所学知识策略的活学活用，也获得了精神情感方面的喜悦体验。这样的设计解决了学习的动力问题，也有了智力含量，有效地实现了任务驱动。

3. 任务的设计要实现内容的整合，关注知识的系统性

"任务在先、任务驱动"本质在于以问题为基点。设计时，要从教学内容的特点出发，将学生的阅读、生活、写作等资源进行整合，做到彼此关联、相互促进，在知识的建构中完成多层次、复杂的整合学习。

邹雯雯老师执教的《跟我游故宫》一课就将多种资源整合，并通过设计"主题游览攻略"的任务完成了多文本教学。其具体设计是：

第一步：学生阅读材料一《故宫博物院》，并用一句话介绍故宫，引出"设计故宫深度游方案"的学习任务。

第二步：学生浏览材料二、三，采用跳读的方法，思考：如果我们作为游客参观故宫博物院，会选择哪些景点？或者去看哪些展览？引导学生进行信息筛选，理解深度游即是"主题游"。

第三步：老师给出专业人士的"优化旅游线路四原则"，并出示"重庆深度游"方案示例，引导学生讨论总结方案在主题和价值陈述上的语言特点。

第四步：学生分小组根据三个材料的信息，以"游览故宫"为主题设计深度游方案，并当堂展示。[1]

---

① 邹雯雯、王晓霞：《〈跟我游故宫〉教学实录》，载《语文教学通讯》（B）2019年第7—8期。

这个群文阅读案例基于"还原生活中的真实阅读"的设计理念，引导学生运用不同的阅读策略，完成了以"游览故宫"为主题设计深度游方案的学习任务。一节课，老师以活动为载体，引导学生进行主题明确的信息筛选和整合，创生出新的产品，从而完成对信息的重组和再生。通过"深度游主题价值"的阐述，学生们进一步感受了故宫文化，进行了语言表达训练，同时也提高了人文素养。整个活动任务巧妙融合了学科阅读、写作表达和生活观察，突显了目标整合、关注知识系统性的特点。

4. 任务的设计要考虑难易程度，符合学生认知

设计恰当的学习任务要调动学生学习的积极性，也必须符合其认知规律。任务设计太简单，学生觉得没有挑战性，起不到锻炼思维、培养意识的作用；任务设计太难，学生又会摸不着头脑，探究学习过程就没有了结果，学生可能受到打击，失去信心。面对初中生群体进行阅读鉴赏教学，就不能期望学生从文艺理论、文学流派等方面做太高层次的研究。对于高中生，教师在设计一个阅读任务群时，就应该从其认知出发，有机融合阅读与鉴赏、表达与交流、梳理与探究等学习活动。

统编高中语文新教材，每个单元设计一个学习任务群，单元课文和教学内容一般都是围绕一个人文主题。而教材给出学习任务的时候，就充分考虑到了学生不同阶段的认知特点。比如统编语文必修上册第一单元是"文学阅读与写作"学习任务群，其人文主题是"青春激扬"，选取了五首诗歌和两篇小说。面对刚刚升入高一的学生，统编教材根据这一人文主题，针对性很强地设计了"学习任务群"的第一个任务：

> 本单元的作品抒发的都是青春情怀。作品中的哪些地方最让你感动？哪些是你以前未曾留意，而读过之后感受最深的？哪些已经点燃了你思考人生、积极上进的热情？认真阅读、欣赏这些作品，从你最有感触的一点出发，与同学就"青春的价值"这一话题展开讨论。①

---

① 曹公奇：《语文学习任务群的设计路径探析》，载《中小学课堂教学研究》2021年第1期。

这个学习任务，是基于学生对本单元的阅读感受和阅读体验，建立在单元阅读欣赏基础之上的，符合刚刚进入高中阶段的学生的心理认知和成长需求，同时也促进了阅读欣赏的进一步深入，巧妙地引导到对青春价值的探索上来。

综上，任务设计得好，就能有效驱动学习活动，促使学生带着任务问题主动思考主动学习，提升其理解鉴赏力，也培养和提升其思维力。

二　任务驱动教学策略实施的适用性

统编初中语文教材中出现的"活动·探究"单元，就是实施任务驱动教学的教材呈现。"活动·探究"单元通过对学习情境、学习内容、学习方法和学习资源的整合，创设情境与任务，以"活动任务单"的方式，引导学生在运用语言的过程中不断探究，从而真正提升他们的语文素养。比如八年级上册第一单元就明确给出了三个任务：阅读新闻、新闻采访和撰写新闻。北京景山学校的周群老师在她的《新闻单元怎么教才能更有实效》一文中这样阐述：

> 在实际教学中，我是以项目学习的方式开展新闻单元教学的。本着"以终为始"的原则，学生在项目学习开展之初就领受了任务：以小组为单位，走近社区中那些值得书写的普通人，比如辛勤服务于社区的社工、需要社会关爱的空巢老人等，了解他们的生活。他们须参照新闻单元任务三"新闻写作"中的各项要求，撰写消息、特写、通讯等新闻稿，反映社区中普通人的精神面貌，运用电脑排版技术，制作一份图文并茂的报纸。凭借这样的情境与任务，学生迈出校门，走进社区，走向社会。[①]

周群老师将整个"活动·探究"单元统领在一个大的主题之下，即"以

---

① 周群：《新闻单元怎么教才能更有实效》，载《语文建设》2020年第7期（上半月）。

社区中值得写的普通人"为内容，以"制作图文并茂的报纸"为任务，引导学生在完成任务中学知识、用知识，也关注其精神情感体验层面的成长，努力促进学生听、说、读、写的语文实践真正发生，培养其新闻素养和人文精神，进而推动教与学关系，也为学生高中阶段学习任务群的教学打下良好基础。

在进行名著的整本书阅读中，恰切地使用任务驱动，指导小组探究，也能很好地促进学生读书的积极性，提高其语文综合能力。统编语文教材新加的"名著导读"板块，其"专题探究"栏的设计正突出了任务驱动型阅读理念，符合阅读规律。基于真实的阅读需要，设计有挑战性的名著阅读任务，以任务驱动名著阅读，推进整本书真阅读、深度阅读。

比如《红星照耀中国》整本书阅读，就借助不同的任务指导学生，有效推进阅读。

任务一：搜集其他版本《红星照耀中国》中选用的作者埃德加·斯诺在红军长征期间拍摄的照片，并在阅读中寻找合适的位置放置这些插图，完成后进行小组分享（说明理由）。如筛选后存在无法插图的照片，可在了解史实的基础上，模仿作者的报道风格，写一篇短小的报道。

任务二：搜集不同版本《红星照耀中国》（如河北人民出版社、作家出版社、人民教育出版社等）的封面进行比较，选取一幅你认为与本书内容、内涵最贴切的封面，说明理由，若认为都不贴切，还可以自行创作设计，及时与同学分享你选择的封面，并说明理由。①

《红星照耀中国》篇幅较长，且记录的事情年代久远，学生在阅读过程中难免会兴致不高。该设计借助任务驱动，有效规避了这样的问题。设计的四个任务都有一定的挑战性，且前三个任务都与学生乐意参与的时下生活相关联，极大地激发了学生阅读并探究的兴趣。

---

① 周陈敏、王光龙：《运用任务驱动法指导初中阶段整本书阅读的有效策略——以〈红星照耀中国〉为例》，载《语文教学通讯》（B）2020年第9期。

　　由此可见，任务驱动教学适用于语文教学的方方面面。教师只要能真切理解"任务驱动"的内涵，在具体的教学活动中遵循任务设计的规律，并带着学生一步步完成好任务，促使学生带着任务问题主动思考主动学习，就能培养和提升学生的思维能力，真正实现语文核心素养的提升。

四川省成都市新津区成外学校　张永娟

第21讲　学习活动的组织

上海师范大学王荣生教授指出："营造以'学的活动'为基点的课堂教学。"[1]根据学习任务组织学习活动，是语文教师应该思考并实践的重要课题。我们认为，学习活动的组织的指向性必须明确，必须以评价组织活动，还需要利用好现场资源。

一　指向性明确，是学习活动开展的前提

组织学习活动的形式多种多样——阅读、提问、讨论、竞猜、游戏等，但不管是什么活动，老师对于活动的要求必须明确。

笔者曾听过一节《纪念白求恩》。问题1：第一自然段用了什么写法？学生的回答五花八门——设问、记叙、议论等，后来才知道教师要得到的答案是"先叙后议"。问题2：请你梳理白求恩的生平。学生开始在注释和课文中找，随意地读出有关白求恩的一些信息。对于究竟怎么"梳理"，学生实际上很茫然。问题3：请用"要……不要……"说一句话。有的学生说：

---

[1] 王荣生：《阅读教学设计的要诀——王荣生给语文教师的建议》，中国轻工业出版社2017年版，第149页。

"要成为一名优秀的共产党员，对工作要精益求精，不要见异思迁。"这样的回答作为一句话尚通顺，但要感知"对比写法"，恐怕收效甚微。一个问题提出后，我们一定要让学生明确：做什么，怎么做，以怎样的方式呈现，要达到什么样的目的。

我们来读一读田玲老师《纪念白求恩》的教学片段：

师：田老师也是一名共产党员，也想像白求恩一样，做一名品德高尚的共产党员。大家请给我这个党员提出建议，请用对比的手法，用上文中的词语。要想用对比手法，就要用上关联词："要＿＿＿＿，不要＿＿＿＿。""不是＿＿＿＿而是＿＿＿＿。"（屏显）比如说，你要对田老师说："田老师啊，你要想当一名优秀的共产党员就要＿＿＿＿，不要＿＿＿＿。""一名优秀的共产党员，不是＿＿＿＿而是＿＿＿＿。"试试看，谁能用上文中的词语给予田老师忠告呢？

生：要想成为一名优秀的共产党员，要毫不利己，要对技术精益求精。

师：哦，你已经从精神说到技术了，你的思维跳跃特别快。注意对比"要"和"不要"的部分内容，用词上体现对比。让他们先提建议，你来补充一下好吗？感谢你。

生：我觉得要成为优秀的共产党员，首先就应该对工作极端负责任，而不是对人冷冷清清。

师：你说的有点不一致，前面"要"是对工作的态度，后面的"不要"却成了对人的态度。对比的两面应该一致，来，试着修改一下。

生：真正的共产党员就要对工作极端负责任，而不是拈轻怕重。

师：非常好，这就叫真正意义上的完美对比。谢谢你。我记下了。你说一下态度。

生：田老师，你要当一名真正的共产党员，要毫无自私自利之心，不要只图自己的利益。

师：我记下了。（看到刚才第一个发言的同学举手）亲爱的，你想好了就给田老师提忠告吧。

生：田老师，我觉得真正的共产党员，对同志对人民应该满腔热情，是做出贡献，而不是冷冷清清，漠不关心。

师：嗯，这是一种对比，是对待教学对待同行对待家长的态度，田老师谨记在心。①

田老师给学生布置了一个造句任务，该任务要求明确："用对比手法""用上文中的词语""用上关联词"。随后，老师对于句式给出了示例。这样的要求十分明确，学生有章可循。在活动进行中，学生的"对比"又出了问题，田老师及时纠偏，指向性也很明确："注意对比'要'和'不要'的部分内容，用词上体现对比""对比的两面应该一致"。正因为指向性明确，才出现了后面学生的精彩发言。

这个教学片段效率很高，学生的收获很大，这与田老师能有效地组织学习活动有直接关系。她的教学语言是简洁的、灵动的，引导着学生全身心投入到学习活动中去。虽然学生的活动占据了课堂的大部分时间，但活动的落点在阅读和思考的行动上。

二 以评价组织学习，活动才能顺利推进

语文课堂评价的根本目的是促进学生学习，改善教师教学。评价的方式多种多样，有自评、生评、师评等，这里主要讲讲师评。

特级教师肖培东的课堂评价语出神入化，下面我们以《孔乙己》为例，来看看他是如何以"评价"组织活动，从而使学习活动顺利展开的。

师：对，这"乙己"还不是他的本名。再问，你记不记得孔乙己家里的人？

生：不记得。

---

① 田玲：《灵动语文公开课》，北京燕山出版社2020年版，第111—112页。

师：为什么？

生：因为他是孤儿。

师：孤儿，从哪里看出来的？

生：小说没有提到他家里的人。

师：没有提，你也不能随便下"孤儿"这个结论，但他一定是孤独的人。课文根本没有写到孔乙己家里的人，也没有人关注孔乙己家里的人。[①]

这是肖老师授课的第一个环节："你们最'记得'孔乙己的什么？"相当于我们平时教学的"初步感知"。从"因为他是孤儿"到"但他一定是孤独的人"，真是妙绝！此评价语不仅有评判对错的功能，更重要的是将学生的思维引向深处，不仅仅是"初步感知"，是为"深度感知"张本，且不露痕迹，自然而然。这比问"孔乙己是一个什么样的人？"那样的问题要高明百倍！

生：我记得孔乙己的"长衫"。

师：又到了那件长衫，具体说说。

生：因为长衫代表孔乙己身为读书人，但又必须与短衫帮混在一起的境况。

师：你知道这一件长衫是什么样的？

生：让人看起来很没面子。

师：这长衫就是为他挣面子的，你再看看课文中写他长衫的语句。

生（读）：他的长衫，是又脏又破，似乎十多年没有补，也没有洗。

师：又脏又破的长衫，看似儒雅，但是如此破旧。真是欲上不能，欲下不甘，落魄、懒惰、迂腐与清高尽在其中。[②]

我们究竟还记得孔乙己的什么？长衫！长衫什么样？学生的回答总是不

---

①② 肖培东：《我就想浅浅地教语文》，长江文艺出版社2016年版，第211、214页。

能尽如人意。这个时候，我们不能批评指责，而要用自己的评价帮助学生总结、梳理、提升。"落魄、懒惰、迂腐与清高"就是肖老师在学生回答基础上的小结与提升。这样，学生的认识理解又向前推进了一步。

> 师：同学们从多个角度阐述了对孔乙己这一文学形象的"记住"。再看看，文章中孔乙己以外的人对孔乙己最能记住的又是什么呢？
>
> （学生阅读，思考）
>
> 生：孔乙己的伤疤，孔乙己考不中秀才的耻辱。
>
> 生：他们记得孔乙己欠钱的事，他们让孔乙己尽快还钱；如果孔乙己偷书，他们也会非常记得。
>
> 师：表达有点急急忙忙，我们还是先一起来读一读孔乙己第一次出场的文字。"孔乙己一到店"，预备读。[1]

在这个片段中，老师说"我们还是先一起来读一读孔乙己第一次出场的文字"，意在引导学生走近文本核心，运用的方法其实是朗读。小说学习的最终目的其实并不是对人物的分析、概括。如果没有让学生以身体之，用心验之，阅读教学就会"空对空"，从本质上讲，就无法达到教学效果。肖培东老师特别善于指导朗读，让学生在朗读中体会、感悟、理解。唯有这样，才能让语文学习活动真正扎实地开展。

无论是说的活动、读的活动，还是写的活动、讨论的活动，学生在这样的课堂上都能如沐春风，收获满满。学习活动开展得扎实有效，"评价"的判断、总结、引导等功能功不可没。

三 用现场资源组织学习，活动更出彩

现场的资源很多：可能是窗外的雨声、风声、汽车声，也可能是学生课堂上意外的言行；如果是公开课，也可能是某位听课者的言行。当我们心中有课堂，眼中有学生，这些"意外"，不仅不会影响我们的教学，还会成为

---

[1] 肖培东：《我就想浅浅地教语文》，长江文艺出版社2016年版，第215—216页。

我们组织学习活动的资源，为课堂锦上添花。这方面，肖培东老师执教的统编初中语文七年级下册的《外国诗两首》是个典型的例子。

　　师：你来读《未选择的路》的第一节，然后全班同学读《假如生活欺骗了你》的第一节。这位女同学再读《未选择的路》的最后一节，全班同学再读《假如生活欺骗了你》的最后一节。两首诗融合起来读，开始。

　　…………

　　（读得很有感情，很感动，窗外雨越来越大，雨声，读书声交织在一起）

　　师：读得真好听。一起再来读一读，假如生活欺骗了你……

　　…………

　　师：相信吧，美好的日子将会来临！诗言志，这振奋人心的诗句，如果我们做一下改动，以形象来阐明，托物言志，来表达积极向上的人生态度，大家会怎么说？（窗外暴雨噼噼啪啪，教师紧握拳头）听听外面的雨声，大家能不能获得诗的灵感？

　　生：相信吧，万里晴空将会来临！（全场掌声）

　　师：非常好！还有，相信吧——

　　生：相信吧，滂沱的大雨终会过去！（全场掌声）

　　师：非常棒！还有吗？相信吧——哪位同学？

　　生：相信吧，雨后的彩虹将会来临！（全场掌声）

　　师：相信吧，雨后的彩虹将会来临！同学们，配合这滂沱的雨声，我们一起来读，暴风雨终会过去！来，我们一起来读这首诗，"假如生活欺骗了你"，一起来读！（很有激情）

　　生（齐读）：

　　假如生活欺骗了你，

　　不要悲伤，不要心急！

　　忧郁的日子里需要镇静：

　　相信吧，暴风骤雨将会过去！

师：相信吧，暴风骤雨终将过去！下课！（暴雨声中，全场掌声）①

不是每堂课都可以这样出色，不是每位老师都可以利用大雨创造这意料之外的精彩。雨是什么时候下起来的？在上一个教学环节就下起来了："这时，窗外暴雨如注。""激情朗诵，场面感人，与大雨一起声声入心。教师也情不自禁地参与全班朗诵。"最后，这暴雨，成为老师组织一场仿写活动的最好的资源。这个"意外"，成为组织学习活动的资源。我想，作为一名优秀的语文教师，我们应该有这种敏感性，这也应该成为我们的职业习惯。

多年前的一节晚自习，自己本来已经安排好了上课内容，但是突然狂风大作，大雨倾盆，铜钱大的雨点打在窗玻璃上，课堂完全被打乱了。我灵机一动：这节课就进行观察写作！那节课，学生写得酣畅淋漓，佳作很多——《欢乐雨》《惊魂五分钟》等，到现在我都如数家珍。我曾在西安听过窦桂梅老师的《再见了，亲人》一课，课上当窦老师问及"你对你的亲人怎么理解"时，一学生谈到了自己的班主任，恰好这位老师就在现场听课，窦老师让学生当面感谢老师，不仅情真意切，而且加深了学生们对课文的理解。

我们的课堂，既有预定的目标和流程，又要随物赋形，随需而变，在不断地调整中，既不错过沿途的风景，又能坚定地前行。这对我们语文老师提出了更高的要求。面对一篇文章，教师要尽可能多读，形成自己的感受；尽可能多看，搜集更多的资料。只有自己把文本解读清楚，对文本达到烂熟于心的程度，才有可能产生意料之外的精彩，让课堂状态风生水起。

总而言之，除上述几点外，组织学习活动还要注意：每项学习活动要保证学生在课堂里有相对完整、比较充分的学习时间；学生的学习经验要得到较为充分的表达和交流；要控制好活动的节奏；形式尽可能地丰富，最重要的是把"学得怎样"置于首位。

陕西省宝鸡市陈仓区陈仓初中　杨军辉

---

① 肖培东：《语文：深深浅浅之间》，长江文艺出版社2020年版，第218—220页。

第 22 讲 思维火花的捕捉

教育家裴斯泰洛齐认为："人的智慧、道德情感和体力的萌芽先天地结合为统一体，潜存在体内，并渴望得到显露与发展。教育的目的和作用就在于使这种潜在的力量得到充分发展。"[1]《高中语文课程标准（2017年版）》指出"思维发展与提升"是语文学科核心素养的重要组成部分。

语文课堂教学是一个在生生、生本和师生的对话中从已知向未知不断探索与挺进的旅程。在这个过程中，教师要做学生知识的传授者、思想智慧的激发者、思维火花的捕捉者、灵感与激情的欣赏者。只有这样，我们的语文课堂教学才能在言语的交流、问题的探究、思维的发展和生命的感悟中，发现意外的风景，感受语文的魅力，享受别样的精彩。因此，在课堂教学中及时捕捉学生的思维火花，不仅是我们的课堂教学所需，也是我们重点关注的课堂教学细节之一，更是我们教学水平与教学艺术的体现与彰显。

思维火花的捕捉，具有即时、现场、灵活的特点，它存在于课堂之上，诞生于对话之中。要捕捉到瞬间闪现的、有效的、有价值的思维火花，需要我们在课前做大量的准备。

---

[1] 夏之莲等译：《裴斯泰洛齐教育论著选》，人民教育出版社2001年版，第18页。

当然，教学准备阶段的预设只能是预设，它和课堂实际教学还是有一定的差异。思维火花捕捉的主阵地应该在真实的课堂教学之中。在教学过程中，我们不能完全按照预设的路线向前匍匐，而是要在预设的基础之上，依据课堂的推进，关注学生的学情，融合师生的对话等诸多因素，让预设与生成相辅相成，共生共进，切实发挥每一个课堂参与者的主体作用，及时有效地捕捉有质量、有价值的思维火花。

首先，要按照预设平稳推进课堂进度，让学生自主解决共性的、普遍性的问题，让他们对文本阅读形成自我认知，获得初步的审美体验，为思维火花的萌生扫清障碍。其次，要巧妙引导、点拨与激发，创设思维火花产生的条件。引导的方式方法要真正体现学生的主体地位和教师的主导作用，要能够做到"不愤不启，不悱不发"，且这种引导要规避面面俱到、无所不至；点拨亦要适可而止，有针对性和指导性；激发要讲求策略与方法，寻找火花原点，要在紧要处助学生一把力，要在关键时帮学生打开思路，启迪智慧，激发灵感。再次，要抓住时机，及时有效捕捉思维火花，并以此为契机，打开课堂的新局面，引领学生逐步走向文本解读的纵深处，开拓思维的新境界，攀登思想的新高峰。最后，要关注全体学生，注重思维火花的课堂效果。思维火花往往具有个性，是否具有普遍性与代表性，需要我们教师认真思考，且要关注这样的火花对于课堂能否真正起到作用。

思维火花捕捉的"及时"，并非要时刻准备，期待其到来。它是一种超越预设的新生成，需要我们灵活应对并加以捕捉。所谓"有效"，即要精、准，要让捕捉到的思维火花真正起到提纲挈领的作用，真正地为解读文本，为丰富课堂内容，为帮助学生认知，为解决教学中的实际问题等服务。而且，思维火花的捕捉，要建立在明确学生学情和认知水平的基础之上。我们只有丰富并完善课前的预设，鼓励课堂的激情、灵动，激发每一个学生的思维火花，追求课堂师生认知的高度融合，才能享受到语文课堂的寻幽探胜之旅。

我们看著名特级教师曹公奇执教《念奴娇·赤壁怀古》的片段：

师：这几句是怎样写周瑜的？

生：写作者站在赤壁古战场上，怀念周瑜当年的雄姿英发，年纪轻轻就很轻松地取得了很大的战绩。

师：周瑜年纪轻轻，你从哪儿看出来的？

生：周瑜当年，才是迎娶小乔的时候，说明周瑜当时很年轻。

师："遥想公瑾当年，小乔初嫁了。""初嫁"是什么意思？怎么不是"出嫁"呢？

生："初嫁"就是刚刚出嫁的意思，"出嫁"就是嫁出去，没有刚刚的意思。

生："初嫁"说明小乔刚刚嫁给周瑜，也说明周瑜当时很年轻。

师：请大家看看大屏幕，事实是怎样的。

（屏显）

周瑜与小乔结婚时是建安三年，周瑜24岁；赤壁之战是建安十三年，这时周瑜34岁。

师：明明是小乔嫁给周瑜已经十年了，词人还说是"初嫁"。是苏轼记错了，还是为什么？

生：苏轼不可能记错，可能是觉得时间短吧。

师：十年了还短吗？苏轼这样写是不是还有其他用意？

生：苏轼没有记错，他故意这样写，是为了表现周瑜的年轻有为。

生：为了突出周瑜在指挥赤壁之战时，年纪很轻，从而衬托出周瑜年轻潇洒，才华横溢。

生：这样写，更见周瑜年轻有为，战绩辉煌，令人羡慕。

师：周瑜年轻有为，说他"雄姿英发"是可以理解的，那怎么又是"羽扇纶巾"的装束呢？这有点像谁啊？

生：头戴纶巾、手摇鹅毛扇的诸葛亮。

师：诸葛亮是军师，是文将，所以他"羽扇纶巾"。可周瑜是个武将啊，他怎么也像诸葛亮一样是文将的装束呢？

生：周瑜既有文将的装束，又有武将的英雄气概，是个文武双全的人。

  师：周瑜是文将的装束，他的武将才能又表现在哪里？

  生："谈笑间，樯橹灰飞烟灭。"谈笑之间，敌人就被全部消灭。

  师："樯橹"指的是什么？

  生：用船上的桅杆、桨来代指曹操的水军，这是借代的修辞手法。

  师：你说得很对，这是借代的修辞手法。周瑜是"谈笑间"，曹操的八十万大军就"灰飞烟灭"了。这样写的用意又是什么呢？[①]

  曹老师带领学生以诗词中的关键词句为中心发散、探究，全方位地展现了历史风流人物——周瑜的少年得志、雄姿英发、文武双全、战绩辉煌。这看似是在师生问答、相互讨论中得出的结论，但通过细读我们不难发现，教学过程充分体现了曹老师对学生思维的关注与重视。在相机引导中，曹老师及时捕捉思维火花，推进课堂，将诗词鉴赏引向深入。

  这种对诗词的解读和对人物的认知，首先体现出教师在课前的预设。为了解读"初嫁"与"出嫁"，曹老师预设了"周瑜结婚时24岁，赤壁之战建功时34岁"的背景资料；为了解读周瑜"羽扇纶巾"的形象，曹老师引导学生联系诸葛亮，这些预设无一不在解疑答惑，为深入鉴赏诗词做铺垫。其次，创设思维火花产生的条件，并及时捕捉思维火花。本词是一首怀古词，通过初读诗词，学生能解答出作者在赤壁怀念周瑜的丰功伟绩这一问题，这就为通过回归诗词语言来解读文本铺好了路，架好了桥。学生解答中"年纪轻轻"这个思维火花便顺利产生，曹老师紧紧抓住"年纪轻轻"这个关键，提纲挈领，逐层深入，引导学生全面认识周瑜形象。再次，问题由简入深，环环相扣，教师相机引导，学生积极参与思考，潜能得到发挥，思维不断活跃。"这是一首什么词？""这几句是怎样写周瑜的？""周瑜年纪轻轻，你从哪儿看出来的？""怎么不是'出嫁'呢？""是苏轼记错了，还是为什么？""这有点像谁啊？""他的武将才能又表现在哪里？"这些问题，

---

① 顾之川主编：《名师语文课》（高中卷），山东教育出版社2019年版，第12—14页。

帮助学生从诗词体裁、重点词句、难点辨析、史料背景、人物对比、修辞手法等多个方面进行了详细解读，设问有技巧，引导自然且有深度，学生必然有所得。最后，思维火花的捕捉及时、有效，教师以此为鉴赏主线，拓展了思维，使得课堂有广度、深度与厚度。对于名家名篇，每一位教师都会有自己不同的见解与思考、不一样的设计与教法。但曹老师在环环相扣的问题引导下，创设激发学生智慧火花的条件，及时发现并捕捉思维火花，引导学生得出了丰富而又深刻的见解。这样的课堂，是启迪智慧、催生思维火花的课堂，是学生的思维得到真正的发展与提升的课堂。

我们再看著名特级教师肖培东执教《就任北京大学校长之演说》一文的片段：

师：也就是说，这篇文章有一些明显的标记"一曰""二曰""三曰"，你还发现了什么？

（生思考）

生：前面都有总体的解释。

师：你这句话意思是说，这几句话都是每段开头的第一句话。是这个意思吗？

生：嗯。

师：同学们，蔡元培先生为什么要把这些话都设计在段落的最末或者第一句呢？

生：因为这篇文章是一篇演讲词，他要让北大的全部学生都听到他说话的内容，所以，他就要突出这些重点。

师：这也就是说，演讲必须要突出中心，主题鲜明。是这个意思吗？

生：是的，让大家快速明白。

师：同学们再想一想。这些内容，我们刚才是在文本上看到的，也就是在演讲稿上读到的。演讲的时候听众是没有纸质文章的，怎么才能让听众瞬时捕捉到这些核心句呢？也就是说在演讲现场，蔡元培先生又该怎样去突出这个中心，交代出这样一个清晰的思路呢？

生：他可以通过反复强调他要强调的部分，或者用强调的话来讲明他要讲的事情。

师：反复强调？"一曰""一曰"这样重复，是这个意思吗？

生：是。

师：那你重复试试。

生：一曰，一曰……（声音渐弱，感觉不对）

师：同学们，这样重复，演讲就没有一气呵成的感觉了。现场记录中，蔡元培先生并没有重复这些句子。我们再来读读。同学们把"予今长斯校"和"一曰"内容连起来读一下，好吧？[1]

肖老师在执教这一课时，既没有给学生普及"演讲稿"的相关知识，也没有给学生灌输大道理，而是在对学生的提问中，在师生的对话交流中，通过对"这个文章都有标号""这篇文章是一篇演讲词……他就要突出这些重点""他可以通过反复强调……或用强调的话来讲明他要讲的事情"这些思维火花的捕捉，不断激发学生思维，带领学生将自我的认知明朗化、具体化，为学生答疑解惑。在师生的互动交流中，既有快速提取关键信息的学法指导，又突出了演讲中心明确、主题鲜明的特点，让学生获得了身临其境的体验。一百余年前的演讲，鲜明的时代特色，精深的思想，责任与担当，发自内心的呼告，直抵心灵的感动等等，现在的学生是很难发现与体会到的，是肖老师在引导学生对语言的反复品味与诵读中，在不断启发学生的思维中，使学生有了所感、所悟与所得。这样的课堂才是真正体现文体特征的课堂、回归语文本真的课堂，也是能够发展与提升学生思维的课堂。

思维火花的捕捉，会因人而异，因时而异，因境而异。我们虽然解读的是相同的文本，但面对的是一个个有思想、会思考的生命个体。学生的主观

---

[1] 肖培东：《我就想浅浅地教语文》，长江文艺出版社2016年版，第64—66页。

能动性和创造力、思维的广度和深度以及诸多不可控的因素，使得教师在捕捉思维火花的过程中存在一定的难度，或者说也在某种程度上影响了思维火花的有效性与价值。但只要我们努力创设捕捉思维火花的和谐氛围，以敏锐的目光、清晰的思路、灵活的应变能力，学会并善于捕捉思维火花，学生就会敢想乐于想，敢说愿意说，敢问学会问，其学习方式得以转变，我们的教学水平也会不断提升。语文课堂将成为智慧萌生的课堂、思维火花四溢的天地，才会回归本真，才会有亮点与特色，培养学生思维这一语文教学的核心任务才会落到实处。

陕西省宝鸡市陈仓区虢镇中学　张云清

第 23 讲　学习兴趣的激发

　　现代著名教育家陶行知先生1938年在武汉大学的一次演讲中，以鸡吃米的实践演示诠释了教学中学生学习的主动性和被动性现象，较早引发了人们对教育中教与学关系的思考。在整个教学过程中，只有做到教师是主导，起引导和辅助作用，学生是学习的主体，学生主动学习，才能实现教学的最终效果。

　　于漪老师早年写过一篇文章《中学语文教学应以激发兴趣为先导》，她从"新""趣""情""思"四个方面对语文阅读教学中的趣味性教学进行了阐释。[①]近年来，随着课程改革的探索、课堂形式的多元化，尤其是自主合作探究学习方式的实践应用，教学形式的趣味性成了激发学生语文学习兴趣的另一个重要元素。

一　从文本内容的趣味入手，激发学习的兴趣

　　统编语文教材中，许多文本很有趣味，即使老师不要求，学生也会一遍遍乐此不疲地读。同样是古典诗词学习，课本中的诗词学生学起来很被动，

---

① 于漪：《中学语文教学应以激发兴趣为先导》，载《课程·教材·教法》1994年第9期。

而对于中央电视台举办的节目《中国诗词大会》学生却兴趣盎然，甚至有些诗词听过一两遍就可以熟练地背诵。究其原因，一是因为这种比赛的形式学生喜欢，二是因为很多诗词背后的故事很有趣。

1. 选取学生感兴趣的话题

不同年龄段的学生兴趣点不同，但也有一些共通的兴趣，比如故事、影视作品、时事、流行的新事物等。教学时，教师根据教学内容选取学生感兴趣的话题，在课前或课中适当地运用，能够提升学生的关注度与参与度。

熊芳芳老师执教《雷雨》一课时，便利用影视作品导入，来激发学生兴趣。

> 师：……有没有把《雷雨》整部剧看完的？请举手。有没有？（笑）一个也没有了。……那么有没有看过周杰伦主演的《满城尽带黄金甲》？
>
> 生（齐，大声）：有！
>
> 师（笑）：这个倒看过了，好，周杰伦的粉丝啊。这个情景跟《满城尽带黄金甲》很相似，应该说，张艺谋的那部影片，很多东西是从这个《雷雨》套用、化用而来，有些情节几乎是抄袭。[1]

熊老师从影视作品和明星入手，很容易吸引学生的注意力，调动学生的积极性，缓解学生与老师初见的拘谨，话题随之打开了，气氛融洽了，课堂也活跃了。

2. 挖掘有思想的内容

语文教学中学生除了被自己感兴趣的话题吸引之外，还喜欢能够引发自己表达欲的问题。教师挖掘有深度的内容，能够激发学生思考，让他们想得多、想得深，并愿意主动表达出来的内容，同样能够激发学生兴趣。

董一菲老师讲李贺的《雁门太守行》时，从色彩的角度入手，沿着李贺

---

[1] 剑男主编：《备课到底备什么：语文名师备教手记》，长江文艺出版社2018年版，第127页。

诗中的色彩，走向了他有色彩的人生。

　　师：我们首先欣赏李贺的代表诗作《雁门太守行》。请大家齐读，感受这首诗，并且思考问题：这首诗运用了哪些色彩来写感情？

（学生齐读）

　　师：请同学们谈谈，读一句诗，看你从中读出了什么颜色。

　　生："黑云压城城欲摧"，我读出了黑色。

　　师：黑色，开篇运用黑色笼罩，黑色是底色。

　　生："甲光向日金鳞开"，金色。

…………

　　师：在此诗里，你心中的秋色，是什么颜色？你如何理解？

　　生：我觉得秋色是一种苍凉的颜色。

　　师：为什么？

　　生：因为这首诗的主题，涉及战争的生与死，整体是压抑的。"报君黄金台上意"，为了皇帝，为了赢得这场战争，甘愿去死，多么壮烈的感觉。[①]

　　李贺的词，色彩斑斓，浓艳中透着无尽的情绪。董老师以色彩入手，既是读诗，读诗中的家国情怀；也是读人，读李贺一生苦难后的压抑与沉重。学生从自己熟悉的话题"颜色"开始进入诗歌，不断地思考，不断地挖掘着颜色背后更深层的思想，兴味十足。

3. 走进学生的生活圈

　　语文与生活密不可分，生活中处处体现着语文思想，语文自然也少不了与生活的关联。语文课要上得让学生喜欢，教师要设法走进学生的日常生活。

　　王君老师一节基于《孙权劝学》的群文阅读课，就是从朋友圈开始的。

———————————

[①] 董一菲：《自由呼吸的课堂：董一菲的语文教学艺术》，华东师范大学出版社2019年版，第129—132页。

师：今天的文言群文阅读课，老师给了一个主题，叫"在孙权的朋友圈里学习有效沟通"。在日常生活中，我们几乎每时每刻都需要和其他人进行沟通。沟通是一件不容易的事，一不小心就——

生：谈崩了。（众笑）

师：对啊！比如，你主动和父母沟通过吗？进行过关键对话吗？比如，这个周末，你想玩游戏三个小时，然后你跟妈妈谈……

生：根本没门儿，一谈就崩。（众笑）[①]

接着王君老师从"上级和下级的交流""同级之间的交流""下级和上级之间的交流"多个角度整合了朋友圈有效沟通的善劝艺术。王君老师这节课就是让学生从自身与父母沟通失败的体验中破解孙权成功的秘诀。带着这样的困惑和好奇，学生很容易亲近文本，读懂文本，同时还能走出文本，走进生活。

田玲老师在学习扩写的一节作文课上，从发生在自己身边"从天而降的粉笔头"这一校园小事入手，启发学生思考，扩写后续内容，延伸出更为丰富的主题。[②]因为熟悉，因为感兴趣，整节课学生的思维活跃、发言积极、课堂讨论热烈，学生头疼的作文课一下子也变得引人入胜，精彩纷呈，这就是熟悉的生活妙处。

4. 提供"新""奇"的信息

教师在语文教学中适当地引入一些使学生感到新奇，甚至不可置信的内容，或者提供一些学生陌生的、完全不了解的内容，或者带给他们一些与传统认知不同的新想法、新思路、新概念等，都会激发学生对未知事物的兴趣，使学生有可能主动去探究陌生的领域，从而为他们打开一个全新的世界，让学习在无形中从不自觉上升为一种自觉行为。

譬如讲《范进中举》一课，我们一般关注的是文本中范进发疯的原因，

---

① 王君：《更美语文课：王君群文教学课例品读》，长江文艺出版社2018年版，第67页。

② 曹公奇、田玲：《学习扩写》，载《新作文》2021年第1—2期。

或者关注的是胡屠户的那一巴掌所带来的讽刺效果。孙绍振教授在他的《范进中举——双重的悲喜剧》一文中，却对未选入课文的尾声进行了探究。他指出："范母之死，可以说是神来之笔，把喜剧性发挥得淋漓尽致，是范进中举昏迷的高潮之后的又一高潮。"[①]教学中，教师可以引入这些文本之外的趣闻，来激发学生主动去阅读更多的作品。

> **二　从教学形式的趣味入手，激发学习的兴趣**

　　教师可以选择自己教学的内容，但大多时候，也不能完全偏离教材本身，一味地求新求趣。教学内容的有趣，偶一为之，可以激发学生兴趣，但常常使用，就会将语文课上成历史课、故事课、影视作品课，这也并非语文课的本真。如何让既定的文本在课堂合理地激发学生的兴趣，教学形式的多样是不可忽视的方面。

　　1. 用非语文的形式增彩

　　黄厚江老师在《语文课堂寻真——从原点走向共生》一书中提出，我们不仅要用语文的方法教语文，还可以用非语文的方法来丰富我们的课堂。他在本书中列举了"音乐类""图画类""实物类""视频类""实验类"五种非语言形式的课堂方法，认为这些非语言的形式如果运用恰当，可以帮助我们品味语言、深化对文本的理解、理解诗歌的意境、探究文本的主旨。当然，黄老师也告诫我们运用非语文的形式一定要注意节制和收敛，不能喧宾夺主，要和语文的方法相融合，最终服务于学生的语文学习。[②]

　　教学古典诗词，可以适当地穿插一些相应的唱腔或者配乐朗读。董一菲老师在《子衿》一诗的教学中，就播放了音乐《子衿》。

　　　师（音乐起）：有人说，《子衿》是一场风花雪月的优雅的思念。

---

① 剑男主编：《备课到底备什么：语文名师备教手记》，长江文艺出版社2018年版，第100—101页。

② 黄厚江：《语文课堂寻真——从原点走向共生》，华东师范大学出版社2016年版，第69—71页。

孩子们静静听这支歌，如果让你们为思念添个修饰语，你们会添什么呢？
（生在唯美空灵的音乐《子衿》中静静思考）①

我们还可以根据教学内容播放一些视频或展示一些图画帮助学生更直观
地理解文本。如教学《说和做》可以播放闻一多演讲之后被暗杀或他演讲时
慷慨激昂的视频；教学《三峡》时，可以呈现与三峡有关的图片。这些材料
能激发学生的兴趣，也能帮助他们更好地走进文本。

2. 活动，让学生动起来

新课标的基本理念中有一条是"积极倡导自主、合作、探究的学习方
式"，既然有合作，教学中便少不了集体活动，例如教师组织小组合作讨论
或开放式讨论，开展全班参与的辩论活动，或者举行基于语文方法使用的写
对联、连词成故事、写颁奖词、表演课本剧等活动。这些活动通过实践的方
式，让学生自主参与到语文学习中，有动手、动脑和动口的机会，学生的注
意力会高度集中，参与课堂的积极性自然就提高了。

除了一些常见的语文活动外，教学中还可以根据教学内容不断探索和研
究新的活动方式。肖培东老师早年执教《祝福》一课时，就采用了模拟法庭
的形式来组织教学。课上一位学生扮演祥林嫂作为原告，另外有被告人鲁四
老爷、四婶、祥林嫂的婆婆、柳妈、"我"等，在祥林嫂的控诉中，学生在
文中找到相关的证词来反驳。②这种活动方式显然能调动学生学习的兴趣。

3. 游戏，让课堂充满魅力

马扎诺在《教学的艺术与科学——有效教学的综合框架》中提到，沃尔
伯格（Walberg）在对一系列研究进行分析后，提出游戏可以提升14%的学习
效率。他在该书中还列举了"问题是什么""猜名称""脱口而出""课堂问
答"四个游戏形式。这些游戏大多是仿照电视节目设计的，如"脱口而出"

_____

① 董一菲：《自由呼吸的课堂：董一菲的语文教学艺术》，华东师范大学出版社2019年版，第
　177页。
② 剑男主编：《备课到底备什么：语文名师备教手记》，长江文艺出版社2018年版，第30页。

是仿照《超级金字塔》设计的。游戏经过变形应用于课堂教学中，可以极大地激发学生参与课堂的热情，可以用于阅读课、作文课，也可以用来调动学生课外阅读的积极性。[①]

我们语文课堂也可以仿照中国的电视节目《一站到底》《最强大脑》《中国诗词大会》《汉字听写大会》等，根据实际适当进行改造，创造性地运用于教学中。这种方式既是教学的有力辅助，又能调节课堂氛围，激发学习兴趣。

三 从教师表达的有趣入手，激发学习的兴趣

同样的教材，同样的教学方法，不同的老师来教学，教学效果往往千差万别。可见，除了内容和方法之外，教学者本身的语文素养在教学中也有着至关重要的作用。

语文教师素养中最基本的便是语言功底。语言幽默的老师的课堂显然更受学生关注。然而，幽默和自身性格有很大关系，缺乏幽默感的老师也可以用其他方式来弥补。董一菲老师倡导的"诗意语文"，比较看重语言的诗意和感染力。她曾说："要想修炼锦心绣口，仅仅读书还是不够的，还需要背诵这项优秀语文教师的基本功。"[②]只有胸中有丘壑，课堂上才能用或典雅或睿智或深刻或幽默的语言吸引学生，让学生好学乐学。所以，语文老师应多读书，有丰厚的知识积累，多背诵，能够出口成章。

教学有教师的教，有学生的学，然而生搬硬套地教，被动填鸭地学，能够达到的教学效果是可想而知的。教学是艺术，需要教师在内容和方法上不断地创新，也需要教师投入激情和活力，用自己丰沛的知识和人生阅历去引导和启发学生，成就一场场生命旅行。

陕西省西咸新区黄冈泾河学校　郭敏利

---

① ［美］罗伯特·J.马扎诺著，盛群力等译：《教学的艺术与科学——有效教学的综合框架》，福建教育出版社2014年版，第88—90页。

② 董一菲：《自由呼吸的课堂：董一菲的语文教学艺术》，华东师范大学出版社2019年版，第32页。

第 24 讲　深度学习的引导

　　深度学习是一种基于高阶思维发展的、主动性的、批判性的学习方式。在中学阶段，尤其是高中学段，它就是在基于理解性学习的基础上，学习者能够批判地学习新思想和新事实，并将它们融入原有的认知结构中，最终将已有的知识迁移到新的情境中，总结新方法，解决新问题的一种学习策略。

　　除了在思维程度上的高阶发展外，深度学习还具有注重批判理解、强调信息整合、着意迁移运用等特征。因此，在日常教学中，教师对学生的教学引导和思维构建在深度学习中起着举足轻重的作用。

　　教师在教学活动中该如何培养学生的高阶思维，从而引导学生真正走进"深度学习"呢？

一　用"好问题"激趣，让思维在群山万壑中跃动

　　好问题从哪里来？应该有怎样的特质？好问题当然应该从学生课堂反应和课堂疑问中来，只有贴近学生的实际需求采集、加工、并充分利用这些有价值的信息才能提出好问题——毕竟，只有学生才最清楚自己需要什么。虽然好问题应具有为学生的深入思考搭建桥梁、帮助学生构建知识体系、贴近生活等特质，但笔者认为能激发学生思考的兴趣是其最关键的特质。

比如王君老师在上《我的叔叔于勒》一课时，配合刚学完的课文《故乡》在课堂上掀起的"杨二嫂"热潮，就想用"两个女人一台戏"来同时洞穿这两篇课文。课堂讨论如下：

师：《故乡》和《我的叔叔于勒》中有两个异常厉害的女人，请大家比较这两个女人的异同。

生：杨二嫂和菲利普夫人都是两个泼妇。（众笑）

师：这么早就给别人定性了？你很厉害啊！得有理有据。

生：我觉得两篇小说都写了两个女人的变化。杨二嫂从一个年轻漂亮的比较沉默的女子变成了一个凶悍自私的泼妇，而《我的叔叔于勒》中塑造菲利普夫人也是通过她对于勒的态度变化来刻画的。也就是说两篇小说和两个人物都体现了一个"变"字。

师：陈熙之的发言很好，因为她站得比较高，她是在俯瞰两篇小说。整体阅读是很好的读书方法，同学们要注意既要见树叶也要见森林。刚才熊星说两个女人都是泼妇，你们同意吗？

生：我同意。两个女人确实都很泼。杨二嫂圆规一样的身材、尖厉的声音、刻薄的语言和让人厌恶的小偷小摸行为加起来，活脱脱就是一个市井泼妇。菲利普夫人也不简单，你看看她知道了于勒依旧贫穷时的暴怒以及对约瑟夫付给于勒小费时的责骂吧。对丈夫，她恶狠狠的，对儿子，她的语言也毫不留情。她本质上也是一个泼妇。

…………

生：我不同意杨羚菁的意见，我觉得厉害的不是杨二嫂，而是菲利普夫人。因为杨二嫂虽然泼，但是泼得很真实，她从不掩饰自己。而菲利普夫人除了泼，她还有一个重要的特点就是很虚伪。比如说父亲要请我们吃牡蛎的细节，母亲怕花钱本不情愿，但是她却说"我怕伤胃，你给孩子们买几个好了，可别太多，吃多了要生病的"，还以"别把男孩子惯坏了"的理由阻止我吃牡蛎，这些都表现出了菲利普夫人的虚伪。[①]

王老师这堂课的主问题"比较这两个女人的异同"设计巧妙，不仅用知识迁移激趣，还指导了学生"既要见树叶也要见森林"的整体阅读方法；然后课堂生成了"两个女人都是泼妇，你们同意吗？"这个问题，自然地引导学生深入理解分析人物形象，挖掘更深层的思维；接着顺势生成比较二人谁更厉害的问题，让学生的思维分化，形成更个性化的理解。这样的问题才应该算是好问题，因为它们不仅激起了学生的研究兴趣，还让学生的思维在广度上和深度上都徜徉于思考探究的汪洋之中。

二　细读文本，让思维向冰山更深处漫溯

关于深度阅读的研究可以追溯到我国古代对文本细读的探讨。比如说汉代提倡的"微言大义"，强调从含蓄微妙的言语中阐发出精深切要的义理；明清时期的评点阅读法，细细品味文本语言的妙处，探寻文字背后隐藏的意蕴；20世纪以来，叶圣陶、朱自清等人也提倡文本细读；当今，华中师范大学王先霈先生提倡尊重文本、体会原文。文本细读以文本为中心，着重于语言的赏析和理解，强调的是一个"细"字，是多角度、多层次阅读文本。不仅包括语言，还要求读者在阅读文本时关注作者、文学批评者、生活经验等多个角度，从语言、风格、情感、表达等各个层次全面深刻地理解文本，从广度和深度获得阅读感悟和言语经验。也就是说，文本细读是实现深度学习的有效途径之一。

如《赤壁赋》写景优美，抒情深沉，议论高妙，无一处不佳，无一处不妙。在教学过程中有多种思路可以采用，也可以借鉴李煜辉老师在《开篇一句含万象》中对首句细读分析的方法：

本文第一句"壬戌之秋，七月既望，苏子与客泛舟，游于赤壁

---

① 王君：《听王君讲语文教师成长》，人民出版社2014年版，第24页。

之下"，可以通过"泛舟""既望""苏子"等词来解读文本。下面以"舟"为例来细读文本。

舟，是一个充满着忧伤落寞但又饱含着希望和自救的意象。哈师大中文系傅道彬教授认为："在物质上舟楫之利是为了解决'不通'和'致远'的问题，而这样的意味很快转移到文化世界，舟成了一种文化象征符号。其文化意味，一方面是'济不通'，即是'济'，是超越阻隔，是征服；另一方面是'致远'，是到达远方实现理想的雄心壮志。

在这里我们很容易联想到文中苏轼的歌词"桂棹兮兰桨，击空明兮溯流光"。棹和桨最大的作用就是使船致远方，可是苏轼的前行路却是"溯""空"，即实现雄心壮志的抱负落空。注意，泛舟，言外之意是有水，而水"在古代文化中对于人类是一种阻隔一种拒绝一种关闭"。苏轼遭遇乌台诗案的脏水泼身而陷入政治的风波中，就要靠舟来自救，因为舟船本身意味着对水这种自然强力的挑战和突破。也就是说，苏轼实现不了去远方的雄心壮志，也不打算实现了。因为"泛"是无目的的，不经意的，无方向的。这也就意味着苏轼其实并不知道该怎样渡过此劫，但他知道的是，必须要渡过此劫。

此外，舟亦不同于船，它的逼仄狭小，总是让人容易感受到孤单落寞与凄凉。茫茫江面一孤舟，其实苏轼又何尝不是这艘不知道该驶往何方的孤舟？正是承接上文才有了这不知道该驶往何方的孤舟？正是承接上文才有了"浩浩乎如冯虚御风，而不知其所止；飘飘乎如遗世独立，羽化而登仙"。[1]

有了对全文第一句的细读、研读，我们自然能深入地理解这篇经典文化作品背后那个经过不断斗争、不断内化完成自渡，完成内心救赎的苏子。通过文本细读就能发现很多隐藏在文字背后的信息，这样才能全面、通透地读懂文，读懂人。这是获得深度学习的有效途径。

---

① 董一菲总主编：《诗意语文：经典篇目文本解读1》，西苑出版社2018年版，第236页。

三 引入情境，让思维在生活气息中落地

何为引入情境？它是指教师有目的地引入或创设具有一定情绪色彩的、以形象为主体的生动具体的场景，以引起学生一定的态度体验，从而帮助学生理解教材，并使学生的心理机能得到发展的教学方法。引入情境的核心在于激发学生的情感。在实际教学活动中，教师可以通过激发学生的想象，跨越时空的限制，回到"事发现场"做一回"当事人"。只有身临其境，才能更好地调动感情，激起内心的情感共鸣。

窦桂梅老师在《秋天的怀念》教学片段中为学生充分创设情境，调动学生的想象，一浪接一浪地冲击着学生的情感。

师：作为21岁的年轻人，突然得了高位截瘫，自然受不了这个打击，总觉得活得没劲。课文有一句话，请同学们大胆想象，作者又会怎么样呢？

（屏显：独自坐在屋里，看着窗外的树叶"唰唰啦啦"地飘落，我……）

生：……我会想起小时候像落叶一样尽情飞舞的情景，可是现在再也不能像落叶一样飘飘洒洒了呀，我活着还有什么劲？

生：独自坐在屋里，看着窗外的树叶"唰唰啦啦"地飘落，我不禁暗暗流泪，我的命运就像那落叶一样"唰唰啦啦"地死去。

师："我"活着还有什么劲儿！原来活蹦乱跳的，现在突然坐在轮椅上，发这么大的脾气，此时的他的确很痛苦（回扣一下"苦"字）。要是他是你的朋友，或者你的哥哥，面对他这副样子，你会怎么做？

生：我是他的妹妹的话，我会劝他说，人人都有苦，但不要随便发泄这苦，这会更伤你的身体的。

生：我会安慰他，人不一定没有双腿，就会变得懦弱，人没有双腿，还是可以干出一番大事业的。

生：我可以告诉他，你可以练一项体育技能，将来参加残疾人奥运

会，说不上能拿大奖呢。

生：虽然你的腿瘫痪了，但是世界是美好的，只要你用心灵去感受。

师：谢谢同学们，你们的爱心让大家感动。你们讲得道理很对，建议也不错，不过，请你们设身处地地想想，他能听进去吗？[①]

这一部分的教学中，窦老师引领学生进入文本，第一次假设他们就是史铁生。同学们大胆发挥想象，设身处地地体会主人翁的心境，深情地沉入作者当时的情感之中，体会作者当时痛苦的复杂的心情。窦老师引领学生深入文本，第二次假设他们是史铁生的朋友或亲人，会怎样面对当时的史铁生。同学们根据角色定位，迅速进入角色，纷纷发言。此设计的妙处是，学生"劝说"的过程，就是他们思想成长的过程，同时也为后面进一步体会母亲毫不张扬的爱埋下伏笔。语文学习离不开情境，语文教学当然也少不了利用情境，深入情境研读文本，方可深度学习。如今，我们的语文教材已经进入"大情境"时代，我们的语文教学又怎能不巧设情境，培养学生在有烟火气息的生活中解决问题的能力？

总之，深度学习是一种很复杂的学习方式，在教学视域下深度学习的主体是教师的引导艺术和学生的学习状态。教师应在教的过程中培养学生的良好思维品质、创新意识和探究能力，引导学生进入深度学习的状态中，努力提升学生的语文核心素养。

陕西省西安高新一中沣东中学　李　佳

---

① 李华平、刘敏主编：《语文课就该这样教：语文名师精彩教学片段品析》，华东师范大学出版社2020年版，第236页。

第 25 讲　重点难点的突破

　　教学重点就是学生必须掌握的基础知识与基本技能，是基本概念、基本规律及由内容所反映的思想方法，也可以称为学科教学的核心知识。教学重点在学习中对学生的认知结构起决定作用，并在进一步学习中起基础作用和纽带作用。教学难点是指学生不易理解的知识，或不易掌握的技能技巧，也是造成学生学习成绩有差距的分化点。在课堂教学过程中，充分有效地解决重点和难点问题，不仅能够帮助学生顺利完成课堂学习任务，收获学习的快乐，还能引导学生逐渐养成良好的学习习惯，为未来的可持续性发展奠定基础。如何在课堂教学中突破重难点呢？笔者认为，做好"三环"，将攻克教学重点难点的力道分布于课前、课中和课后三个环节，做好精备、精读、精讲、精练、精思五个关键点。

一　课前——做好前期预设

　　教学重难点的突破在备课阶段就已经开始了。教师首先要对教学内容有着准确的理解与把握，特别要从学生的学情出发，从客观与主观两个角度，锁定难度区域。在完成这些准备工作的基础上，完成对教学重点、教学难点的设定。

教学重点难点的确定是教师进行教学设计时必须面对的工作，而正确地确定教学的重点难点是保证语文教学效益的前提，是提高语文课堂教学质量的重要保障和关键。我们应充分用好统编教材这个学本、教本，结合学生实际进行教学重点难点的设计，为高品质课堂奠定基础。

统编教材中的研读材料，除了课文，还有单元说明、预习提示、课后习题以及自读课文的旁批与阅读提示，还有配套的教师教学用书。我们应充分研读，精心备课，找到解决教学重点难点的基本方法。

二 课中——课堂落实

有了明确的教学目标，接下来需要考虑的是如何妥善恰切地运用教学策略与手段，更加方便快捷地达到教学效果。接下来，我们将结合具体的教学案例，谈谈在语文课堂教学中突破重点难点的方法。

1. 抓住关键词和句子突破

语文课堂教学中，有时候可以抓住文本中关键词和关键句，深入分析，仔细品味，从而有效突破教学的重点难点。

如段会莲老师执教的《登勃朗峰》一课片段：

> 师：读这篇文章，大家有没有难以理解的地方？
>
> 生：肥皂泡那部分有点不知道说什么。
>
> 师：大家不妨想一想，作者看到什么想到了"肥皂泡"。
>
> 生：看到云。
>
> 师：为什么看到云会想到肥皂泡？两者之间有什么联系吗？
>
> 生：云彩是色彩斑斓的，形态万千的。肥皂泡是飘浮在空中，圆的，一戳就破。
>
> 生：肥皂泡在光的照射下也是色彩斑斓的。
>
> 师：大家找到了一个共性，色彩斑斓。还有什么发现吗？
>
> 生：这些云是瞬息万变的。
>
> 师：哪些词可以读出来？

生："稍作""顷刻间""骤然"。

师：的确变化很快，在很短的时间里，变幻莫测。上一秒我喜欢的风景，下一秒就没了，这说明——

生（齐）：短暂易逝。

师：跟肥皂泡一样，都是极易消失的，而"我们"抓住了这美好的瞬间。要想弄清楚"肥皂泡"的真相，我们要学会追本溯源。那么他看到的景色（云）是在什么样的事件背景中呢？

············

师：作者在文中格外强调了肥皂泡的一种状态，还将这样的肥皂泡冠以"自然界中最美丽最精致的造物"的称号，为什么呢？

生：破裂蔓延也美。

师：那作者在段末说"假如世上只有一个肥皂泡，其价值会是多少呢"有何深意？

生：美丽的风景，自然有很大的价值。①

　　因学生对课文第六段末尾的一句话"我想，假如世上只有一个肥皂泡，其价值会是多少呢"产生疑问，段老师带着这个问题，结合课本旁批和课后的阅读提示，引导学生细细揣摩，用这一关键的语句将课文前后贯通。在教学中，段老师带领学生轻松进入文本，挖掘文章的内涵，又自然而然地带领学生走出文本，联系实际。这样抓关键词和句子，既轻松地帮助学生突破了教学中难理解的内容，又让学生对生活有了更深刻的认识。

　　2. 借助与课文相关的材料突破

　　在课堂教学过程中要突破重点难点问题，仅仅依靠文本本身还不够，还需要教师给学生提供相关的材料。教师借助相关材料，进一步拓展学生思维，进而解决重点难点问题。

　　以何郁老师的《谈创造性思维》为例，何老师通过一篇关于"创造性思维"课文的学习，一方面训练学生进一步认识议论文，学会说理，学会

---

① 剑男主编：《初中语文这样教》（下），长江文艺出版社2020年版，第164—165页。

论证，完成知识性教学任务；另一方面，通过任务分配、活动设计、项目落实，训练学生的创造性思维，培育学生的创造精神，完成思维训练和人格训练的双重任务。在执教者设置的三个任务中，第二个任务设置指向了创造性思维的培养。何老师首先列出需要讨论的问题，然后针对这些问题提供一些学习成果或资料，提供一点讨论样式。

问题一：答案到底是唯一的还是丰富多彩的？

材料一：

题西林壁

苏　轼

横看成岭侧成峰，远近高低各不同。

不识庐山真面目，只缘身在此山中。

材料二：

老师问：冬天过后是什么？

学生答：是小溪的欢笑。

学生答：是虫子翻动的响声。

学生答：是春雨的淅淅沥沥。

老师说：正确答案是"春天"。

材料三：2000全国满分作文《答案是丰富多彩的》（略）①

何老师提供材料进行讨论，让学生讨论的方向更加明确。何老师利用教材和所提供的材料，充分地调动学生思维的主动性，点燃学生思维的火花。何老师从一个问题出发，结合所提供的材料引导学生思考：什么样的问题只有一个答案，不必求第二种答案？什么样的问题需要寻求第二种或多种答案？它们各自建立的基础是什么？提供与教学相关的材料突破教学重点难点，无疑在实现教学预设的同时，又培养了学生的思维能力。

---

① 剑男主编：《初中语文这样教》（上），长江文艺出版社2019年版，第211—212页。

3. 抓住矛盾点突破

如同戏剧的矛盾冲突中可以体现人物的性格与剧本的立意一样，在语文教学中，也可以通过专注文本的矛盾点，深入讨论，突破教学的重点难点。

如黄厚江老师执教《背影》一课的片段：

　　师：课文围绕背影写，那么怎么去感受这个背影呢？大家看这幅插图，这个插图能不能表达这种情境？（屏显父亲翻月台插图）

　　师：如果配文字，应该是哪些文字？

　　生：他两手攀在上面……我的泪流了下来。

　　师：你们圈画出最能表现父爱的词语，老师开始读……

　　生：蹒跚……艰难……照应前面的肥胖等等。

　　师：换"徘徊"行不行，这个是内心活动，不是动作。

　　生：向左微倾……吃力。

　　生：攀缩吃力。

　　师：这幅图是两手向上攀？

　　生：是。

　　师：我生气了，怎么读书的，这是攀吗？（动作示范了一下，借助黑板）

　　师：这是攀，还是爬？所以画得不好，你们要敢说。①

在这一段教学实录中，黄老师抓住教材中课文与插图出现矛盾这一切入点，引导学生进入文本，通过探究得出结论。这既是对父亲形象的把握，又培养了学生的质疑精神。

仍以这篇教学实录为例：

　　师：能读出作者没有写的东西是很难的。父子之间的关系很复杂，

---

① 黄厚江：《黄厚江与语文本色教学》，北京师范大学出版社2016年版，第161—162页。

我们看看哪些信息对理解本文有帮助。

（屏显材料）

1915年，包办婚姻，儿子生气。

…………

1925年，父亲给儿子写信（大去之期不远），儿子在泪水中写《背影》。

1928年，父亲读到《背影》，父子冷战结束。

生：1917年，父亲失业，家庭困顿，父子别离。

生：1925年，父亲给儿子写信（大去之期不远），儿子在泪水中写《背影》。

生：1928年，父亲读到《背影》，父子冷战结束。

师：好，以后你们和父亲吵架了，就写一篇文章，就和解了。[①]

对于《背影》这篇课文，黄厚江老师通过对朱自清先生和他父亲往事的了解，抓住矛盾点突破了教学重难点，同时教会了学生如何更好地与家长沟通。

4. 通过朗读突破难点

朗读是语文教学的根本大法之一。经典的文本，特别是古代诗文，要反复朗读，并且从节奏、停顿、语调、情感等方面认真体味。仔细朗读，实际上就是通过朗读理解文本、突破教学重点难点的过程。

在余映潮老师《爱莲说》的教学中，他主要运用朗读解决学生对重点字词、语句的理解，对主题的理解，对重点难点的理解。他的教学设计如下：

（1）朗读课文，教师提示两段文字之中的照应。

（2）反复朗读"予独爱莲之出淤泥而不染，濯清涟而不妖，中通外直，不蔓不枝，香远益清，亭亭净植，可远观而不可亵玩焉"。

（3）请学生解说这一句话的基本内容。

---

① 黄厚江：《黄厚江与语文本色教学》，北京师范大学出版社2016年版，第161—162页。

（4）讨论：我们能从这一句话中看出、读出、悟出多少个"美"来？[1]

余老师在学生诵读的过程中，给予学生诵读的指导，第一段主要用陈述语调诵读。首句总说，"可爱者甚蕃"要读得分明；"予独爱莲之出淤泥而不染……不可亵玩焉"要读出层次。前两层可用描写语调读，读后作稍长停顿，再读出末句，以突出莲的品格。第二段主要用陈述语调诵读。第一层以人为喻，要用肯定的语气读；第二层用感叹的语气读，"菊之爱"读出惋惜意，"莲之爱"读出感叹意，"牡丹之爱"读出讽刺意。

朗读是变无声文字为有声语言的阅读方式，它有助于理解文章的意义和写法，使作品蕴含的思想感情显露出来，从而使学生受到艺术力量的教育和感染。在这节课中，余老师细致地指导学生朗读，不仅有效地突破了学生学习的重点难点，而且调动学生多种感官协同活动，诱发学生的直观兴趣，并逐步形成潜在兴趣，更培养了学生学习语文的自觉性、主动性。

三　后期——做好反思总结

在课堂教学结束后，及时反思总结是检查教学得失的收尾工程。如果在课堂教学中，学生关于重点难点部分的学习还没有达到理想的状态，教师就要利用适宜的方式查漏补缺，同时做好教学反思，为未来教学工作的有序开展提供参考。

总而言之，突破重点难点的方法，不管是采用抓住关键词和句子突破，还是提供与课文相关的材料突破，抑或是抓住矛盾点突破，都应结合文本合理选取。教学是一门艺术，教师要善于选取巧妙的方法，既要让学生易于接受，减轻学生负担，又要搭建合理的台阶减小落差的距离，这种探索将永无止境。

陕西省西安市昆仑中学　周　薇

―――――――――

[1] 余映潮：《这样教语文——余映潮创新教学设计40篇》，教育科学出版社2012年版，第140—141页。

第 26 讲　文本矛盾的发现

　　阅读教学作为中学语文教学的重要组成部分，其主要任务是引导学生学习祖国语言文字的运用，引导学生在文本中学习阅读，培养其自主阅读能力，使其养成良好阅读习惯。教师不仅要引领学生阅读文本、理解其价值，更要引导学生在自主阅读中掌握方法，在阅读实践中同文本进行零距离的对话，实现自我发展。

　　学生如何实现深度阅读？文本矛盾解析法就是有效抓手之一。文本矛盾解析法是以学生的语言运用为基点，利用文本中语义、情理、写法等方面存在的反常反差现象进行文本解读的方法。教师在教学中引导学生利用矛盾解析法对文本进行自主解读，挖掘文本资源内涵，掌握语言组合规则，提升语言感受力，获得人生启迪。如何让学生发现文本中的矛盾，展开自主发现式阅读？我们可从四个方面入手指导。

一　在语义对比中发现矛盾

　　语言是作者思想感情的载体，文字是打开作者内心世界的密码。对于文本而言，决定言语内容的往往是言语形式的关键矛盾点，这些矛盾点也是作者的匠心所在。抓住言语形式的矛盾点，迅速深入文本，可取得"牵一发而动全身"的效果。文本中的矛盾是封闭在语言文字之下的，初读时往往无迹可寻。但对立统一是矛盾的基本属性，要分析矛盾，首先就要学会去寻找文本中的对立双方。在对比中抓住矛盾点，还原语义的原本含义，将之与文本中的语义加以对比，揭示出差异矛盾。学生还可以运用联想、想象的方法，还原作品内容原本的形象，让它和文本中的形象形成对比，从而揭示矛盾，深刻理解语义中作者隐含的内容。著名特级教师黄厚江执教《孔乙己》一课时有这样一个片段：

> 师：同学们这都是在读小说中想象，在想象中重新创作。这样可以加深对人物的理解，对培养文学素养很有好处。读小说就要这样。文中可以补写的地方确实有很多，我们当然不能一一补写。下面我们全班同学一起想象，集体补写一处。大家还记得小说最后一句话吗？
>
> 生（齐）："大约孔乙己的确死了。"
>
> 师：这句话中"大约"与"的确"是不是矛盾？
>
> 生：不矛盾。"大约"说明这里没有人亲眼见到，只是推测他死了；但从他最后出场的情况和他很久没露面可以确定他肯定死了，所以说"的确"。
>
> 师：这位同学对课文的把握很全面、很准确。鲁迅先生根据那个社会环境，断定孔乙己是必死无疑的，但又没有人能亲眼看到，所以这么说。——现在，假如我们看到了孔乙己的死，觉得会是一个什么情景？请大家写一段话描述一下你想象的情景。还有一个苛刻的要求，必须写孔乙己的手。[①]

《孔乙己》最后一句"我到现在终于没有见——大约孔乙己的确死了"中，"大约"表示估计，"的确"表示完全确实，这组词语存在语义矛盾的现象。在黄厚江老师执教的片段中，他着重引导学生抓住这组看似矛盾的词

---

① 张绪凤：《名师语文教学研究》，陕西人民教育出版社2018年版，第214页。

语，借探究文本内涵的一个"缝隙"，去理解文本并不矛盾的内核。学生在词语对比中发现，"的确"揭示孔乙己必死无疑的结局，"大约"则表明无人关心其死活的麻木冷漠。接着，黄厚江老师再结合作品背景及主要情景进一步阐释内涵，一组词的语义对比让学生理解了语义表面的矛盾对立其实是特殊语境下的内在统一，进而使学生体悟文字背后的深意，并为后面的想象续写做情感的铺垫。此处，文本矛盾的发现可谓起到了一石二鸟的作用。

二 在情节反差处发现矛盾

　　发现矛盾，要善于抓住艺术真实与生活真实的反差处，在情节的反差处咬文嚼字，去揣摩想象语言背后的隐含内容。文本中有些情节看起来有矛盾反差的地方，常常是作家构思的匠心所在。强烈的反差，是作者有意为之，用以激发读者强烈的阅读期待；作者以匠心独运的意外结局，在情节逆转之中，创造多层面多角度的细节呈现，凸显文本中蕴含的深刻哲理，对读者产生强烈的冲击和感染。情节反差处，能有效撬动学生的思考与关注，延伸学生的认知空间，拓宽学生思维的深度与广度。于情节反差之处的探寻，真正起到开发学生智力、激活学生思维的目的，让学生的学习以文本为依托，同时又能突破文本的局限，实现阅读的意义。例如《春酒》第八自然段有这样一句话："大约摸差不多就是了，我也没有一定分量的。"这是邻居在向母亲讨教做春酒的分量时母亲的回答。但在作者的笔下，母亲做任何事其实"都有个尺度在心中的"。而且，作者还引用了母亲通常所说的话"鞋差分，衣差寸，分分寸寸要留神"来作为佐证。作者这样的叙述言语，和母亲口头上的"大约摸""差不多""没有一定分量"形成了一个看似矛盾的反差。第八自然段看似前后矛盾的描写，其实是作者用了曲笔，很委婉地再现母亲性格的另一面，即她与人交往中谦恭、低调、温和的性格特点。[1]学生抓住这样的反差探究矛盾，就能理解在作者的委婉叙述中，母亲这个农村妇女的形象如何变得更加立体化、更加丰满感人。

---

[1] 曹公奇等：《阅读教学教什么》，北京燕山出版社2018年版，第65—66页。

笔者执教《老王》一课时有这样一个片段：

师：人力车夫老王与文学大师杨绛的交往，在"十年动乱"的荒唐年代，让我们感受到生活的凄苦与艰辛，也体会到人性的真诚与善良。请用文中的一句话概括杨绛对于老王的复杂情感。

生（齐）："我渐渐明白：那是一个幸运的人对一个不幸者的愧怍。"

师：这是全文的主旨句。理解关键句，注意要善于找出关键词。首先，让我们一起把这句话朗读一遍，标出句子中的关键词。

生："幸运的人""不幸者""愧怍"。

师：让我们一起把这句话再朗读一遍，注意读出情感。

（学生齐读，语调深沉，语速缓慢）

师：作者称自己为"幸运的人"，但此时的她和家人真的幸运吗？请结合课文细节和课下注释谈谈你的看法。

（学生讨论交流）

生：不幸运。从老王"哑着嗓子悄悄问我：'你还有钱吗？'"这句可以看出。

师：老王是人力车夫，杨绛是知识分子，杨绛却要被老王同情帮助着。在这一特定年代，杨绛一家的落魄窘境从穷人老王的担忧中可见一斑。

…………

师：那杨绛先生为什么说自己幸运呢？

生：那是因为，杨绛先生还有亲人，有亲人的陪伴，再大的苦也就不苦了。而老王，却什么亲人也没有，是杨绛一家给了他难得的温暖。

生：杨绛是幸运的，并不是拿金钱地位和老王相比，而是在苦难的时候有老王这样的人用热心热情在温暖着"我们"，特别是那样的年月。[1]

---

[1] 顾之川主编：《名师语文课》（初中卷），山东教育出版社2019年版，第489—490页。

文本矛盾解析法并非是要标新立异，而是为了让学生利用课下注释，联系时代背景，实现跨越阅读。在这个教学片段中，学生运用文本矛盾解析法，抓住情节的矛盾，在"幸运"还是"不幸"的反差表述中品味文本平淡而富有表现力的语言，体味老王和杨绛善良品格中的人性光芒，掌握阅读散文的基本方法。学生在情节的反差中发现矛盾，在对矛盾的梳理中追本溯源，不断从自己感受最深的语句入手，结合背景资料和主人公人生经历解读，并在解读中融入自己的阅读经验及情感体验。在对情节反差的反复辨析中，学生初步掌握了辩证的阅读策略，由浅入深触及文本主旨，逼近文本内核，实现文本解读的最终目标。这样的阅读实践才能点燃学生的阅读热情，激发学生在阅读过程中不断产生问题，真正实现有质量的阅读。

三 在情感纠结处发现矛盾

无论是作者，还是作者笔下的人物，都是复杂的矛盾共同体。这种矛盾会体现在情感的反复纠结、波动起伏中。而作者笔下的情感矛盾则可以突出人物的形象、品格，从而塑造典型的人物。学生在开展阅读实践时，可抓住情感主线，关注情感纠结，梳理情感矛盾，分析文本中造成情感波动的因果关系，在情感纠结中追寻那个能把握到文本之魂的通道。学生反复探寻，细细品味，在无疑处生疑，在生疑处解疑，阅读往往可拨云见日，发现文本之外别有洞天。学生直面文本，分析作品语言，找出文本内部的矛盾，以及文本跟我们经验之间的矛盾，进而追根溯源，分析这些矛盾，完成对文本的解读。

我们看邱俊老师执教《鸟》一课的教学片段：

师：同学们，读着读着，听着听着，我们会发现在情感方面有什么问题？

生（齐）：有些矛盾。

师：什么矛盾？

生：作者对鸟是开门见山的爱，为什么后面又有些"悲苦""伤感"？

师：是啊！开头一个"爱"字起笔，结尾却落脚在"不忍看"三个字上，这两种矛盾的感情出现在一篇文章里是否不太协调？

（生思考）

师：一串句子，足以铺垫了朗读感情，可是这种感情里到底隐藏着些什么呢？我们得去隐情处探寻。①

这个教学片段中，教者以情感为主线，抓住"爱鸟"与"不忍看"这个矛盾点，设计本节课的主问题："作者的感情似乎有些矛盾，开头说爱鸟，结尾说不忍看，'我'到底爱什么样的鸟？又不忍看什么样的鸟？"激发学生新奇的探索欲望，帮助学生着眼于散文感情脉络的探寻，引导学生由表层的粗浅感知逐渐深入内在情感的触摸把握。学生在老师的带领下，不断寻找、理解、阐释、对话，将阅读化难为易，进而理解文章内核，获得人生的意义。因此，抓住情感主线，于情感纠结处梳理情感矛盾，逼近文本内核，也是简洁有效、便于操作的阅读方法。

四　在逻辑反常处发现矛盾

发现文本矛盾也要关注文本中不符合逻辑、不符合常理的地方。就文本而言，我们不能沉醉在叙述的妙境里，而要在文本隐秘的地方发现它暗含的内核。学生在逻辑反常处发现矛盾，发掘文本演变的内在逻辑的过程，就是分析语篇句间的逻辑结构、培养逻辑思维能力的过程，是用逻辑性强的结构和多角度的情感加深对文章的理解。学生在阅读中，以反常矛盾之处作为基点，培养逻辑思维能力，加深对文章的理解，就能找到语文学习的突破口。

我们看特级教师王君执教《背影》一课的教学片段：

师：这是共性。请同学们看末段父亲给我的信，细读，琢磨这封信有什么不同寻常。

---

① 邱俊：《我和我的语文》，陕西人民出版社2020年版，第185页。

（生朗读、默读）

生：这封信到处都是矛盾的。开头说"身体平安"，最后又说"大去之期不远矣"。

师：是啊。还不止一处矛盾，矛盾的地方多着呢！

生：举箸提笔不便是因为膀子疼痛，这和死亡好像不沾边啊！

生：我感觉父亲很想念儿子，但似乎又不太想让儿子看出来。

师：你的语言感觉很敏锐。你从哪里感受到这点的呢？

生：父亲说话自相矛盾，有点儿遮遮掩掩的。想强调自己身体不好又不想让儿子着急，想见儿子又不好明说，就是那种味道。

师：有同感啊！我一直在想，父亲既然都说出自己"大去之期不远"的严重话了，为什么最后不用感叹号而要用句号呢？

生：他故作轻松，掩饰自己的想念。

师：同意！其实父亲的"大去"是在近二十年之后了。他如此写，显然是因为内心情感的复杂。孩子们请看——

（屏显《背影》背后的故事，父亲和朱自清的情感纠葛……生看完，均感慨）[1]

由最后一段父亲信中说的"身体平安""唯膀子疼痛厉害"和"大去之期不远"，我们看到了一个父亲向孩子示弱的矛盾的心理变化过程，正是这种矛盾触动了作者的愧疚之情。学生以此矛盾作为切入点进行阅读学习，从典型环境、场景情节、心理活动中不断发现矛盾反常之处，揣摩其中蕴藏的父子深情，加深对人物形象的理解，从而引起情感上的共鸣。学生在"矛盾解读法"的帮助下，朗读、体会、感受，调动已有的生活经验，让语言文字变得更丰满真实，文本转化的魅力就在课堂上呈现出来。

总而言之，发现文本的矛盾，并且对矛盾进行解剖，最终使得矛盾冲突和谐统一，这就是学生解读文本时发掘矛盾的价值。在阅读过程中，学生抱

---

[1] 王君：《听王君讲语文教师成长》，人民出版社2014年版，第8页。

有不倦探索的好奇心，发现矛盾、聚焦矛盾、探究矛盾、理解矛盾，在矛盾主线的牵引下，感知语言、梳理结构、理解主题、发现规律及文本奥秘。文本矛盾的发现及解析为学生营造出一个积极主动、充满趣味和思辨色彩的境界。文本矛盾的发现及解析，激励学生在山重水复的矛盾探索中，体味柳暗花明的精妙，收获豁然开朗的桃源美景。

陕西省铜川市第五中学　闫　妍

第 27 讲　语用主体的落实

　　语用就是语言文字的运用。《高中语文课程标准》指出："语文课程是一门学习祖国语言文字运用的综合性、实践性课程。"可见，学习语言文字的运用就是语文课程的核心，是语文教学的主体。语文核心素养四个方面中的"思维发展和提升""审美鉴赏和创造""文化理解和传承"，都要以"语言建构与运用"为基础，必须通过"语言建构与运用"来体现和落实。

　　教师在课堂上要落实语用主体，首先要让学生读懂文本；读懂文本首先要读懂语言文字，因为"文字就是思想"。语言能力的建构与运用需要引导学生在听、说、读、写、评中去学，在说、读、写、评中去用。因而语文课堂教学语用主体的落实，需要在语用视野下关注教学内容，聚焦言语形式；需要把握交际语境，关联写作意图；需要关注生命意义，抵达文本内蕴。

一　关注教学内容，聚焦言语形式

　　在教学中，如何结合课文精心选择阅读训练点，让学生去发现去体会文本的魅力？叶圣陶先生1961年指出："在讲解的时候，一定要靠讲明语言的运用和作者的思路——思维的发展来讲内容。要知道作者为什么要这么说而不那么说，为什么用这一个词而不用那一个词，为什么用这种口气而不用那种口气，所有这些都跟文章表达的内容密切相关。不能把两者分开来讲，这一堂讲思想内容，另一堂专门讲语言；只有把两者结合起来，这堂课才算成功。"①由此，我们可以明确思想、情感和语言为共生关系，不存在先后；语文教学的根本内容是言语形式，每一篇文章在构思艺术、谋篇布局、语言表达、写作手法上都有亮点值得我们去品味、欣赏。

以说明文《中国石拱桥》为例，一位教师设计如下：读课文找中国石拱桥的特点，再读课文找赵州桥、卢沟桥的特点，在把握说明对象和特征的基础上全文寻找说明方法及作用，然后读课文感受茅以升在中国桥梁史上的贡献。这位老师着眼于浅层次的内容理解，而宁鸿彬老师在执教《中国石拱桥》时，引导学生从言语形式入手理解文本内容，牢牢抓住文本本身思考，感受说明文中举例的典型性和代表性。歌德说："内容人人看得见，涵义只有有心人得之，而形式对于大多数人是一个秘密。"言语形式的改变会带来言语内容的改变。教师引导学生把言语形式和言语内容统一起来，通过言语形式抵达内容理解和文本意蕴，万万不能因为追求课堂教学的设计感，而忘了"学习语言文字运用"这个根本和主体。

我们以郑桂华老师的《散步》教学片段为例：

师：如果需要向别人强调散步的人员会怎么说？

生：我们全家一起散步。

生：我和妈妈，妻子，儿子一起去散步。

师：作者怎么写？

生：我，我的母亲，我的妻子和儿子。

师：这样写，与前面两种相比较，读起来有什么不同的感觉？

生：很庄重，很严肃。

师：对，把一件生活小事当作很重大的事来写。如果用一个词来形

---

① 叶至善、叶至美、叶至诚编：《叶圣陶集》（第13卷），江苏教育出版社1992年版，第195—196页。

客的话就是：举轻若重。[①]

同一内容有不同的言语表达形式，不同的表达强调不同的意义。郑桂华教授关注文中的人称和语序，把小事写得庄重凸显作者以小见大的构思特点。语文教师必须引导学生把内容和形式结合在一起，从关注"说什么"到"怎么说""为什么这样说"，落实"着眼于言语形式"的学科特征。言语形式的教学资源可以是语音、文字、词汇（尤其是虚词）、话语的结构（尤其关注词序）、作品内的逻辑联系，从这些方面引领学生关注作者要突出强调的话语形式：既可以是材料的选择、主次详略的安排，也可以是材料顺序的先后、艺术手法的运用；既可以是标题的设置、呼应衔接处的琢磨，也可以是词语、句式的选择和修辞、标点的妙用。这样一来，既关注文本的形象性，也关注层次段落语句之间内在联系的逻辑性。语言材料不是简单的形式组合，而是意味隽永的灵魂表达。善文者必有其独到之处，探究特色便能把握个性，在把握文体文本特质的基础上聚焦言语形式，确定教学目标进而把握教什么。

二　把握交际语境，关联写作意图

温儒敏教授说："语文课就是学习语言文字运用的课，同时把文化修养呀，精神熏陶呀，很自然地带进来。"[②]教师仅仅有了关注言语形式的意识是远远不够的，很多课堂中教师远离文本的特质与写作意图，抽离思想情感因子做散点随意式的言语品读，只注重形式而读不出文本蕴含的意味，如此怎么经由言语形式抵达文本内涵呢？语用视野下的语文教学给我们提供了破解的路径：关注语境，把握关联原则。"写法即教法"，传统教学观认为从理解可以直接抵达运用层面，其实中间还缺少了很重要的一个环节——体会。语用视野下的语文教学关注还原语境，关联作者的写作意图，勾连文本

---

① 王德俊主编：《新课程教学设计·初中语文》，首都师范大学出版社2004年版，第77页。
② 《温儒敏语文讲习录》，浙江人民出版社2019年版，第161页。

及由话语以外因素影响而形成的语用意义，引导学生在朗读中体会，在比较中领悟，在联想想象中推理进而准确把握写作意图。

以贾龙弟老师设计的《黄河颂》教学片段为例：

　　教学环节：品读诗歌，由内而外，深悟意图。作者用了这个词（或这样的句子或这个比喻），而不用那个词（或那样的句子或那个比喻）是因为……从而更好表现了作者的写作意图。（1）句子整体表达。（2）词语的刻意选择。（3）体会修辞中的意图：比喻的形象性和想象性，反复修辞的使用。（4）体会使用第二人称"你"的意图。（5）为什么选择诗歌这种体式来表达意图。

　　教学环节：换位演读，演绎意图。先由男同学扮演中华儿女，由女同学扮演黄河母亲，设身处地想象自己在当时情境之下向黄河母亲唱出颂歌；然后请交际双方谈各自的感受，一个是演读者谈歌颂的感受，一个是听读者谈听别人歌颂的感受，通过两者的交流，从交际双方的角度，更深入地理解交际意图。

　　课堂总结：写作也是一样，写作是什么？说得简单一点，就是作者用语言文字同读者进行交流的一种方式。和我们平时的说话交际有些类似，会注意在什么情境之下说，对谁说，为什么说，怎么说，也就是要注意交际的环境。写一篇文章是这样，我们读懂一篇文章是不是也可以从这些方面切入来读呢？这堂课，我们学到的就是这样一种读文章的方法。读文章就得读懂作者写作意图。要读懂作者的写作意图，是不是需要我们读者回到当时的交际环境中，设身处地从作者、读者、写作背景、写作内容和形式等方面入手呢？[①]

贾老师抓住本诗直白抒情、风格豪放的文本特质，让学生在反复的朗读中潜移默化地接受语言文字的熏染。贾老师运用多种教学方法，以学习语言

[①] 贾龙弟：《语文教学本体论》，浙江大学出版社2017年版，第204—210页。

文字运用为主体，激发学生走进文本：用填空品读法关注诗歌言语形式，深化理解写作意图，同时在增、删、调、换的比较中，欣赏诗歌语言的精妙之处；创设语境，勾连学生的生活体验，在想象中演读，激发学生与文本的共鸣，内化语言文字的运用能力。

任何语用都不能把语言从语境中剥离出来，只有在语境中完成解读，生成一个新的语境，拓宽那个语境，对语境理解才会更加丰富，更为深刻。贾老师最可贵之处在于没有做支离破碎的静态品读，而是在对语篇语境的分析中，牢牢把握言语形式和写作意图的关系，教会学生从字里行间领会黄河对中华儿女的激励。有境、有情、有对话、有朗读、有咀嚼、有揣摩体味，读懂写作意图，整堂课就回到交际主体（作者）、交际对象（读者）、交际目的和交际话题等构成的一个场域下，把语篇的内容和形式结合在一起，关注交际的时空因素、人与人的关系，交流的目的，在"互联"中感受情境相生，在动态语境中打通内容"点"与"点"之间的阻隔，沿着语脉走向语旨。

三 关注生命意义，抵达文本内蕴

"语言是存在的家"，教学应从语言出发，在语言中抵达。刘勰在《文心雕龙》中说："夫缀文者情动而辞发，观文者披文以入情，沿波讨源，虽幽必显。"阅读教学是输入，关注的是"入情"之前的"披文"；写作教学是输出，关注的是"情动"之后的"辞发"。"辞发""披文"就是对语言形式的关注。学生将从文本阅读中感受到的言语现象，转化为言语实践，提高语用能力，是语文教学的旨归。

以肖培东老师的《紫藤萝瀑布》教学片段为例：

师：一起来读读这四个字。思考一下：紫藤萝说出的这四个字，你在读的时候会把重音落在哪个字上？

（生思考、朗读）

生：我想放在"我"字上面。

师：为什么？

生：这些花正在开放，在生长，"我"很骄傲，所以放在"我"字上面。

师：对的，重读"我"，那是对个体生命的一种认可和尊重。"我"的形态也许是渺小的，但是，"我"依然很重要！一起来读一遍，重读"我"。预备起——

（生读）

师：其他同学的重音处理有没有不同？你来读。

生：侧重"开"。

师："开"字，为什么？

生：因为这个字是紫藤萝生命力绽放的一个点，要努力去绽放。

师：对，也就是说，它们要趁这个时间去做最有生命意义的一件事情。"开"，动词；实践了，努力了，你就成为一朵花。你读读看。

（生读）

生：老师，我想重读"花"字。因为它们现在正在开美丽的花，很自豪。

师：花代表理想中的美好的境界，代表生命必须抵达的一个理想目标。因此，"花"还能重读。

生：老师，"我在开花"，"在"，就是现在！重读！

师：对，"我在开花"，时不我待，要抓住这个时机。无论是寒风凄雨，还是阳光灿烂，这些都不足以成为"我不开花"的理由。所以，同学们，这句话其实每个字都值得重读。读懂了这句话，其实就读懂了紫藤萝和"我"为什么在人生的厄运面前能够绽放得如此灿烂的全部缘由。热爱生命，把握现在，勇于实践，心有美好，如此，生命之河永无止境。我们一起再来读一遍。预备起——

（生有感情地读）

师：回去以后，我们也好好思考，我们该如何开花。①

"教学中引导学生把握说话、诵读的重音、停顿，理解词序、词法、句法，领悟修辞、文学形象的佳妙，均有助于训练对语言的敏感。"②肖培东老师用重音朗读法，注重学生个性化的文本解读，巧妙地在品味语言中抵达文本内蕴。"我在开花"，学生在设身处地的感受中，用重音读出了自己悟出的生命价值，思考的激烈碰撞激发出语言思想的魅力。"语用性语文教学，可以有三个层次：生活的、生命的、哲学的。"③教师应指导学生密切联系生活，切己体察语言文字里的生命意识、人格意义，让学生在语言实践中逐步具备高尚的情操、多元的思想、思维的能力和鲜明的个性。

综上所述，依据语言表达规律和学生语言习得规律，构建基于语用视野的语文教学体系，让教学内容从言语内容走向言语形式，语言训练从识记走向体验，文本鉴赏从静态走向动态，有机融合听、说、读、写、评的学习活动，让学生的言语思维在运用中得到发展，亦指向思维、审美、文化，形成语文核心素养。语用主体的落实，在"活"和"动"中值得我们继续探索。

江苏省苏州中学附属苏州湾学校　杨越斌

---

① 肖培东：《我要开花！我在开花！——〈紫藤萝瀑布〉教学思考》，载《语文建设》2019年第21期。

② 徐林祥主编：《百年语文教育经典名著》（十五卷），上海教育出版社2016年版，第73页。

③ 赵长河：《语用化语文教学》，长江文艺出版社2020年版，第12页。

第 28 讲　内容综合的体现

　　语文课堂教学中内容的综合体现，不是指《义务教育语文课程标准（2011年版）》"课程目标与内容"中的"综合性学习"，而是指语文课堂中的综合学习、综合训练、综合实践。语文课堂教学的内容很广，是综合性的过程。语文课堂教学应注重听、说、读、写能力之间的有机联系，加强教学内容的整合，统筹安排教学活动，以促进学生语文学科核心素养的形成和提升。

　　语文课堂教学，要把握语文课程的综合性、实践性，关注阅读和写作、口语交际、综合性学习等教学内容的联系，关注语文学科与其他学科的联系，关注语文学习与生活的联系。语文教学的目的，是使学生的语文核心素养得到发展和提升，把语文学习能力运用到学生的生活实践中去，使学生能更好地适应社会的发展。

一　语文课堂教学中对语文教材的综合使用

　　语文教材的综合使用，是基于学情和教师对教材的研读。尊重学情，从教学实际出发，可以将不同学段、不同年级或同一本教材不同单元的内容，进行科学合理的整合。这样的课堂教学内容就富有逻辑性，有利于学生思维能力的培养，从而达成教学目标，优化教学效果。

比如王君老师执教的《蒲柳人家》课例片段：

> 师：分析得很深刻，语言表达也很精彩，同学们很了不起啊！
>
> 生：穿着长衫的孔乙己人格丧失了，人性也几乎扭曲了。他根本就不知道一个人到底应该怎样生活，导致这个善良的人活得连狗都不如。
>
> 师：那何大学问呢？
>
> 生：何大学问除了穿着长衫让人觉得好笑外，更多的是让人觉得敬佩。他会摆弄牲口，打一手好鞭花，功夫好，讲义气，干活也卖力气。他是一个自食其力的人，和孔乙己完全不一样。
>
> 师：那怎么看待它穿长衫这个细节呢？
>
> 生：这说明他也挺虚荣的，这是和孔乙己一样的地方。
>
> 生：他是有些虚荣的，比如说"他要的就是刘皇叔那样的礼贤下士""喜欢戴高帽，讲排场，摆阔气"等等。但是我觉得这和孔乙己的虚荣完全不一样。
>
> 师：虚荣还有不一样的虚荣吗？这是一个很好的比较思路。
>
> 生：孔乙己打死也不想脱下长衫，因为他过于看重自己读书人的身份，这是真虚荣。而何大学问穿长衫，却并没有就不去赶马车了，或以为自己是书香门第了，他照样老老实实地做人谋生，活得很实在。[①]

王老师将《孔乙己》中的人物孔乙己与《蒲柳人家》中的主要人物何满子进行比较分析，使这两个人物特点明晰，形象丰满，这就是对教学内容的一种综合。语文教材中可以综合的文本资源很多，如：对杜甫的诗歌《望岳》《春望》《茅屋为秋风所破歌》进行比读，可以深入理解"诗圣"杜甫胸怀天下的济世情怀；把刘湛秋《雨的四季》和汪曾祺的《昆明的雨》进行

---

① 刘远主编：《语文名师经典课堂》（九年级），山西教育出版社2016年版，第237页。

比读，能感知不同语言文字的风格；将苏轼的《记承天寺夜游》和柳宗元的《小石潭记》进行比较分析，可以深入理解作家的"释然境界"和无法排遣的一种"黯然神伤"。语文学科自身资源的综合，能更好地处理和挖掘教材文本，对语文教材的使用也更趋于逻辑性、实效性。

二　语文课堂教学中学科素养的综合性

听、说、读、写的语文能力是需要在语文训练中提高的。钱梦龙老师认为："在构成语文要素的诸要素中，语文能力是决定因素，因为一个人只有具备了相当的语文能力，能读会写，善于吸收和表达，才有可能全面提高自己的语文素养。"[①]好的语文课堂，是听、说、读、写能力综合提高的一个状态。

比如田玲老师的《邓稼先》课例片段：

师：走进名人就是走进不朽的乐章；走进名人就是走进纯洁的心灵；走进名人就是走进崇高的理想。请同学们精读这些评价，尝试用多种形式评价邓稼先的崇高品格。

（屏显）

方法指导：精读法，就是对文本中的经典语段进行多角度的精细品味。就文本而言，就是提炼人物灵魂精髓，聚焦人物身上的亮点，评出人物的特点。

品评形式：（1）深情朗读文中赞美语句段；（2）提炼词语评价；（3）写对联；（4）拟颁奖词……

生：我拟写了一副对联，上联是"两弹蘑菇云升腾举国欢庆"，下联是"稼先核武器成功世界瞩目"，横批是"两弹元勋"。

生：他的对联很霸气，不过我的颁奖词也不赖："戈壁滩风沙呼啸，你置生死于度外；'文革'斗争复杂，你忠厚平实无私创造奇迹；

---

① 教育部师范教育司组编：《钱梦龙与导读艺术》，北京师范大学出版社2005年版，第34页。

美国谣言见诸报端，你澄清谣言自强不息。你是中华民族核武器事业的开拓者，两弹元勋，邓稼先您当之无愧！"

师：立足人物，各有千秋。

生：我精读了第一、二部分，拟写了一副对联："两弹雪洗百年耻，一星放飞千秋梦"，横批是"民族英雄"。

生：我精读了第二部分，也写了副对联："呕心沥血造两弹，鞠躬尽瘁报国家"，横批是"国之栋梁"。

师：我们需要这样的民族英雄和国之栋梁。你们的理解和工整的对联，让老师看到了国家的希望！

生：我精读的第三部分，写了首小诗："奥本稼先本不同，拔尖人物两极端。锋芒毕露美国喜，忠厚平实中华爱！"题目是"截然不同"。

师：通俗易懂的小诗，虽然不讲韵律，但抓住了对比，很不错哦！同学喜，老师爱！（生笑）[①]

在这一教学片段中，田玲老师引导学生"以读促写""以写促读"，既是对学生思维能力的培养，又是对学生文本精读能力、信息筛选能力、信息概括能力的提升，更是对学生写作能力的训练提高。在理解文本思路后，教师引导学生对邓稼先无私无畏、献身科学、献身祖国的崇高精神进行了深入的认识和评价。通过对联、颁奖词、小诗等"微写作"训练，帮助学生在读的基础上，寻找写作的切入点，完成"微写作"，提升语言表达能力。通过这一教学设计，学生的阅读能力、写作能力、口语表达能力，都会得到综合的发展与提升。深入思考，合理表达，就加深了学生对邓稼先的崇高形象和人格魅力的认识，使人物形象更丰满，人物精神的品质更感动人，很好地实现了学生语言表达及思维能力的自主建构和思想价值观的形成。

这样的语文课的整合训练是有目的、有价值的。如果我们只注重口头表

---

① 田玲：《灵动语文公开课》，北京燕山出版社2020年版，第131—132页。

达，只在激昂的语调中朗读，学生对邓稼先形象的认识就很模糊。这节课注重的是学生语文能力的综合培养，学生通过"读写结合"的训练，很好地达到了预期的教学效果。

三　语文教学中跨学科的资源综合

"跨学科教学指的是在教学过程中以某一学科为中心，打破学科界限，融合各学科知识，有目的有计划地进行教学设计，组织教学活动，编制综合知识和能力网络。它通过整合多学科知识开展多元智能教学活动，将各学科有机组织起来，构建跨学科知识网络。"①

朱绍禹先生认为："语文教学应该超越教材，超越学科，建立大语文观念，实现语文课程与其他学科的'超级链接'。"②石春华老师在《浅谈语文跨学科教学》中明确提出："跨学科教学是全面提高语文素养、学习效率和实践能力的需要。"③比如，语文课堂教学实践与信息技术学科的综合，语文和思想政治学科的综合，语文和历史、音乐、美术等学科的综合等。特别是语文、美术、音乐三个学科的核心素养，都有对审美素养的要求。语文教材中有很多篇目，可以找到与之意境相同的音乐和美术作品。如《陋室铭》可用古筝曲配乐朗读，《卖炭翁》可用二胡曲《二泉映月》作背景音，从而更好地体会文中的悲伤与苍凉，《湖心亭看雪》可用中国水墨画的形象、意境来帮助学生体味文本的主旨。当然在综合运用多种学科资源时，一定要注意不可喧宾夺主，要恰到好处地围绕语文学科的本质进行整合，更好地起到达成语文教学目标的作用。要把握好使用的契机，以帮助学生形成对文本的认识理解，从而丰富语文学习的内容，增强学生学习语文的兴趣，促成学生对文本的主题和情感的深入理解。

如陈东升老师执教的《变色龙》课例片段：

---

① 赵斐、陈为铎：《新课程下跨学科教学的意义和途径探讨——以生物和地理学科为例》，载《学周刊》2013年第34期。

② 朱绍禹主编：《中学语文课程与教学论》，高等教育出版社2005年版，第52页。

③ 石春华：《浅谈语文跨学科教学》，载《安徽教育》2003年第8期。

师：插图，也是一种重要的学习资源。请同学们认真读读本文的插图，看能否读懂它"特殊的艺术语言"。

（学生认真看图并思考）

生：插图显示了故事发生的地点，在广场上。人物：警官奥楚蔑洛夫、巡警叶尔德林、首饰匠赫留金。

生：插图不厌其烦地描绘了奥楚蔑洛夫种种神态动作，显示了奥楚蔑洛夫是主要人物。

生：我觉得画上奥楚蔑洛夫的神态动作，既表现出了变色龙的形象，还能与小说情节对应起来。

师：能否概述一下是怎样对应的？

生：奥楚蔑洛夫，背着双手，手提小包，一幅趾高气扬、目中无人的架势，身后的巡警端着盛满醋栗的筛子，这应该是故事的开端，奥楚蔑洛夫出场的情景。

生：奥楚蔑洛夫，手捋胡须若有所思对应的情节是："嗯！不错……"奥楚蔑洛夫严厉地说，咳了一声，拧起眉头……

生：不对，这个奥楚蔑洛夫眼神恍惚，暴露出内心的惶恐，很明显是听说这好像是席加洛夫将军家的狗时感觉说错了话，手遮嘴巴思索，借脱大衣变色的情形。

生：也可能听巡警说"不过也说不定这就是将军家的狗"时，思索借大衣掩饰自己的情形。

师：一幅画，它的背后往往隐含着多种意象，这正是它作为高度浓缩的"艺术语言"的绝妙体现。同学们，还能看出什么？[1]

在语文教材中，很多篇目都有美术插图。插图是易被忽略的语文教学内容。陈老师紧紧抓住了插图，对奥楚蔑洛夫"善变"的形象，进行了从感性到理性、从表面到本质的分析，对图画背后的意蕴进行了层层深入的挖掘，

---

[1] 肖培东主编：《语文教育艺术镜头》（初中卷），上海教育出版社2019年版，第75页。

加深了学生对小说主人公形象的感知和理解——一个媚上欺下、见风使舵、寡廉鲜耻、可笑更可悲的形象，有利于学生准确把握小说批判和揭露沙俄统治的黑暗现实的主旨。

语文课堂教学中对学生进行朗读训练时，教师可以借助几段背景音乐，让学生自己去选择背景音乐的风格，并说出选择该背景音乐的理由。这就是在语文教学中综合了音乐元素，进一步让学生体会文本的情感色彩。语文教学中的跨学科整合，需要教师在具体教学实践中对教学资源进行有效的开发和运用，使学生能够在更广阔的空间里，学语文，用语文，提高语文核心素养。

语文教学本身就是一门综合性的艺术。要使学生在语文学习中感受到语文的语言文字之美、行文构思之美、思想意蕴之美，使学生对语文产生浓厚的兴趣，就要建立综合性的语文课堂。今天我们面对的文化是多元的、开放的，教师就要自己建立并帮助学生建立起综合性的认知体系，同时教师要对教材、对语文学科内教学资源、对跨学科教学资源进行综合性挖掘整合，教学设计、课堂实操也要关注到学生语文学习能力的综合提高。只有这样，学生的语文核心素养才能得到全面提升，语文学科的育人价值才能得以体现。

山西省太原市第二外国语学校　段　煜

第 29 讲　教学评价与矫正

　　语文课堂教学评价是语文课堂上不可或缺的"风景线"，它是指语文课堂上教师对学生的学习活动，包括学习行为、情感态度、价值观等方面进行的口头语言及体态语言的评价。[①]教学评价是尊重学生主体地位、促进学生发展的重要环节，也是充分发挥教师主导作用、促进学生主动学习的有效手段，其背后往往映射着一个老师的专业素养和教学理念。

　　日常的课堂中，教学评价贯穿始终。教师评价水平的高低，直接关系到课堂气氛的优劣和教学目标能否达成，也会对学生的发展产生重要的影响。但是很多教师在平时的课堂评价中，往往只是习惯性地采取单一的口头评价，无论学生回答什么内容，教师总是评价"说得真好""你真棒""好，很对"等。这样简单机械的评价欠缺灵动和智慧，很难让学生从教师的评价信息中分清是非，分出高下，明确方向，领悟方法，更容易让学生养成浅尝辄止的学习习惯和自我满足的学习态度。

　　产生这样问题的原因是多方面的。首先，在传统的语文课堂教学中，教师的关注点只在于学生是否熟练掌握了知识，而忽略了对学习方法、学习品

---

① 参见朱晓华：《语文课堂评价的误区与矫正》，载《教学研究》2009年第1期。

质、情感态度和价值观的评价；其次，在新课改推进的路上，很多老师"非左即右"，进入了滥用激励和表扬的评价误区；再次，一些老师自身专业素养不足，要想做到真正的以评促学、以评促教，还有许多困难。那些闪耀着智慧光芒、令人赞赏的评价，对老师的专业知识、教育理念有很高的要求。

《义务教育语文课程标准（2011年版）》中明确指出："语文课程评价应准确反映学生的学习水平和学习状况，全面落实语文课程目标。应充分发挥语文课程评价的多重功能，恰当运用多种评价方式，注重评价主体的多元与互动，突出语文课程评价的整体性和综合性。要根据不同年龄学生的学习特点，按照不同学段的课程目标，抓住关键，突出重点，采用合适方式，提高评价效率。"语文课程评价具有检查、诊断、反馈、激励、甄别和选拔等多种功能，其目的是考察学生实现课程目标的程度，检验和改进学生的学习和教师的教学，改善课程设计，完善教学过程。所以，教师应发挥语文课程评价的多种功能，尤其应注意发挥其诊断、反馈和激励的功能，有效地促进学生的发展。

课堂教学评价是课程评价的重要组成部分，是调动学生积极性和主动性的重要手段。教师的评价应当诚恳，饱含真情，通过丰富的评价语言，让学生在平等、和谐的课堂氛围中，品尝成功的喜悦，增强学习信心，促进学生潜能和个性的发展和完善。

课堂评价的语言是教师课堂教学智慧的浓缩，特别是作为语文老师，评价的语言更要彰显自己的文化底蕴。教师的课堂评价，除了对学生的课堂学习情况进行激励、点拨和指导以外，也要能对学生进行潜移默化的言语浸润，让学生沉浸在老师优美的评价语言中，丰富词汇，积累语感，提高表达能力。

我们看看特级教师王君执教《卖油翁》时的教师评价：

师：下面我们请一位同学来读卖油翁的话。

（一生举手）

师：你来吧。想想卖油翁的语气啊。我们读一句陈尧咨的话，你就回一句啊。

（师面向全体同学）

生（全体）：汝亦知射乎？

生（一人）：无他，但手熟尔。

生（全体）：吾射不亦精乎？

生（一人）：无他，但手熟尔。

生（全体）：尔安敢轻吾射！

生（一人）：无他，但手熟尔。

师（让学生坐下）：你是个优秀的演员啊！对，读书就是要进入书中，化为其中人物，打开自己，灵活变化自己，进而体悟人的不同状态，这样读书才有意思。[①]

王君老师在学生的朗读不断进步后，及时用颇有深度及梯度的评价，将学生由读书引入读法，由变化引入感悟，由文本引入生活，不仅让学生在朗读中真正理解了读书的技巧和科学方法，同时也让学生感受到了读书的真正乐趣和意义，让学生在教师递进式的评价语言中感受到准确优美的润泽。

要想对学生做出恰当、精彩的评价，教师应该有娴熟的评价技巧，学会用赞美的语言肯定学生的方法，用委婉的语言修正学生的错误，用总结性的语言培养学生探究规律的习惯，用深情的语言深化学生的情感体验，用机智幽默的语言终止不必要的争论……教师还应该灵活地运用教学机智，将预设性的评价和随机性的评价结合起来，在广泛收集日常积累的基础上，常用常变，不断创新，根据情境、文体、学生的不同，给予各种新鲜独到的评价，让评价充满吸引力；也可以用质疑性的追问评价，让学生能够重视自主的独特体验，深入思考，全面理解文本。

我们来看特级教师程翔执教《中国石拱桥》一课时的教学评价：

[①] 王君：《小人物的职业境界和尊严逆袭——〈卖油翁〉教学实录》，载《中学语文教学参考》（中旬）2021年第5期。

师：实际上这种说法在我们日常生活中是非常普遍的，比如说我们要向你打听个人（一女生站起）：张三多高呢？你没有给他量过，你怎么说呢？

生：大约一米七吧。

师：对了，大约一米七就行了，就可以了。看上去这语言不准确，但我没量过，你非要问我，怎么办呢？大约一米七，这反而准确了。很好啊！你们看，语言的准确，通过这篇文章我们就可以体会出来：第一，形象化的语言；第二，用数字；第三，讲话要留有余地，特别是在资料不全的时候，不要太绝对，要讲究分寸。[①]

程翔老师的语言看似普通实则不平凡。结合学生的课堂回答，深入浅出地将说明文这一在学生看来比较"无趣"的文体的特点娓娓道来，同时注重从学生的回答中总结规律。这样做既提升了学生的逻辑思维能力，又培养了学生探究规律的学习习惯，一箭双雕，为学生的发展打下了良好的基础。

教学评价也应该注重思维方法和角度的矫正，敏锐地抓住学生思考的角度、回答的侧重点进行引导，激发交流，在教师的智慧评价中恰到好处地引导学生深入思考，促进学生的思维发展。教师的评价应该既具有评价性、启发性，也具有引导性和整合性。

我们看熊芳芳老师执教《阿长与〈山海经〉》一课时的评价：

师：那她为什么被人们叫作"阿长"呢？

生：因为先前的先前，他们那里有一个女工，那是真阿长，后来她回去了，这个阿长过来替补，因为全家人已经叫习惯了，所以就没有再改口。

师：也就是说，阿长本来不是她的名字，她只是一个替代那个阿长的人。那么，这是一个连名字都没有的女人。她并非出于本心，弄死了

---

① 刘远主编：《语文名师经典课堂》（八年级上册），山西教育出版社2016年版，第100—101页。

鲁迅的爱物——那只隐鼠，但鲁迅却恨上她了。当然，那是童年时候的鲁迅。我们发现这篇文章中，有几个鲁迅呢？

生：六个。

师（笑）：六个？孙悟空哪？七十二变？

（男孩认真概括了童年鲁迅对阿长的前后变化的不同心情）

师：好，概括得很详细。他所说的六个鲁迅，原来是指鲁迅在不同阶段对阿长的不同心情和眼光。如果我们将他所说的六个鲁迅再精简一下，是几个鲁迅？

生（齐）：两个！

师：对，两个。哪两个？（生顿时议论纷纷）

生：一个是童年的鲁迅，一个是中年的鲁迅。

师：很好。一个是童年鲁迅的眼光和心情，一个是中年鲁迅的眼光和心情。那个中年鲁迅的眼光和心情，包容了童年鲁迅的眼光和心情。童年鲁迅的眼光和心情，就像一块纯洁无瑕的玉一样，本真而纯朴，镶嵌在其中；而中年鲁迅，成熟后的他回过头来看曾经的自己和阿长，他的种种理解就像黄金一样闪光。所以这是一个金镶玉式的结构。刚才这位同学说得非常好，童年鲁迅对阿长的情感是一直在变化。[①]

熊芳芳老师的评价具有很强的归纳性和整合性。她敏锐地抓住了学生回答中的闪光点，巧妙引导，顺势将六个"鲁迅"整合为两个"鲁迅"，即童年的鲁迅和中年的鲁迅，从而将金镶玉式的文章结构完整托出，不但启发了学生的思维，而且给学生创设了丰富的思考空间。

教学评价还应注意发挥多元化效能。评价的标准应该多元化，必须重视学生的个性差异和学习潜能，尊重学生的独特体验，接纳学生的不同，发展学生的创新精神；评价的手段也应该多元化，除了言语激励以外，情感和行为的激励性评价也是不容忽视的；评价的功能也应该多元化，要发挥导向功

---

① 刘远主编：《语文名师经典课堂》（八年级上册），山西教育出版社2016年版，第45—46页。

能和指导功能，因材施教，量体裁衣。这样才能对每一个孩子都有意义。

我们看特级教师肖培东执教《孔乙己》一课结尾时的教学评价：

师：好奇某些人的悲惨，而根本不在意这些人的存在本身。我们一起来读读文章的最后一段。"自此以后，又长久没有看见孔乙己"，预备起——

（生齐读）

师：同学们，我们越来越能感觉到，这些看客只想咀嚼他人的悲哀，只想品味他人的痛苦，他们只想成为某些痛苦故事的传播者，做幸灾乐祸者，做冷眼旁观者，甚至做恶语相向的人。也正是这些人慢慢地把孔乙己带向了死亡的边缘。因此，鲁迅曾经说过一句话："国民，尤其是中国的国民，永远是戏剧的看客。"鲁迅还说过一句话："无数个远方，无数的人们，都跟我们每一个人有关。"同学们，《孔乙己》这个故事永远咀嚼不完，这个故事永远思考不尽。今天，是我的生日，我应该笑，但走进孔乙己的世界，我真的很想哭。让我们一起怀念这个不幸的苦人，一起来读读他最后的背影。"他从破衣袋里摸出四文大钱"，让我们怀着很沉痛的心情，预备起——

生（齐读）：他从破衣袋里摸出四文大钱，放在我手里，见他满手是泥，原来他便用这手走来的。不一会，他喝完酒，便又在旁人的说笑声中，坐着用这手慢慢走去了。（缓慢、悲凉）

师："坐着用这手慢慢走去了"，记住这个背影，也让它留给当代社会去思考我们应该怎么做人。下课。[①]

肖培东老师的评价令人回味无穷。《孔乙己》是教材中难度较大的文章，因为时代较远，学生往往只能机械地说出"迂腐可笑""麻木不仁""社会黑暗"等词语，但是很难真正地理解这些词语的深刻内涵。而肖老师的评

---

① 肖培东：《我就想浅浅地教语文》，长江文艺出版社2016年版，第227页。

语则"点化"了课堂，通过对"看客"的精妙剖析，让学生豁然开朗，清醒地认识到"看客"的危害，同时能将读小说、读社会和读自己联系起来，明白自己应该怎么样做人。其蕴含的人文教育意义，对每个孩子的成长都有意义。

教学评价是教师个人教学理念的折射，是丰富教学智慧的结晶。教学评价没有固定的法则和内容，只有在教学中与时俱进地更新理念，不断实践，积极反思，促进提升，才能让我们的课堂评价越来越有内涵和品质，成为教学相长的助推剂。在课堂教学中，不管是针对学习内容的评价，还是针对学习习惯、学习方法、情感态度和合作学习等方面的评价，都要注重每个学生的感受，以激励为主，敏锐地捕捉其中的"闪光点"，及时给予肯定和表扬。除了言辞外，教师的表情、眼神甚至手势等都是对学生的评价，并且后者比前者的效果要显著得多。只要我们用心去琢磨，利用自己的智慧，就一定能点燃学生的学习热情。

当然，教学评价的主体也可以是学生，即由一些学生对另外一些学生的课堂表现进行评价，或者互相评价。

教学评价是一门教学艺术，不应拘泥于一种形式，应因人而异，因时而动，因课而变，因发生的情况而定。教师应充分地利用课内外及课堂教学的生成资源，创造性地对学生进行多样化的评价。有艺术的智慧评价，会润物细无声地对学生产生潜移默化的指导和影响。如果我们的课堂评价能够恰当地运用智慧的语言，灵活地使用各种创新多变的方式，就一定能使学生信心百倍、有的放矢地融入课堂，在语言学习中提升语文核心素养。

陕西省宝鸡市新建路中学　毛　洁

第30讲　教师启发与点拨

　　语文教师在课堂上的巧妙启发和点拨，可以激发学生的学习兴趣，调动学生学习的主动性。学生在教师的启发点拨下，能主动地排除疑难，提高学习效率。

一　什么是启发和点拨

　　启发是一种教学思想和原则，"启发"一词源于孔子所言"不愤不启，不悱不发"。"愤"是学生对某一问题正在积极思考，急于解决而又尚未搞通时的矛盾的心理状态，教师在此刻应对学生给予启发诱导，帮助学生开启思路，促进学生身心发展，这就是"启"，即"启发"；"悱"是学生对某一问题已经有一段时间的思考，但内心感到迷惘，说不清楚，处于想说又无法表达的另一种矛盾的心理状态，这时教师要指点学生明确思路，弄清事物的本质属性，然后用比较准确的语言表达出来，这就是"发"，也就是"点拨"。著名特级教师蔡澄清认为：所谓点拨，就是教师针对学生学习过程中存在的知识障碍、心理障碍，用画龙点睛和排除故障的方法，启发学生开动脑筋，自己进行思考与研究，寻找解决问题的途径与方法，以达到掌握知识并发展能力的目的。[①]

综合起来说，启发与点拨就是当学生面对一个学习任务想求通而又未通、想用语言表达又不知道怎么说时，教师给予指导，引起对方联想而有所领悟的行为。教师在启发点拨教学中，处于主导地位，运用激趣、答疑、解惑等手段进行启发点拨，用自己的教学智慧点燃学生的学习智慧，使学生进入积极的思维状态，解决困惑、疑难问题，提高语文能力。

二 让启发式教学开启学生心门

启发式不只是一种教学方式，更重要的是一条教学原则，是一种教学指导思想。实行启发式的目的，主要在于调动学生学习的主动性，启发学生独立思考，发展学生的智力，提高学生的能力，引导学生动脑、动口、动手，进行创造性的学习，并在学习中掌握学习方法。运用点拨法，同样是为了做到这一点。[②]

运用启发式教学，教师首先要激发学生的学习兴趣，激发学生的求知欲望，可以进行目标式启发、创设情境启发、提问启发、反诘式启发，也可以进行发散思维启发，还可以联系实际生活启发。教师一定要创设"愤""悱"情境，唤起学生学习激情，创设悬念，激发学生好奇心，引发学生思考。

例如，肖培东老师执教《美丽的颜色》的课例片段：

（二）猜猜问题，初步感知《美丽的颜色》

师：这是一篇自读课文，读过的同学举手。

（生举手）

师：非常好，老师就开始提问了。第一个问题是：你猜肖老师会提哪一个问题？哪一位同学说说看？

---

① ② 参见蔡澄清、陈军：《语文教学"点拨法"新探》，载《安徽教育学院学报》（社会科学版）1988年第1期。

　　生：美丽的颜色是什么颜色？

　　师：你真是一个会读书的孩子。

　　师：有没有同学能帮他回答这个问题，美丽的颜色是什么颜色？你来说。

　　生：是镭发出来的颜色。

　　师：哎呀，美丽的颜色是居里夫人发现的镭的颜色，对不对？这个答案你们满意吗？

　　…………

　　师：还不满意，你认为这个答案还不够是吗？有没有人帮他补充？

　　…………

　　师：那么就是镭的颜色。还有没有同学要补充的？

　　生：我觉得还有居里夫人提炼镭时体现出来的美好品质。[①]

　　肖老师在简单的即兴导入后就提出：你猜肖老师会提哪一个问题？这个问题对学生来说充满了悬念，刺激而又有趣，有挑战的欲望，与此同时，也激发学生用已有的知识去思考、质疑、提问、探究。

　　学生在肖老师的启发下提出问题，教师又启发其他同学去回答："有没有同学能帮他回答这个问题，美丽的颜色是什么颜色？"这样一问，学生就在老师的启发下在文本中搜索信息，自主地整体地感知文本，寻求答案，探究结果。当有同学回答美丽的颜色是镭的颜色时，肖老师又启发学生去思考："美丽的颜色是居里夫人发现的镭的颜色，对不对？这个答案你们满意吗？"这样淡淡一问在学生心中就泛起了涟漪，学生就会审视自己对文本的认知和思考，这一启发就将学生的思维引向了文本更深处，触及了文本内核，于是居里夫妇坚持不懈、乐观自信等精神品质便在学生的思考中逐步揭秘。肖老师的启发完美地演绎了孔子的"不愤不启，不悱不发"思想，整个

---

① 肖培东：《深深浅浅读美丽——肖培东〈美丽的颜色〉教学实录》，载《中学语文教学参考》（中旬）2018年第8期。

启发过程教师没有讲解，只是在平平淡淡的提问下拨动了学生的心弦，启发学生靠自主阅读、提取信息、思考探究和感悟来读透文本。肖老师是通过自己的主导作用来启发学生这个主体，调动了学生学习的主动性。

我们在课堂教学中要依据学习目标来激发学生的学习兴趣，在启发中激活学生的思维，让学生自主质疑、求知。在启发中要触及所学知识的规律，尽可能采用生动形象的方式，将复杂的知识形象化、具体化。

三 用点拨式教学画龙点睛、拨云见日

特级教师蔡澄清认为："所谓'点'，就是点要害，抓重点；所谓'拨'，就是拨疑难，排障碍。这种点拨是根据学生在学习过程中的心理特点及其活动规律，适应培养能力、发展智力的实际需要。在教学过程中，教师针对教材特点和学生实际需要，因势利导，启发思维，排除疑难，教给方法，发展能力。"[1]

在备课阶段，教师就应该根据教材内容的重难点、疑点和学生思考问题的实际困难来判断：学生可能会遇到哪些知识障碍，心理上有什么困惑，思维有没有打开，思考的方向对不对。教学时要因材施教，点其要害，拨其疑虑，教给学生解决问题的方法，使其主动掌握知识要领，能够举一反三，触类旁通，养成主动学习的习惯。

学生在思考某一问题时思维受阻，教师抓住这一时机进行画龙点睛式的点拨，可以让学生达到"山重水复疑无路，柳暗花明又一村"的境界。学生会在教师巧妙的点拨中扫清障碍，也会在教师的点拨中悄然走进文本更深处。

我们看看黄厚江老师执教的《猫》的片段，看他是怎样去拨动学生的心弦的。

师：现实太残酷，所以大家都不愿意说，我们还是回到小说中去。（大家笑）请你从大猫、二猫和三猫中选一个角色，再选择小说中的一

---

[1] 蔡澄清：《重在点拨》，载《语文教学通讯》1982年第2期。

个人物，你想对他说什么？

生：我选二猫，我想对周家丫头说："我那么可爱，我被别人抱走时，你为什么不救我呀？你舍得我走吗？"

…………

生：我也选三猫，想对文中的"我"说："你有什么证据说我吃了芙蓉鸟呢？我们猫的命也是命呀，你就这样残害猫命，你的良心过得去吗？"

师：根据刚才几位同学说的，现在有个问题摆在了我们面前：小说中，以"我"为代表的几个人都认为是三猫吃了这只鸟，文章有没有凭据？

生：有，第17段说"那只花白猫对这一对黄鸟，似乎也特别注意，常常跳上桌上，对鸟笼凝望着"。

…………

生："张妈，留心猫，它会吃鸟呢。"这里对猫已有怀疑，还为后文情节的发展做铺垫。

师：我觉得这个同学眼光独到，这个地方大家要注意。小说的情节除了有因果的事件，它还会特别强调照应和铺垫，后面的怀疑在前面其实早就做好了铺垫。

大家再想一想，以"我"为代表的一批人的怀疑给三猫带来了悲剧，我们人不经意间就决定了它的命运。我们对猫的主观判断、粗暴对待，有没有改变？

生：有。

师：是什么让我们改变了态度？

生：第29段有证据，写黑猫嘴里衔着一只黄鸟飞快地逃过露台，可见那只黄鸟也是被黑猫吃掉的。

师：哦，还有一只黑猫。那文章一共写了几只猫？[①]

———————

① 黄厚江：《〈猫〉课堂实录》，载《中学语文教学参考》（中旬）2019年第11期。

黄老师巧妙地使用了点拨教学法，他首先组织学生给三只猫起名字来激发学生的学习兴趣。这是学生精心起名的猫，猫和学生产生联系，那就备受学生的关注了，这种做法符合蔡澄清老师所说的学生心理基础。接着通过判断三只猫之间的关系理清文章内容和猫们各自的命运，又由猫引出三只猫的命运以及相关人物的态度和心理。这些都是学生一望而知的内容，可是由猫到人到小说的核心——人与人的关系，这就有难度了。此处就是蔡老师所说的"点要害，抓重点""点其要害，拨其迷障"的时候了。黄老师的精彩就在于该点处就点，该拨处就拨。他说，读小说，要把它与现实生活中的人，和自己的经历打通，小说才会理解得更丰富、更深刻。此刻，学生、文本和教师在这里交汇。接着黄老师组织学生选猫来对话："现实太残酷，所以大家都不愿意说，我们还是回到小说中去。请你从大猫、二猫和三猫中选一个角色，再选择小说中的一个人物，你想对他说什么？"

黄老师真是抽丝剥茧、拨云见日，看似平平淡淡的一拨，却打开了学生的心扉，让他们进入情境去创造想象，也打开了猫的心声，将猫的委屈、伤感、控诉公布于众。猫的痛苦和学生的感悟达到完美融合，让学生心连心地体悟到猫的委屈和冤枉。这为下一环节——寻找三猫吃鸟的凭据和猫的冤情蓄势。学生会带着同情心认真地找证据，也会产生独到的思维：为何前文会有这么多对于三猫的不利因素，原来是作者精心设置铺垫和照应，最终水到渠成地制造了一场冤案，而罪魁祸首竟是人们的主观臆断。最后黄老师又一点拨："我们对猫的主观判断、粗暴对待，有没有改变？"于是关键的一只猫，一只隐藏的有可能是幕后黑手的猫暴露了出来，推动了情节的发展，改变了人们的看法，引起了大家的愧疚。至此，猫的世界的复杂体现了人的世界的复杂，当然猫的悲剧就是人的悲剧。

黄老师的点拨之法体现了蔡老师的依纲据本、因材施教、相机诱导、适时点拨的精神。黄老师在教学中抓住重点，突出难点，巧施点拨，化难为易，使学生豁然开朗，提高了课堂效率。

我们从黄老师这一成功案例中发现一些优秀的做法：在点拨法中特别强调"当点则点，当拨则拨"，点要点中要害，拨要拨出疑难。黄老师的点拨是纵深式点拨、创设情境式点拨、在联想和想象中点拨、在逻辑推理中点拨，在点拨中发展了学生思维，培养了学生的语文能力。

　　总之，教师精心研读文本，用好启发与点拨之术，就可以启动学生之心，拨动学生心弦，使学生在文本里主动思考、探究、涵泳、领悟，最终发展学生智力，提升其语文学习的能力。

陕西省宝鸡市金陵中学　李晓荣

第31讲 学习路径的搭建

　　什么是学习路径？王荣生教授在论述散文阅读教学时说："散文阅读教学，要建立学生与'这一篇'课文的链接。"[①]一节语文课从起点到落点，就如从山脚到山顶去看风景。如何才能到山顶呢？这也需要一个"链接"，这个"链接"就是教师给学生搭建的阶梯，学生顺着这个阶梯才能顺利到达峰顶，豁然开朗，阅尽人间春色。

　　一个优秀的语文教师，绝不是在课堂上把自己知道的知识一味灌输给学生，而是不断帮助学生搭建支架，铺设路径，让学生沿着支架攀登，顺着路径探索，最终在思维的不断激活中收获学习方法、完成情感体验。正如叶圣陶先生所说："教师当然须教，而尤宜致力于'导'。导者，多方设法，使学生能逐渐自求得之，卒底于不待教师教授之谓也。"[②]

　　那么，教师怎样为学生搭建有效的学习路径呢？

一　巧妙设疑，搭建探索求知路径

　　学起于思，思源于疑。有疑有惑，学生才会口欲言而心欲通。而课堂上

---

① 王荣生：《散文教学教什么》，华东师范大学出版社2014年版，第6页。
②《叶圣陶语文教育论集》，教育科学出版社2015年版，第522页。

学什么、怎样学，全靠教师引领。所以，教师的巧妙设疑必能为学生搭建探索求知的路径。怎样设疑方为"巧妙"？这就要靠教师平时多钻研，才能胸中有丘壑。

明代大思想家方以智说过："善疑者，不疑人之所疑，而疑人之所不疑。"这就需要教师具有一双慧眼，在"人之不疑"处设疑，为学生搭建揭开表象、深入本质的路径，从而引爆思维火花，收到"此时无声胜有声"的效果。

例如肖培东老师的《皇帝的新装》课例片段：

> （屏显）
>
> "皇帝的新装"，对皇帝，对官员，对百姓等，与其说是新装，不如说是_____？
>
> 试题、虚荣、私心、面具、功利社会里的人性黑洞、世俗世界的习惯与传统……
>
> 师：原来这是给大人们准备的一道测试题，一面镜子。通过这件新衣，我们看到了大人的心，看到了社会的复杂，看到了功利世故的社会，甚至看到了成人世界的人性黑洞，看到了世俗世界的习惯与传统。
>
> 师：所以，同学们，与其说是皇帝的新装，不如说是大人的xīn装。哪个xīn装？
>
> 生：心装。①

这是肖培东老师引导学生深入体会"新装"内涵的教学环节。常规思维里"新装"就是皇帝的新衣服，没有任何疑问，可肖老师偏能独具慧眼，巧妙地设了这样一问："皇帝的新装"，对皇帝，对官员，对百姓等，与其说是新装，不如说是_____？这一问妙就妙在于无疑处设疑。这就好比在大家都认为不可能掘出泉水的干涸沙漠里偏偏发现了泉眼，不仅发现了泉眼，

---

① 肖培东：《我就想浅浅地教语文》，长江文艺出版社2016年版，第309—310页。

还将其引流为涓涓小溪。

一堂好课，精于预设，巧于设疑，妙于生成。生成之妙又在于设疑之妙，巧妙的设疑必能举重若轻，成为学生走向深入阅读的助推器。肖老师正是巧妙运用"于无疑处设疑"的妙招，为学生搭建了一条"求知探索"的路径，将学生引入探究的海洋。

二 逆向思考，搭建反证求真路径

语文学科核心素养强调学生思维的发展，注重提升思维的深刻性、灵活性、敏捷性、批判性、独创性。而逆向思维仿佛一束耀眼的白光，能迅速划破黑夜的长空，让学生从固定思维模式走出，获得崭新又全面的认识。

语文教学中，教师仅仅运用常规思维可能达不到预期目的，这时如果适当点燃逆向思考的火种，帮助学生搭建反证求真路径，可能会更加容易让学生看到与自己想象和推理并不一致的结果，颠覆其对事物的固有认知，从而发现自己的谬误，看见作品中的真理。

例如熊芳芳老师的《像山那样思考》课例片段：

师：太好了！……现在我们来说说：山的看法是什么呢？山是不是也认为没有狼的地方是天堂呢？

…………

师：很对。狼死去了，哪些生命紧跟着也死去了？

生：灌木和树苗死去了。它们"都被吃掉，先变成无用的东西，然后死去"。

生：鹿死去了。它们的饿殍"和死去的艾蒿丛一起变成了白色，或者就在高出鹿头的部分还留有叶子的刺柏下腐烂掉"。

师：它们是怎么死掉的？

生：因为数目太多食物不够而饿死的。

师：没错，当狼死去了，那些可吃的植物和鹿也都死去了，整个山坡成了一个横尸遍野的——

生：坟场。

师：对，坟场，再无生命的气息，一片狼藉，惨不忍睹。山没有直接说出它的看法，却用事实告诉了人们：没有狼，不是天堂，是坟场！[①]

这是熊芳芳老师引导学生认识"山"怎样"思考"的教学环节。熊老师先让学生认识到"没有狼的地方就是'天堂'"只是人的看法，接着抛出"山是不是也认为没有狼的地方是天堂呢"这一问题，并引导学生逆向思维，进行反向求证：狼死了会怎样？学生通过阅读课文认识到：狼死去了，灌木和树苗也跟着死去了，最后鹿也死去了。原来"狼死去了"并不会使一切变得和平而美好，更不是"天堂"，而是使整个山坡变成了"坟场"。这一环节完全打破常规，让学生对"人与自然"的关系建立了全新的认识，从而深刻认识到文本阐述的真理：人类的征服行为破坏了生态链条，过于安全产生的却是长远的危险，人类应当像沉默的大山一样思考，要用发展的眼光来看待自然。熊芳芳老师采用的逆向思考的方法把问题变得简单了：让学生"看到"狼死后的世界，比任何的正面说服更有力量。

语文课堂上，教师如果能巧妙引导学生逆向思考，往往能够收到化繁为简、以小见大的效果。这有利于学生思维的发展，能让其获得全新的看待问题的方式。

三　拓展迁移，搭建立体深究路径

语文课堂上总有这样的情况：学生思维遇到障碍，如泉流冰下，幽咽低沉，艰涩难前，对问题不能进行更加深入的思考，认识只能停留在粗糙浅陋的层次。无论你多擅长启发引导，都无济于事，于是整节课氛围尴尬。这时，教师要善于破除冰层，及时拓展迁移，相机补充一些知识材料，多方位为学生搭建立体深究的路径，让学生借助这些思维跳板，开拓思路，活跃思

[①] 熊芳芳：《生命语文》，漓江出版社2017年7月版，第41—42页。

维，最终对问题形成立体而深刻的认识，顺利达成教学目标。

例如王君老师《纪念白求恩》的课例片段：

（屏显白求恩给朋友的信的片段）

师：……同学们，当你看了这些东西之后，你又如何看待白求恩？

生：我觉得，白求恩也是一个人，但是他学会如何去克服这些痛苦，他很伟大。

师：你觉得这是人性的正常的表现，是吗？好，那么你看到这个，刚才提出这个问题，你再说说：怎么评价白求恩刚才的苦闷呢？

生：我觉得这是正常的，因为他毕竟也是一个人。看到他的这一面，才真正觉得这是个有血有肉的、非常完整的一个人。

…………

师：孩子们，白求恩跟你们一样，那样地热爱生活。……但是，他把他的一切，把一切苦闷都埋下来，然后，走到了我们抗日的最前线，最后牺牲在我们这片土地上。所以毛泽东说——

（屏显）

一个人能力有大小，

但只要有这点精神，

就是一个高尚的人，

一个纯粹的人，

一个有道德的人，

一个脱离了低级趣味的人。[①]

这是王君老师带领学生深入理解毛泽东同志为什么要高度评价白求恩的教学环节。首先，王老师给学生出示了白求恩给朋友的信，信的内容主要展现的是白求恩的孤独和苦闷；其次，引导学生围绕材料评价白求恩；再次，

[①] 王君：《听王君讲经典名篇》，人民出版社2014年版，第14—15页。

结合文本理解毛泽东对白求恩的评价。这则拓展内容，犹如锦上添花，不仅没有贬损白求恩的形象，反而为学生搭建了一条立体多面认识白求恩的路径，让学生感受到一个真实的有血有肉的白求恩，进而加深了学生对文本的理解。

拓展迁移，要依据学情，更不能脱离文本，随意拓展，从而导致喧宾夺主。

四　精要启发，搭建茅塞顿开路径

何谓精要启发？这就犹如蛇打七寸，正中要害。教师启发时一语方罢，学生瞬间有醍醐灌顶、柳暗花明之感。

例如肖培东老师的《始得西山宴游记》课例片段：

师：……柳宗元想要找到心灵的诉求，请问，这一次西山之游，他的心灵世界是不是得到了永恒的解脱，他真的能够归西山吗？你来说。

…………

师：你觉得如果他能够一辈子归西山，就不用写文章了，甚至连文人的纪念方式都要忘却。你再往前面的文字找找看，他真的能够完全归西山吗？

生："然后知吾向之未始游，游于是乎始。"他现在才开始游，他不是游一个地方，他还要游其他的。

师：呵呵，"于是乎始"这话有可琢磨的地方了。他还要游东山，他还要游南山。你把他的行为理解成了具体的行为，道理上还是有的，我们再往文字里游游。

…………

师："犹不欲归"，那最后终将还是要回去，回到永州的居所去。醉了归西山，醒来又要回到那个偏居一隅的地方，因此，"犹不欲归终须归"。山水的解脱只是一种暂时的释放，中国文人步履艰难的表现从这个"犹不欲归"中就可以看出来。他们平时的生活状态是怎么样的？

217

文章第一段三个字，预备起。

生：恒惴栗。

师：哪个字最有嚼头？

生："恒"。

师：聪明，不是"惴栗"，而是"恒惴栗"。因此，西山的暂时解脱以后，他醒来以后，必须要回到那个总是让他心怀惴栗的地方。所以，西山只是他精神的慰藉，西山只是他人文世界的等待和期盼，这里只能使他暂得解脱，不是永恒的归宿，也无法使他完全释放自己内心的愁苦……①

这是肖培东老师启发学生体会柳宗元精神世界根源的教学环节。这一环节可以分为这样三个步骤：（1）问题抛出，学生感受到柳宗元不能归西山，但是理解停留在最浅层次；（2）学生找到"犹不欲归"这个关键句，但说不出其中深意；（3）学生说出"犹不欲归"的深意，挖掘出柳宗元的精神根源。这三步是怎样一步一步完成的呢？在学生理解尚浅的第一步，肖老师耐心引导学生"再往文字里游游"。学生就这样紧贴文本，在文字里来来回回走了几趟，开始慢慢咀嚼出"犹不欲归"的味道，但依然是口欲言而未能。肖老师紧跟着追问："言下之意是什么？"这句追问真是一语惊醒梦中人，学生恍然大悟，茅塞顿开，原来"还是不想回去"，想表达的是柳宗元"犹不欲归终须归"的万般无奈。就在众人都认为这个发现已经足以让学生体会到柳宗元绵绵不绝的惆怅时，肖老师偏还要启发学生去寻找惆怅的源头——"他们平时的生活状态是怎么样的"。这一问，不仅启发学生去追寻探究了柳宗元的生活状态，还启发学生体会到了"中国文人步履艰难"的人生状态。

每每读到此处，我都会为肖培东老师的教学智慧击节称赏。他在学生求通未通处、欲言未能处，及时而又巧妙地进行启发引导，真正做到了孔子

① 肖培东：《我就想浅浅地教语文》，长江文艺出版社2016年版，第100—101页。

所说的"不愤不启，不悱不发"，让人回味无穷。我想这就是精要启发应有的模样。

　　学习路径的搭建，既要不拘一格，又要有"法"可依。只有做到依据学情，毋离文本，用心钻研，才能条条大路通罗马，为学生真正搭建精彩支架，做渡人之师。

江苏省新沂市钟吾中学　刘爱红

第 32 讲　教学策略的调整

教学策略不是一成不变的，要根据课标要求、教学内容和学情因素等灵活地调整。这对老师提出了新的挑战：不能仅凭旧的经验应对语文教育改革的新形势，要因时、因文、因人改变教学策略。

一　因时而变——根据新课程理念调整教学策略

基于新课程标准要求，教师要适应语文课程改革不断深化的形势，要深入理解和领会新课程改革的理念，用课改精神和思想武装头脑，变革课堂教学方法，与时俱进，调整和实施有效的教学策略，将新课程理念贯彻于语文教育教学实践中。在此过程中首先要树立正确的"教师观""学生观"，教师是学生学习活动的组织者、引导者、指导者，学生是学习的主体，应由"教学生"转变为"教学生学"；其次要改革旧的语文课堂教学模式，设计开放型、创新型语文课堂教学模式，倡导自主、合作、探究的学习方式，拓宽语文学习和运用的范围。

我们来看看特级教师曹勇军执教《将进酒》的一个片段：

师：我们来辨析一下，诗歌是以欢为主还是以愁为主？是以乐为主还是以悲为主？

生：我觉得主要是悲。……

师：讲得好！……

生：我觉得"万古愁"并不单单指李白的愁。

师：很好！

生：我觉得"万古愁"，还有前面的"君不见高堂明镜悲白发，朝如青丝暮成雪"，就是抒发岁月流逝、人生易老的愁。

师：两位同学回答得很好，看来大家对"万古愁"都有了比较深入的理解。[1]

《将进酒》是高中经典篇目，曹老师先是带领学生诵读鉴赏这首诗的豪放风格，这属于第一个层面；接着抛出片段中的两个问题，将学生带入诗歌鉴赏的第二个层面。学生通过自主学习、合作探究的方式，结合对诗句的解读，理解了诗人在豪迈风格下的悲喜交加的情感。这个结论不是老师强加给学生的，是学生讨论过程中领悟到的。最后，曹老师水到渠成地总结了学生探究讨论的结果："这首诗从悲切入，然后转为喜乐，然后再由悲结尾。最后呢？悲喜交织。"

二　因文而变——根据教学内容调整教学策略

人教版高中语文教材的单元按照文体编排，侧重于全文阅读。统编版语文教材，高一侧重基础阅读能力，高二侧重作家作品的研读，高三侧重专题的学习。从单篇阅读、整本书阅读到专题阅读，课程难度逐步增加。不同于传统的语文教学以单篇阅读及精讲为主的教学模式，新课改语文阅读的教学模式突出以学习任务群为单位组织单篇、群文及整本书教学。新课标设定了语文学习的十八个任务群，提倡学生自主学习，建构语文核心素养，这都对语文教学策略的调整提出了更高的要求。

---

[1] 曹勇军：《〈将进酒〉课堂实录》，载《语文教学通讯》（A）2020年第16期。

就单篇教学而言，不同文体有其自身的特征，不同文体的阅读教学培养策略也要调整。如小说教学，不同于传统的教学——重点分析小说的人物、情节、环境和主题。从语文核心素养角度看，还应关注小说文化的理解和探究，引导学生认识和剖析小说作品蕴含的中华优秀传统文化和思想。如文言文教学，教师应该从琐细的字词讲授中走出来，开展深度学习，设计有效的教学活动，引导学生热爱文言文，培养其语文核心素养。

关于整本书阅读，统编初中语文教材中的名著导读要求每册阅读两本书，共十二本，高中教材阅读《乡土中国》和《红楼梦》两本书。统编教材的整本书阅读教学，承载着落实核心素养的重要使命，教师要整合资源，设计教学形式和环节。

我们来看董一菲老师执教《子衿》的一个片段：

师：《诗经·郑风》当中的《狡童》，谁来读一读？

生：彼狡童兮，不与我言兮。维子之故，使我不能餐兮。

师（译）：那个小坏蛋，最近不跟我说话，你不理我。就因为你的缘故，我饭都吃不好了！

（生笑）

师：那个时代的爱情是这样的多姿又多彩。

…………

师：任选一道题，同学们。第一个问题，三首诗中的女子性格有什么不同？另外一道题，三位男子又是怎样的三个形象？

生：我选第一个问题。第一个女孩子是十分内向的，性格不是很开朗。第二位显得十分优雅，有一种女性的温柔。……

生：《子衿》里的男子是风度翩翩的。

师：你居然能看出《子衿》里的男子风度翩翩，有一双慧眼。你怎么看出来的？

生：青青子衿。

师：在周朝凤毛麟角的太学生，比今天的天之骄子还要加倍稀有，他怎能不是一个优雅的学霸呢？请继续说。

生：无逾我园，无折我树檀。《将仲子》里的男子是比较外向的。

师：他飞檐走壁，穿越一个花园，为了爱勇往直前，在他的心里是没有礼法的。

生：《狡童》里的男子是调皮的。

师：他所做的事情是近日对抒情女主人公爱答不理，所有的海誓山盟，爱你到天涯海角，到地老天荒，说过就忘了。他是一个什么样的人？

生：多情。

师：多情反被无情恼。

生：我选的是第一个问题。第一个女子内向，内敛。第二首的女子是害羞。

师：岂敢爱之？畏人之多言。

生：《狡童》中的女子比较泼辣。

师：泼辣。那个时代，乡野之风，带着平原的长风，自然生长的女子，可以担当泼辣。①

《子衿》是统编语文教材八年级上册的课外阅读篇目，出自《诗经·郑风》。这首诗歌明白晓畅，学生能够顺利诵读和理解。董一菲老师的这节古典诗词课上出了厚度，上出了文学和文化的味道。首先是拓展整合资源。群文阅读，关键在于选择哪些文章或诗歌。教师要打破常规，结合学生学段和群文阅读的各种类型特点，科学实施教学规程和策略，精心选择诗文。董老师在《诗经·郑风》二十一首中进行甄别和挑选，将《子衿》《将仲子》《狡童》三首诗放在一起，让学生展开比较阅读。教师只有自身阅读功底深厚，才能引领学生走进诗歌的"藕花深处"。董老师整合教学资源的原则是

---

① 董一菲：《自由呼吸的课堂：董一菲的语文教学艺术》，华东师范大学出版社2019年版，第183—184页。

"主题阅读"群文阅读教学模式，即根据教学需要，确定"爱情诗歌"，通过整合课文单元诗歌和课外相关诗歌，进行教学组合。其次是用心设计问题。问题设计的角度就是比较阅读的"点"，可以是横向，也可以是纵向。董老师这节课问题的"点"属于横向比较。比较三首诗歌，让学生任选一道题回答。教师围绕两个角度设问，让学生对比男、女主人公形象的不同。既设定了范围，又具有开放性。由一首诗歌拓展到三首诗歌，进而对《诗经·郑风》有了整体认识。切口很小，内容加厚加宽，因此教学的深刻性和广泛性也增加了。

董老师这节课，既符合现在新课改的教学形式，又能根据教材内容选用合适的教学策略。用比较阅读的方法，在对比映衬中，让学生加深对《子衿》，对《诗经·郑风》，对《诗经》的阅读理解，感受诗意语文的魅力。

三　因人而变——根据学情变化调整教学策略

教学的起点和终点都应该是学生。为了达到语文教学的有效性，发挥语文教材的价值功能，教学必须遵循学生身心发展的规律，根据学生的实际需要和学情变化灵活调整教学内容和流程，调整教学策略。如果是教自己的学生，教师对学情有较充分的了解，课堂教学就能按照教师既定的教学设计完成流程，达到教学的目的，教师就会感到"教"得轻松，学生就会"学"得自如。这样的课堂效果自然是我们追求的。如果面对不熟悉的学生，或者这一届学生与往届学生的认知水平有较大差异，教师对学情估计不准，没有关注学情的变化，只关注自己预设的教学任务，则教学效果可能不尽如人意。

如何给不熟悉的学生上课？如何在大型公开课、观摩课中取得好的教学效果？名师在这方面给我们做出了很好的示范。

我们来看特级教师张玉新执教《赤壁赋》的一个片段：

师：今天，我和大家复习《赤壁赋》，课前老师向同学们发了一个问卷，共交上来25份，回答了三个问题。

1. 课前是否在积累实词、虚词的基础上背诵了课文?

同学们现在高二,问题的答案令我很吃惊,很多同学已经记不得课文是什么内容了。

2. 对"赋"这种文体有怎样的了解?

很多同学这样写:知道赋体的发展,从西汉的大赋到东汉的抒情小赋,到六朝的骈赋,再到宋朝的文赋。但是我估计,你们是百度的。

生:是上课的笔记。

师:好!强调了"赋"非常注重辞采,多用了"对话体",这一点非常重要。赋的文体知识是指导我们解读文本的一个路径。

3. 对这节复习课,你有什么建议?

师:(同学们的)第一个建议:希望落实文言实词、语法现象和句子翻译。这节课我不管这个事。这是一个长期积累的过程,不是一堂课能奏效的。字词等记忆类的知识,高中的学习效果往往比初中差很多,所以词语积累,在小学和初中的基础非常重要。

师:(同学们的)第二个建议:谈一些与本文有关的作品,多联系后学的文章。

············

师:(同学们的)第三个建议:深度探讨,如思考作者的写法有什么深意、作者的心境、社会背景等。

师:这个问题,就是我和同学们想要共同尝试着通过复习来解决的问题。同学们在理论上能够背诵课文了,我们先来尝试着背第1段,老师通过观察你们的口型,就知道背得怎么样了。壬戌之秋,一二![①]

张老师提出"学情永远是教学的前提"[②]的观点。"无论是家常课,还是所谓'观摩课',都要以学情为前提。教学一定要基于学生方便学,而不

---

① 张玉新:《〈赤壁赋〉教学节录》,载《中学语文教学参考》(上旬)2018年第7期。
② 张玉新:《怎样上出魅力家常课》,华东师范大学出版社2019年版,第29页。

是教师方便教。"①张老师不仅主张这个理念，同时也在用他的观摩课教学实践这一理念，为广大教师做出表率。

《赤壁赋》这节课是张玉新老师在南京上的观摩课。上课前，他得知学生已经学习过这篇文章，于是大胆尝试，调整策略，将原来准备的新授课临时改成复习课。这对大多数教师来讲，难度很大，很多教师不敢改变既定的教学内容。临时调整教学内容和教学策略体现了张老师的自信和严谨。

张老师利用课间到班级发放了调查问卷，对学生的问题做出了梳理和挑选。张老师根据学情的变化确定教学目标，实施调整教学策略。张老师对前两个问题简明扼要提出建议，重点落在第三个问题，即三个建议上。教学重点确定为"向深处开掘"，将课堂教学的起点确定为"苏子愀然"。

张老师调整教学策略的做法是基于学情变化，尊重学生，顺应学生，明确复习策略，实施了以学定教的教学理念，真正做到了以生为本。

总之，教学策略的调整要因时而变，要因文而变，要因人而变，需要教师具备扎实的基本功，及时更新教育理念，拥有临场应变的技巧。让我们在变化中学会应对，在变化中提升教育水平，在变化中享受教育的喜悦。

陕西省宝鸡市渭滨中学　张肖侠

---

① 张玉新：《怎样上出魅力家常课》，华东师范大学出版社2019年版，第36页。

第33讲　知识能力的融合

　　"知识与能力"是语文教学的热点话题之一，缘由就是学界对于语文知识与能力之间关系的认识存在分歧。一种观点认为，语文知识就是语文能力，所以语文教学必然要讲究语文知识的系统性。受此观念影响，在一定历史时期内，语文教学就是利用课文系统传授语文知识（字、词、句、篇、语法、修辞、逻辑、文学）。事实上"以知识为中心"的语文教学，对于学生语文能力的培养并未起到良好的促进作用。一种观点认为，语文能力的培养源自多读多写、揣摩体会的语文实践，因此轻易否定语文知识在语文能力形成过程中的价值与功能。结果形成"以人文为中心"的语文课，导致课堂教学严重偏离语言文字综合运用的方向，语文课以"非语文"的姿态存在，直接影响学生语文能力的提高。学界有种观点："语文知识与能力之间这一极为复杂关系问题的认识与恰当处理，远非我们想象的那么简单。"[1]

　　什么是语文知识？什么是语文能力？语文知识与能力如何融合？这是值得每一个语文教育工作者思考的问题。黄厚江老师认为，语文知识是指"对

---

[1] 解光穆：《语文知识与语文能力关系再论——以张志公先生对语文知识的论述为分析视角》，载《宁夏大学学报》（人文社会科学版）2015年第3期。

语文学科知识的范畴、内涵、在学科课程中的价值以及在教学过程中的体现等问题的基本认识"[①]。具体来说，语文知识包括表达方式、表现方法、叙述方式、写作知识、语法知识、文体知识、鉴赏知识，以及写作程序、阅读程序等。近几年，学界又把语文知识分为陈述性知识、程序性知识、策略性知识和实践性知识。事实上，不管怎样分类，语文知识类别的边界都存在较大的模糊性。《义务教育语文课程标准（2011年版）》指出，"语文课程致力于培养学生的语言文字运用能力"。《普通高中语文课程标准（2017年版2020年修订）》认为，"语文课程应引导学生在真实的语言运用情境中，通过自主的语言实践活动，积累言语经验，把握祖国语言文字的特点和运用规律……培养运用祖国语言文字的能力"。因此所谓的语文能力就是指"语言文字运用能力"，具体来说就是"听说读写"能力。事实证明，知识是能力的基础，没有较为系统的知识结构和丰厚的知识背景，是很难形成能力的。张志公先生认为："一些语文知识就是语文能力；一些语文知识与另一些语文知识结合起来可以转化为能力；一些语文知识与语文实践相结合也能形成能力。"[②]因此，在教学中给学生传授适当贴切的语文知识，丰富完善学生的知识结构，并引导学生在语言情境中综合运用知识分析问题、解决问题，形成能力，这就是语文教学知识与能力的融合。

教学中知识与能力的融合是纷繁复杂的，但也不是没有规律可循，大体上有三条路径：在获取知识的过程中，培养学生语文基本能力；在综合运用知识的过程中，培养学生的理解欣赏能力；在知识迁移训练中，培养学生的自主建构能力。

一　在获取知识的过程中，培养学生的读写基本能力

统编教材实施以来，语文知识以补白的形式回归教材，这是对既往忽略、漠视语文知识现象的矫正。语文能力的不断提高需要语文知识的完善和

---

① 黄厚江：《谈语文学科的知识观》，载《语文建设》2006年第10期。
②《张志公文集》（三），广东教育出版社1991年版，第136页。

丰富。张志公先生说，"语文这门学问主要是语言文字之学"①。换句话说，学生对语言文字形式本身的学习与掌握就是语文课程的重要目标。因此，字、词、句、段、文、修等知识，在一定程度上就是能力，语文教学中获取知识的过程就是形成能力的过程。但关键在于，如何在语文教学中获取知识？是通过阅读获得的，还是先讲授知识再验证呢？实践证明，获取知识的最佳途径就是阅读。因此，在阅读教学中实现知识与能力完美融合的最佳方式，就是通过学生随文学习获取语文知识，形成某一方面的语文能力。

比如肖培东老师的《怀疑与学问》课例片段：

师：如果这篇文章不用《怀疑与学问》做标题，而改用课文中某个短句或者某个短语，你会选哪个？请举手。已经有同学想说了，还有没有更多的同学举手？来，你试试看，说清在第几自然段。其他同学注意在课本上画出来。

…………

师：现在我们班同学认为有八个短语可以做这篇文章的标题。大家联系全文思考一下：这八个标题中哪一个标题是有问题的、不可以的？

…………

师：同学们，最后只有这两个标题是正确的了。我们来看一下，这两个标题出现在第几段。

生：第一、二段。

师：那为什么这两个标题可以呢？它们跟原文有什么关系？

生：都点出了本文要论述的精神。

师：初二的学生还不懂什么是论点，没关系，至少知道它们说明了怀疑与学问的关系，是这个意思吧？

生：对。

师：这两个标题可以，是因为它们是全文的中心论点。所以这样

---

① 《张志公文集》（三），广东教育出版社1991年版，第136页。

我们就明白了，原来议论文有两种标题：一种标题是论题型的，比如我们这个标题《怀疑与学问》；还有一种标题是论点型的，比如《学则须疑》《学者先要会疑》。[①]

这一教学片段中，肖培东老师通过让学生从课文中找短句或者短语替换文章题目，然后再比较学生所替换的标题。在学生充分比较分析后，肖培东老师以课文和教学生成为例子，水到渠成地讲授了议论文标题的两种类型——论题型和论点型。议论文的标题形式是初中学生应该掌握的语文知识，这不仅对于学生的议论文阅读有帮助，而且对学生写简单议论文的拟题有帮助。通过这样的课堂学习，学生不仅获得了论点、论题和议论文拟题方法等语文知识，同时也能更好地理解课文内容。这节课上学生所获取的议论文知识，从某种程度上来说就是学生的能力。如果这节课刚开始就讲授什么是论点、什么是论题、议论文如何拟制标题等语文知识，然后再让学生用这些语文知识来分析《怀疑与学问》，且不说教学的艺术性是否大打折扣，单就老师所传授的这些知识学生能掌握几成，就得打个问号。

获取语文知识的过程就是形成语文能力的过程，获取知识的不同途径影响着学生语文能力的形成；因此在教学中，对于那些陈述性知识的教授是教学的关键。

二　在运用知识的过程中，培养学生的理解欣赏能力

张志公先生认为，一些语文知识与另一些语文知识结合起来可以转化为能力。现代学习论也认为，当知识与知识之间能够建立起动态联系时，知识就自然而然地形成了能力。事实上，在语文教学中引导学生所形成的能力，都不是在某一个知识单独作用下所形成的，而是多个知识相互结合才能转化形成的。教学中，尤其是文学作品的教学，教师都是综合运用多种知识引导学生完成对文学作品的理解和欣赏的。尽管很多老师在教学中，可能以某一

---

① 肖培东：《语文：深深浅浅之间》，长江文艺出版社2020年版，第262页。

主要知识切入教学，但完成教学任务、达成教学目标却是综合运用了多种语文知识。

比如，陈家尧老师的《社戏》课例片段：

> 师：除了从事件、行为上来把握人物的形象与性格，我们还有别的方法，即通过分析人物语言之间的逻辑关系来把握。
>
> （屏显）
>
> 双喜……大声的说道，"我写包票！船又大；迅哥儿向来不乱跑；我们又都是识水性的！"
>
> 师：这里有一个方言词"包票"，是什么意思？
>
> …………
>
> 师：对，我们来看双喜的这几句话：先摆明观点"我写包票"，干净有力、自信满。再从三个方面谈理由：先说硬件条件好——船大；其次软件也不错，迅哥儿不乱跑；退一万步说，迅哥儿乱跑了，不小心落水了，"我们"都是识水性的，"我们"可以救他。双喜的话思路清晰，层层深入，语言干净利落。能说出这样话的人，一定是一个聪明、能干、细心的人。①

陈老师的这一课例是为了分析《社戏》中"双喜"这一人物形象。一般分析人物形象，通常会设计这样的问题："请结合小说中人物的语言、动作、心理、神态等描写，分析人物形象特征。"但陈老师没有如此简单粗暴地直接发问，而是通过引导学生分析人物语言之间的逻辑关系来达到欣赏人物形象的目的。因此，分析"人物语言之间的逻辑关系"就是这一教学案例的核心知识。我们知道分析文学作品中的人物形象，不可能运用一个语文知识就能实现的。于是陈老师还运用了朗读知识、语句变形比较知识、人物语言符合人物性格特点等知识。在这一教学案例中，学生通过朗读、学习语句

----

① 肖培东主编：《语文教学艺术镜头》（初中卷），上海教育出版社2019年版，第151页。

变形比较和句子前后关系的逻辑知识，最终分析出了双喜的性格特征。在这一教学过程中，很多课堂生成是学生调动了既有的知识经验，陈老师所着重运用的"语言之间的逻辑关系"的知识可能是比较新鲜的概念，或者说学生也考虑到了句子语言的前后关系，但缺乏的是明确归纳概括。而这一教学案例中，学生综合运用多种语文知识，最终形成的是"利用人物语言的逻辑关系"欣赏人物的关键能力。

三 在知识的迁移训练中，培养学生的自主建构能力

知识的价值在于迁移和运用，要能在变化的真实情境中解决较为复杂的问题。知识迁移的前提是对知识真正的理解和充分的内化，而理解和内化往往要借助实践活动与真实运用。因此，在真实的语境中，只有能将知识迁移、转化，形成分析问题、解决问题的策略或方法，知识才能转化成能力。语文核心素养的一大重要理念就是用真实、富有意义的语文实践活动情境，培养学生综合利用语文知识解决实际问题的能力，从而提高学生语文的核心素养。在新课程改革的今天，语文教学中实现知识迁移的最佳途径就是创设合理的语境，让学生在语境中迁移所学知识，从而转化成语文能力。

比如教学鲁迅的《社戏》，在引导学生分析"双喜"形象时，笔者设计的情境任务是：小说中塑造了"我"、双喜、阿发、桂生等少年形象，如果让你与小说中的人物交朋友，你最愿意选择哪一个人物？请仿照示例，说说你的理由。这一教学任务，以"交朋友"的情境引导学生分析小说中人物形象。要完成这个任务，学生就要走进小说文本，研读探究这四个人物形象，分析每个人物的优点和缺点；同时，还要结合自己的生活体验，权衡比较哪一个人物最符合我的"交友"标准。学生完成该情境任务，不仅仅达到了欣赏人物形象的目的，而且还培养了分析、比较和辩证思维能力。

又比如，黄厚江老师执教的《孔乙己》课例片段：

> 师：……如果亲眼看到他死，请你写一两句话，还必须写他的手。
> 不要长，关键处就行了。

生：斜靠在墙角，两手撑在地上。

师：为什么要强调靠在墙上这个背景呢？

生：说明他直到死心底的那一点自尊还没有放弃。

生：我看见他的一双手上布满了厚厚的灰黄的茧子。我这样写是强调这是走路走的。

生：他的手伸向天空，好像还在要一碗酒。我想说孔乙己到死仍贪酒，他想通过酒来麻木自己的心。

师：很好！

生：他的两只脚早已不规则了，两只手已经不能称之为手了，看不清形状了。

师：不规则是什么意思？好像在讲几何图形。（生笑）我们把它改一改好吧？对，扭曲。这个形象。黄老师眼前也展现了孔乙己死时的画面，给大家念一念——人们发现他时，他已经在寒风中冻僵了，他的蜷曲的身子像一个大大的问号，也像一个圆。两只手，一只手紧紧地攥着破碗，一只手紧紧地攥着……你们想象一下：攥着什么呢？

生：攥着另一只手。[①]

黄厚江老师这一课例片段之前的环节分别是："找手"，文中几次写了孔乙己的"手"；"圈手"，哪几处最能体现人物的性格命运。"画手"这一教学任务是在以上两个教学环节铺垫下进行的。"画手"不是单纯的想象，而是结合课堂的教学铺垫，创设新的学科认知情境——"亲眼看到孔乙己的死"，设计出符合文本和教学逻辑的典型任务——"写孔乙己的手"。这样的情境任务，从文本出发，从教学任务出发，层层铺垫，步步提升，培养的是学生自主建构的读写能力。教学中，引导学生完成写作任务，实际上就综合运用了这节课学生所学的分析人物的策略、描写人物的方法等知识。用情

---

① 张盘英：《巧"抓手"，活课堂——听黄厚江老师〈孔乙己〉观摩课有感》，载《考试周刊》2012年第43期。

境任务迁移课堂所学知识的方法，很巧妙地实现了学生在语言、思维等方面的自主建构，形成的是学生综合运用语言文字的能力，做到了知识与能力的融合。

总之，由于知识的模糊性特征，语文教学中知识与能力的融合是非常复杂的，本讲也只是管窥一斑。但我们必须认识到，语文核心能力的形成需要语文知识的积累和完善。语文教学既不能唯知识化，也不能去知识化，语文核心素养的形成务必做到知识与能力的相互融合。

广东省深圳市龙岗区平湖中心学校　王兴伟

第 34 讲　文本细读的指导

　　《义务教育语文课程标准（2011年版）》对"阅读"提出了明确要求："有较为丰富的积累和良好的语感，注重情感体验，发展感受和理解能力。""能初步理解、鉴赏文学作品，受到高尚情操与趣味的熏陶，发展个性，丰富自己的精神世界。"课标要求直接决定了语文课堂阅读教学的终极指向：引导学生走进文本，走进作者的心灵，建构学生个体的精神世界。文本细读无疑是达成这一目标最重要的路径。

　　文本细读，就其字面意义而言，是仔细地认真地阅读文本。在文学批评的语境下，文本细读是研究作品的一种重要方法，最早是由美国新批评派理论家克林斯·布鲁克斯提出的。文本细读指的是运用语义学方法对作品语言、结构和细节进行细腻、深入、真切的感知、阐释和分析。其目的被牢牢锁定在文学批评上，它最终是为文学批评服务的。在课程教学的语境下，它的目的应当指向阅读教学。此时的文本细读，指的是从阅读教学出发，深入文本内核。阅读教学中的文本细读具有以下特征：

　　首先是以学生为主体。著名的朱子读书法中的四条，即"循序渐进""熟读精思""虚心涵泳""切己体察"，无一不是讲阅读应走进文本，从易到难——读来，反复阅读反复思考，结合自身生活体验和语用体验仔细揣摩。教学中的文本细读，只有引导学生走进文本，揣摩言语，涵泳品味，才能使其领悟作品的意蕴，获得对文本意义的主动建构。

其次是以言语为指向。如果说"语言是存在之家"（海德格尔语），言语则是"家"的基石。只有在阅读教学中了解言语的字词句材料，仔细分析言语的表达手法、修辞手法，层层剖析言语的内在结构，深入挖掘言语的潜在内涵，才能使学生获得对文本意义的深度建构。

再次是以教师为主导。它包含两层意思：一是教师先读。阅读教学中的文本细读，需要教师细读在先，首先实现教师与文本的对话，再以教师的细读指引学生的细读，以教师的细读体验唤醒学生的细读体验。二是教师指导。在教师引导和指导下，学生沉入语言文字进行细读。教师引导学生与文本对话，与作者对话，让学生在与文本的对话中"能初步理解、鉴赏文学作品，受到高尚情操与趣味的熏陶，发展个性，丰富自己的精神世界"。对于学生来说，在教师指导下的文本细读，既是一个接受的过程，也是一个发现和体验的过程。

阅读教学中的文本细读，是以文本为核心，教师、文本、学生三者之间交流互动的过程。通过文本细读，学生不仅能够透过言语的表面看到言语的本质内容，还能从较深的层次理解作者的思想情感。但是，处处精细就是扼杀精细。文本细读并不是漫无目的、毫无重点的逐字逐句细读。面对阅读材料时，教师应该如何有的放矢、有针对性地引导学生进行文本细读呢？

一 抓住关键词句咬文嚼字

于漪老师说："一篇好的课文总有一些言简意赅、言简意深、言简义丰的关键词句、重点词句，教学时注意把握这些词句，引导学生用重锤敲打，使其中所饱含的思想情操溅出耀眼的火花，照亮学生的心灵，引起他们的共鸣。"[①]因此，文本细读的起点一定是文章的语言，抓住关键语言"咬文嚼字"，甄别和品鉴字词，把握主旨，体会情感。"咬文嚼字"从表面上看似

---

① 于漪：《语文教学谈艺录》，上海教育出版社2012年版，第10页。

只是对文字表面含义的剖析，实际上它是对文本深层情感和思想的推敲把握。因为文章中的字、词、句，甚至标点符号，都传达出作者深沉细腻的感情。离开了语言，就谈不上文本细读。

如肖培东老师执教的《紫藤萝瀑布》教学片段：

师：紫藤萝花说的哪一句也能够阐释作者悟出的人生道理呢？

生（杂）：我在开花！我在开花！

师：文章当中重点把这句话说了两次。哪位同学读一读"我在开花"？紫藤萝应该是怎么说这句话的？怎么嚷的？你来读。

生（读）：我在开花！（重读了"开"字）

师：你重读哪一个字？

生：重读"开"，这个动词体现了花在奋力地绽放自己的光彩，突出了生命的顽强！

师：还有没有其他重读的方式？

生：重读"花"，花代表了灿烂的人生。我在开花！（重读"花"）……

生：重读"我"字。"我"在开花。

师；为什么要重读"我"？

生：体现出了自我，那是开花的自豪感。

…………

生（自由读）；我在开花！我在开花！（重读每个字，充满激情）

师：热爱生命，珍惜现在，勇于实践，创造美好。"我在开花！"这就是这篇散文带给我们的人生震撼。[①]

肖培东老师在教学中细读言语，以读带悟，以读促品。比起"花和人都会遇到各种各样的不幸，但是生命的长河是无止境的"这一凝重的哲理句，

[①] 肖培东：《语文：深深浅浅之间》，长江文艺出版社2020年版，第66—67页。

"我在开花"显得更为简洁、生动、形象。肖老师引导学生逐一重读"我在开花"的每个字，以朗读带动理解，从语言品悟走向主旨探究。学生从紫藤萝的花语中读出生命的哲理，读出作者的感悟，读出自我对生活的真切体验。

二　扣住前后矛盾点探疑生问

文本细读，必然指向言语本身。一般情况下，人们的语言都要遵守约定俗成的语言法则，否则就不规范。但是，在特定的话境下，往往用非常规的语言形式来表达某一情境下的特殊感情，从而形成巧妙的语言现象，收到意想不到的表达效果。这就是教学中遇到的"矛盾"。作者真正要表达的深刻思想和强烈情感往往隐匿在矛盾语言的面纱之后。在阅读教学中，教师要敏锐发现、相机引导学生关注文本言语的前后矛盾处。扣住矛盾"探疑生问"，进行细读，往往能发现那些未尽之语，撩开朦胧的面纱，一窥真相。

如丁卫军老师执教《社戏》时，在学生的问题中提炼出一个核心话题："《社戏》：一篇布满矛盾的作品。"课堂教学巧妙聚焦五组矛盾，抓住言语，引导学生细读文本，抽丝剥茧，由表及里，"梳理情节""把握性格""理解主题"。看其中一个教学片段：

师：偷豆过程中摘自己家的豆怎么还叫"偷"呢？阿发是怎样的一个人呢？

生：阿发是一个很大方的人。

师：一个很大方的人。那么摘自己家的怎么叫偷呢？这不是矛盾的吗？

生：不告诉他妈妈。

师：这是一种不好的行为吗？有同学说双喜带大家偷东西，是个坏孩子，你怎么理解？

生：是为了大家吃东西才偷的。

师：你的意思是说为了大家的事就可以干坏事喽？（生沉默）不是

为了哥们义气就可以干坏事的哦！（拍拍这个孩子的肩头）大家没有这个生活体验。弄一点儿豆子，在农村计较不计较？

生：不计较。

师：就是说农村人非常什么？

生：热情好客。

师：其实就是不拘小节，民风淳朴。这两个人物——双喜和阿发，作者着墨最多的是双喜，课后还要细细地品一品，不仅有直接描写，还有间接描写。这两个人物之间是一种互补关系，使这一群农村孩子的形象更加丰满。[①]

作者故意在文本中设置诸多前后矛盾之处，使深沉的情感在看似平淡的叙述中涌动。丁卫军老师通过对学生问题的归纳机智引导出一个"教学引擎"——"《社戏》：一篇布满矛盾的作品"，从而引导学生发现文本中的五组矛盾，让文字说话，有机串联起整节课的教学活动，形成有价值的探究过程，把学生的思维由标签化的理解带到有自己的独特感悟的边缘，让学生置身于有如"山重水复疑无路"的困惑之中；又于矛盾处追问，通过课堂上的朗读、揣摩、探究、讨论、交流，在反复的思维碰撞中，于细微处见真章，引导学生理解思想内涵，对文本中感人的情境和形象能提出自己的看法。老师立足文本，聚焦矛盾，深入剖析，将语言训练与文本细读有机结合，让文本隐藏的情感显山露水，让学生有"柳暗花明又一村"的恍悟。

三 聚焦逆情悖理处深入品读

作品中人物的行为有时不合常规，教师要善于发现这些不合常规之处，引导学生聚焦逆情悖理处细读，深入理解看似不合理行为之后内在的情感与思想。

[①] 丁卫军：《〈社戏〉：一篇布满矛盾的作品——〈社戏〉课堂实录》，载《语文知识》2015年第9期。

如王君老师执教《背影》时的一个片段：

> 师：父亲和朱自清之间的关系是很微妙很纠结的，大家来读读最后朱自清父亲的信。仔细读，琢磨这封信有什么不同寻常。
>
> 生：这封信到处都是矛盾的。开头说自己身体平安，最后又说"大去之期不远矣"。
>
> 师：是啊。还不止一处矛盾，矛盾的地方多着呢！
>
> 生："举箸提笔"不便是因为膀子疼痛，这和死亡好像不沾边啊！
>
> 生：我感觉父亲很想念儿子，但似乎又不想让儿子看出来。
>
> 师：你的语言感觉很敏锐。你是从哪里感受到这点的？
>
> 生：父亲说话矛盾，有点儿遮遮掩掩的。想强调自己身体不好又不想让儿子着急，想儿子又不好明说，就是那种味道。……
>
> 师：同意！其实父亲的"大去"是在近二十年之后了。他如此写，显然是因为内心情感的复杂。这就是秘密！同学们，现在你们读懂这封信了吗？这封信中藏着什么？
>
> 生：藏着父亲的纠结。
>
> 生：他想念儿子，想说又不好意思说。
>
> 生：他自尊又自卑。
>
> 生：他在用这样的方式主动跟儿子求和。
>
> 生：有点欲说还休的味道啊！
>
> 师：欲说还休，欲说还休！一言难尽啊！[①]

《背影》末段，文字简短，看似平常，其实恰恰是理解父子之情的关键所在。在该教学片段中，王君老师不甘于学生肤浅的情感体验，巧妙追问，启发学生细读，发现父亲家书中的不合情理之处。让学生透过表面的有悖情理走进父亲的情感世界，渐渐理解父亲"待我渐渐不同往日""终于忘却

---

① 刘远主编：《语文名师经典课堂》（八年级上册），山西教育出版社2016年版，第62—63页。

我的不好"背后的剪不断、理还乱的情感纠葛，深深感悟到作者隐藏于这朴实无华的文字下面的隐痛之情。这种教学方式激活了学生的思维，营造出教师、学生、文本多维互动的教学氛围，引导学生真正走进文本，走进作者丰富的情感世界，真正实现了学生的深度情感体验。

　　总之，在阅读教学中，教师只要先行细读文本，通过适当的方法抓住文本语言的关键词语、矛盾处、逆情悖理处等关键点细读，并引导学生走进文本，涵泳语言，与作者对话，品味、感悟和体验，就一定能让学生逐渐步入文本的"藕花深处"，主动地、富有创意地建构文本意义，进而建构起学生个体独有的日渐丰富、细腻深刻的心灵空间。

陕西省三原县新兴镇张家坳中学　杨　琨

第35讲　自主学习的引导

　　所谓"自主学习"，是指在教师的正确引导下，充分尊重学生的主体地位，通过自学、质疑、讨论等方式来实现学习目标，并获得语言文字综合训练的阅读实践活动。它的核心是启迪学生的思维，从而达到主动、有创造性的学习。《义务教育语文课程标准（2011年版）》明确提出："语文教学应激发学生的学习兴趣，培养学生自主学习的意识和习惯，引导学生掌握语文学习的方法，为学生创设有利于自主、合作、探究学习的环境。应尊重学生的个体差异，鼓励学生选择适合自己的学习方式。"

　　为了使学生具有自主学习的能力，教师不仅要在教学过程中把知识传授给学生，而且要教学生怎样学，使学生学会学习，让学生自己掌握打开知识宝库的钥匙。

一　培养良好的预习习惯，确立学生自主学习的地位

　　叶圣陶先生说过："教育的最终目的在于使学生能自学自励。"教育的目的就是要造就终生爱好学习的自主学习者。教育学认为，学生具有主观能动性，学生不仅接受教育，同时还自觉主动地进行自我教育和自我发展。语文教学就应确立"以学习者为主体"的教育理念，立足于学生自主学习能力

的培养，唤醒学生自主学习的意识。而培养良好的预习习惯，是培养学生自主学习能力的重要前提。

以田玲老师的《邓稼先》课例片段来看：

（屏显邓稼先与杨振宁合影）

师：今天，老师向大家介绍两位卓越的科学家。他们是同乡，亦是好友，一个蜚声世界半世纪，一个却隐姓埋名28年。他们是谁？

生（齐）：杨振宁，邓稼先。

师：谁能根据自己预习的所获，用一句话介绍一下杨振宁或者邓稼先？

生1：杨振宁是美籍华裔物理学家，曾获诺贝尔物理学奖。

生2：邓稼先是我国"两弹"元勋，为我国研制发展核武器做出了重大贡献。

生3：我补充一下，中央军委追授邓稼先"两弹一星"功勋奖章。

师：何谓"两弹一星"？

生4："两弹"就是原子弹和氢弹，"一星"就是人造卫星。[①]

在上面一段简单的开场导课中，田老师既检测了学生的预习情况，也是有意引领，对培养学生自主学习的严谨、周密、深刻等思维品质大有好处；同时，使学生的主体地位得以彰显，让学生快速融入课堂，在相互介绍和补充中对邓稼先有了鲜明的印象。如果老师滔滔不绝地讲解，学生又能记住多少呢？所以，在平时的语文课堂教学中，简单的问题让学生预习解决，以此培养学生良好的预习习惯，为课堂充分发挥学生主体地位奠定坚实的基础，这样更有利于学生自主学习能力的形成。

二　营造和谐教学氛围，激发学生自主学习的欲望

语文教学的难易度应适中，让学生"跳一跳，够得着"。无论是掌握知

---

① 田玲：《灵动语文公开课》，北京燕山出版社2020年版，第127页。

识还是领会方法，都不能一蹴而就，必须有一个符合学生认知规律的逐步积累的过程。教学要从实际出发，建立恰当目标。教学生学会学习，切不可脱离具体的教学过程，单纯地教条地讲授思维方法。语文学习的过程是一个探索的过程，教师应在教学过程中设法创设情境，让学生有机会动脑思考，用心领悟，逐步体会。因此，教学中应展现出完整的思维过程，要让学生知道学习过程的曲折，并逐步学会自主学习的方法。

据此，教师必须改变传统的压抑学生创造性的教学环境，支持学生发表不同的意见，鼓励学生积极探索，为创造性人才的成长创造良好的氛围。语文教师要摒弃"师道尊严"等传统教育观，要重新定位师生角色，进行角色转换，构建新型的师生关系；要注意沟通师生情感，教师必须改变传统的压抑学生创造性的教学环境，重视建立民主和谐的师生关系。

比如肖培东老师的《紫藤萝瀑布》课例片段：

师：文中的第一句话"我不由得停住了脚步"，这位同学错读成了"我不由得加快了脚步"。那这位同学，文章的第一句话能不能就改成"我不由得加快了脚步"呢？

生1：我觉得不行。因为她停住了脚步，然后细细地去观察紫藤萝花，后面才由紫藤萝花引出了对人生的思考，所以她就懂得人的生命是有各种不幸的，但是要奋力前行，才加快脚步。

师：你认为是不行的。有没有别的意见？

生2：我认为是可以的，因为她也可能是被那么繁茂的紫藤萝花吸引了，然后加快脚步，到花面前，想快点看到。（同学们点头）

…………

生1：我现在觉得两种都可以，但是第一种（原文）会更好一点。因为"停住了脚步"，可以表示出，"我"因为看到这样茂盛的紫藤萝花的情景而被震撼到了。（教师投以赞许的眼神）

师：大家听清楚了吗？我们读文章要有自己的想法。按这位同学的说法，用"不由得加快了脚步"开头，应该也可以。其实，在生活场景中，"加快了脚步""停住了脚步"都有被紫藤萝吸引住的意味，都源于这盛开如瀑的紫藤萝花。（板书"盛"）[①]

肖老师一开始就为学生创设一个情理交融、充满"人性"的精神环境。通过浅浅地谈，淡淡地引，学生不由自主地跟着老师的思维去思索探究，一步步走进文本，思维得以打开，并很巧妙地过渡到了紫藤盛景的欣赏。这一教学的亮点在于，老师重视建立民主和谐的师生关系，把课堂还给学生，以和谐的教学氛围激发了学生自主学习的欲望。

三　开展小组合作学习，调动学生自主学习的良好意识

古人云："独学而无友，则孤陋而寡闻。"我们应在课堂学习中引入有效的合作学习机制，给学生选择合作学习的内容，创造合作学习的机会，让他们在合作学习中学习合作。其中，小组合作探究是课堂教学中师生最乐于实施的方式之一。面对新课程，我们必须改变以往让学生亦步亦趋的习惯，引导学生自主学习。学生学习的主战场在课堂，课堂教学是一个双边活动的过程。只有营造浓厚的自主学习氛围，唤起学生的主体意识，激起学习需要，学生才能真正去调动自身的学习潜能，进行自主学习，成为课堂学习的主人。

比如田玲老师的"走进经典"学习活动片段：

第一环节：文化讲坛说经典

师：中国是历史悠久的文明古国，在五千年的文明发展史中，涌现出了《四书》《五经》《弟子规》《千字文》《三字经》等众多国学经典著作。这些经典著作，倡导嘉言懿行，开拓心胸志趣，提升人格教养，培养好学精神，开发潜能，启迪智慧。今天，就让我们一起走进经典，聆听各组在文化讲坛上的展示，领略中华经典文化的独特魅力吧！

---

① 肖培东：《语文：深深浅浅之间》，长江文艺出版社2020年版，第57—58页。

最佳拍档组：七嘴八舌说《论语》……

锐不可当组：激情饱满议《大学》……

雯倾浅忆组：《弟子规》规言行……

一马当先组：最爱唐诗宋词

组长：唐诗宋词是中国文学史上的两颗明珠，我们从牙牙学语时就会背"鹅鹅鹅，曲项向天歌。白毛浮绿水，红掌拨清波"。但凡是中国人，或多或少都能顺口说出一两句诗词来。今天，我们希望通过讲解，让大家一起爱上唐诗宋词。

组员：我是读着《唐诗三百首》长大的，沉浸在关山大漠、大江东去、枫林晚秋、野舟横渡的意境中，是一种享受。每年暑假去旅游，看到美景，我都会情不自禁地想到唐诗。站在泰山顶上，"会当凌绝顶，一览众山小"脱口而出；在庐山瀑布前，自然就联想到"飞流直下三千尺，疑是银河落九天"。唐诗几乎为所有的景色都题写了绝妙的解说，感染着我的情绪。①

这个课例最大亮点就是突出学生的自主性和积极性。课例中，在"说""诵""话"几个板块，田老师非常信任学生，充分依靠学生，她把教学展开的大部分时间和舞台都交给了学生，让学生唱主角，让学生自己做学习的主人。突出合作学习，培养学生围绕小组学习任务聚智策划、同心协作，是本课例的另一亮点。课前各小组的话题选取、资料收集、任务分配，通过小组间的交流互通，才可避免重复。课中组长领头，组员逐人展示，话题集中，浪涛相随，精彩纷呈，这也是互助协作的结果，更好地调动起学生自主学习的意识。

四　巧设质疑，适时评价，培养学生自主学习的探索精神

子曰："知之者不如好之者，好之者不如乐之者。"只有激发学生探究

---

① 田玲：《灵动语文公开课》，北京燕山出版社2020年版，第186页。

的热情，才能使学生具有发现问题并积极探究的心理趋向，进而将学习内化为一种需要、一种乐趣和一种强大的内驱力，从自主探究的尝试中感受到自主学习的喜悦。在自主学习的过程中，学生能否质疑反映其参与程度，是评价自学质量的重要方面。在探讨问题时，要特别注意调动学生提问的积极性。学生的积极性一旦被调动，提问会增多，教师应进行筛选，做到"枝节问题不纠缠，典型问题不放过"。在讨论问题和回答问题时，能由学生发言的，一定让学生发言；在强调重点和总结时，尽量创造条件让学生多讲，营造民主氛围。民主和谐的气氛中，学生无顾虑，无压力，思维活跃，自主性随之增强。

以肖培东老师《怀疑与学问》的课例片段来看：

师：如果这篇文章不叫《怀疑与学问》，那可以用课文中的哪个短语或哪个短句来代替呢？（学生陆续举手）嗯，有同学举手了，别的还有吗？来，找一个不举手的同学，你来说。

生：第1段，"学者先要会疑"。

师：第1段的第1句话，画出来，前面写个"1"做记号。这是我们第一个同学给出的标题，一起读。（生齐读"学者先要会疑"）

生：我会用第6自然段的"我怀疑，所以我存在"。

生：我会用第2自然段里的"在可疑而不疑者，不曾学；学则须疑"。

师：你见过这么长的标题吗？（生笑）

生：那就第2自然段的最后一句话——学则须疑。

师：聪明，马上就改出来了。一起读。（生齐读"学则须疑"）

师：不错。第一句话有"学者"，这句也有"学则"。怎么读呢？第一句"学者"两字要连在一起，这句"学则"要分开，有明显停顿，读成"学/则须疑"。还有没有？后面女同学来说。

…………

师：7个标题了。（1.学者先要会疑；2.我怀疑，所以我存在；3.学则须疑；4.怀疑的精神；5.怀疑与修正；6.因怀疑而思索；7.发问和求解）

考虑一下：哪几个标题，仔细思考还是有问题的？①

这节课例，肖老师浅浅地导入，却把学生引入深度思维中；浅浅地对话，带学生不知不觉夯实语言建构和运用；浅浅地质疑，让学生经历了一次批判性思维训练之旅。

当然，培养学生自主学习能力的手段和方法还有很多。只要语文教师转变观念，有意识地在课堂中运用各种策略，培养学生学会发现、学会探索、学会创新，那么语文课堂教学就能勃发出生机和活力，真正培养学生自主学习的能力，为学生今后的发展和终身学习打下良好的基础。

陕西省西安国际港务区陆港初级中学　滑　丽

---

① 肖培东：《语文：深深浅浅之间》，长江文艺出版社2020年版，第258—259页。

第 36 讲　圈点批注的应用

　　圈点批注是古人传统的阅读方法。"不动笔墨不读书"，在书上重要的地方画上圈杠点线等各种符号，以便于标记识别；同时在书眉等空白处写上批语，及时记写自己在读书过程中的所得所感。采用圈点批注的读书方法可以让阅读者凝神阅读，提高注意力，还便于再次阅读或者不同读者在读书时进行思想的碰撞。这种方法在先秦就已有萌芽，孔子等人对《周易》《尚书》《诗经》等古典著作的讲解与评论，可以看作是评点的源头；汉代有刘勰《文心雕龙》、钟嵘《诗品》对诗文的评论；南宋末期的刘辰翁对《世说新语》的评点被认为是小说评点的始祖；明清两代，小说评点发展到巅峰，成为中国文学史上独特的文化现象，出现了金圣叹评点《水浒传》、脂砚斋批注《红楼梦》等一批中国古典文学评点的名作。到了近代，文学评论开始长篇大论，具体阐发，评点法开始衰落。但教育家叶圣陶、徐特立等人大力倡导这种传统的阅读方法。

　　统编版语文教材明确要求，学生在阅读课文时应学会"圈点勾画"，而且在自读课文的助读系统中，旁批就是一个亮点。自读课文旁批随文设置，是为了帮助学生学会独立阅读、自主学习，并为学生提供思考的重点，以及点明疑难精妙之处等。

在教学过程中，根据课文和旁批的特点，可以引导学生通过分析、辨别、整合，应用圈点勾画进行阅读，并借助好旁批推进教学，使学生的阅读能力、思考能力得以有效提升。教给学生圈点勾画及批注的规范方法，可使学生提升自己的阅读能力，形成自己的阅读体验和方法。

一 利用好课文旁批，进行有效的自读课文教学

统编教材随文设置的旁批大致可以分为两类：一类是点评式的，一类是问题式的。点评式的旁批从文章结构、写法特色、精妙之处、情感解读等方面进行评点；问题式的旁批引人思考，引导学生阅读，激发学生阅读兴趣，指明阅读路径，让阅读不断深入，不断内化。在教学过程中，可以采取以下方法进行教学，层层深入，由表及里，由浅入深，让学生慢慢触及文章的内蕴。

1. 分析明确每一条旁批的特点、作用和价值

随文设置的每一条旁批，都是编者从不同角度进行考虑的，所以在教学中要教好带有旁批的自读课文，教师首先就要阅读旁批，分析旁批的意义和价值，把握教学的重难点，进行有效的教学设计。

肖培东老师执教《一棵小桃树》时，首先分析了文章的旁批：这五处旁批分别是从作者情感、散文内容、阅读方法以及散文写法等方面做了提醒，准确地引导着学生自读这篇语言含蓄、寓意深刻的散文。编者意图极为明确，教学中理应不能忽略这样的课本资源。

所以，要教好自读文章，我们必须利用好旁批这一教学资源，巧妙地解读，并进行整合、提炼、穿插，引导学生自主走进文章深处，历练阅读能力，领悟文章思想内涵。

2. 有的放矢地使用旁批完成文章整体感知

课文的旁批是编者意图和智慧的体现。如何有效地使用旁批，是自读课文教学的一个难点，也最能彰显教师智慧。接下来请看肖培东老师的教例片段。

师：五处旁批有三个问题，不待肖老师说，你自己能解决的问题是哪个？

生：是什么使我遗忘了小桃树？我觉得应该是，作者到城里上学，一毕业就走上了社会，准备轰轰烈烈地干一番事业，渐渐地就忘记了家里的小桃树了。

…………

师："我"也想开花。了不得！还有一个问题，当最后雨中的小桃树开花的一刹那，"我"的情感在这里来了一个转折，你读出来了吗？（学生举手不多）这就说明这个问题有点难度，这节课我们就要重点研究这个问题。①

肖培东老师在对文中五处旁批进行认真研读的基础上，又准确地预设了解学生的能力范围和问题的难易程度，显示出很好的层次感。由旁批中的三问切入教学，既准确检测学生的自读情况，还了解学情，又能提示学生阅读要利用文本阅读资源，要关注编者旁批，不能得之于外，应求乎内。这三个问题难度呈递增状：第一个问题只要在对应的语段中读出来就可以；第二个问题就需要深入文本去思考，不是单纯阅读寻找就能得出答案；第三个问题不仅指向文章的写法，而且指向文章的情感。这样引导就会使学生在了解全文内容的基础上进行文章的深入阅读和思考。

3. 借助旁批进行文章研读深读

如何让教学深入开展，首先要明确每一种文体的教学重点和难点、每一篇文章的特色，其次是找到旁批与之相关的联接点，准确实施教学。肖培东老师针对第二处旁批，进入文本重点段落研读：

师：五个旁批当中哪个是告诉我们阅读这类散文的方法的？第几个？

---

① 肖培东：《桃树蓄梦想，旁批巧助读——我教〈一棵小桃树〉》，载《语文建设》2018年第4期。

生（齐）：第二个！课文中一些描写反复出现，比如多次描写小桃树"没出息"。散文中这类地方，往往寄托着深意，要仔细体会。……

师：读读，这段话里哪个词最能写出小桃树的没出息？①

这样引导学生精读，去感受作者遣词造句的深厚功力，察觉作者写作的深意。文章中这棵"没出息"的小桃树，就是作者表达文章中心的载体，也是寄寓感情的实体。如此品读小桃树，就是去理解独特的"这一个"，体会作者如何运用生动形象的语言写景状物，寄寓自己的情思，抒发对社会与人生的感悟。阅读至此，即可水到渠成地问学生："作者为什么要反复描写这棵'没出息'的小桃树？其中的深意究竟何在？"文章饱含着的深深感慨和寄托就可浮出水面。

接下来，针对"寻常的情景，不寻常的情感"这个旁批，肖培东老师继续追问：

师："我"常常想要给"我"的小桃树写点文章，但却终没有写就一个字来。这个"常常"说明好的散文是情感不可遏制必须要喷薄而出的自然产物。作者说，常常想写，却总是写不出一个字来。我想问问同学们：如果作者只能写一个字，来写他的小桃树，你觉得，他会写哪个字？

生：梦！爱！念！灯！坚！艰！蓄！……

师：这篇文章就是写"蓄"的，蓄梦，蓄情，蓄力。这篇文章写法上也是遵从"蓄"来写，慢慢地让我们走进小桃树的情感世界。我还喜欢一个字儿，在文章的结尾——

生：孕。（板书"孕"）

师：对。风雨过后，希望孕生。这不仅是作者对小桃树的祝福，

---

① 肖培东：《桃树蓄梦想，旁批巧助读——我教〈一棵小桃树〉》，载《语文建设》2018年第4期。

也是对在座的每一位同学的祝福。记着，你们就是一棵待开花的小——桃——树！下课！①

肖培东老师借助文章第一个旁批"寻常的情景，不寻常的情感"和最后一个旁批"情感在这里来了一个转折，您读出来了吗"，在一次次的引导和追问中不断激活学生的思想，产生了丰富的课堂效果，教学亮点频出。

旁批就是学生实现自主学习的支架，《一棵小桃树》中的五处旁批有阅读散文应紧扣的核心点、阅读散文的方法支架以及阅读文本需要思考的点，隐含着本文的教学重点、备课方向、教学策略和语文能力培养目标等。教师认真研读旁批，结合文章内容积极进行合理的预设，不断深入追问，定可收获多多，精彩不断，使学生在阅读中不断强化阅读能力，提升阅读素养。

二 教会学生圈点批注方法，提升学生的语文素养

1. 规范圈点批注的相关符号

为了提高阅读实效，在教学之初和学生一起设置规范的圈点批注的符号。如在每段前用圈码"①""②""③"等标注自然段落，用"//"表示文章结构，用汉字"一""二""三""四"标注结构段，用"/"表示段落层次，在段落层次旁边写出大意。用小圆圈标在文中难理解的字词下，用小圆点标在文中可锤炼的词语或是需要释义的词语下，用大方框框出文中需要重点注意的字词，用三角形标在文中重点、优美字词下，用问号标在文中有疑问或是不理解之处，用叹号标在文中有感叹处或是需要特别注意之处，用双横线标在文中需要重点理解的语句下，用单横线标在文中的重要句（如过渡句、总领句等）下，用波浪线标在文中优美的语句下，用方括号或大括弧标注重点段落（方括号范围比大括弧小），用增添号在字词之间增添新的文字或符号。以上这些都是一些常见的圈点符号。需要注意的是这些圈点符号都

---

① 肖培东：《桃树蓄梦想，旁批巧助读——我教〈一棵小桃树〉》，载《语文建设》2018年第4期。

有其特定的意义，每个学生亦可根据自己的使用习惯进行调整，不拘泥于形式，但也不能任意改变圈点符号的意义，使前后圈点不一致，造成日后回顾的障碍。在教学时，可与学生共同制定、确立一套供全班使用的圈点符号，规定其意义及使用范围，方便学生交流、反馈。文字型批注是学生在圈点勾画的基础上所做的阅读笔记，是对文本的理解与鉴赏。读者通过在文本中做有限的评论、注释表达自己阅读感受与思考。按照在文本中的位置来进行划分，批注分为眉批、旁批、夹批、尾批、总批五种。经过圈点批注的文章，眉目清晰，条例分明，可加深学生的记忆，便于学生回顾和复习巩固。

2. 做好教师示范引领

叶圣陶说："阅读程度不够的原因，阅读太少是一个，阅读不得法是尤其重要的一个。"为此，让学生进行有效的圈点批注时，教师可以进行旁批的引领示范，教给学生写旁批的方法。刘勇老师在执教《动物笑谈》时，先进行示范性的批注展示：

> "这自然是一些外地来的观光客，他们大概被眼前的景象吓呆了，因为他们只看到一个有着一大把胡子的大男人，屈着膝，弯着腰，低着头在草地上爬着，一边不时回头偷看，一边大声地学着鸭子的叫声。"这句话妙点有三：首先是一进串的动作描写，生动形象地描绘出作者不顾自己的形象模仿母鸭爬行的姿态，让人忍俊不禁；二是周围人的惊奇反应产生喜剧的效果；三是"大把胡子""大男人"具有调侃的意味。[①]

榜样的力量是无穷的，通过教师的示范，学生再进行批注交流，最后教师点拨即可。

教师同样可以教给学生多角度批注的方法：可以是注释识记型，主要包括注释和识记两个方面；可以是心得感悟型，学生在阅读过程中受到文本独特思想内涵的启发，由此开始认识自我，并记录自己的情感体验，表达自

---

① 顾之川主编：《名师语文课》（初中卷），山东教育出版社2019年版，第283—284页。

我，重塑自我；可以是联想想象型，学生在阅读文学作品时，需要在原有生活、知识经验的基础上，通过联想与想象，体会作品的独特内涵；可以对文本进行改写、重构，或与其他有相似点的文本作对比阅读；可以在阅读的过程中能质疑、会质疑，勇于发问；等等。特别是质疑式批注，更能培养学生的批判性思维。如向浩老师执教《从百草园到三味书屋》时，抓住学生对"三味"的质疑，引导学生探索引证，从四种说法中分析，最后得出比较认同的一种说法："三味"就是"读经味如稻粱，读史味如肴馔，读诸子百家味如醯醢"。①

3. 在积极评价反馈中提升学生的能力

在教学中，教师要引导学生积极使用约定俗成的圈点批注方法来进行阅读，圈点批注的内容应该是文章的重难点、疑惑点，或者是自己有深切感受的内容。鼓励学生运用自己学习的赏析方法，既可以从字、词、句、段进行赏析，也可以从作品的内容、结构、写作手法、语言风格等方面着手，还可以从修辞、句式、标点等多方面进行批注赏析，学会注释识记、联想想象、质疑解惑等多角度赏析方法。

总之，"圈点批注"阅读是一种读者与文本、作者对话，在思想上碰撞交流，与自我进行对话的阅读活动。这种对话是通过读者在阅读过程中对作品里的文字进行吸收，并将之作为作品蕴含的丰富意义内化而形成。读者在使用"圈点批注法"阅读时，头脑中重现作者创造出的独特的艺术形象及内容，并在此基础上，对作品的精彩之处进行圈点批注，融入个性化的自我感受，由此补充、重塑、再造作品艺术形象，从而有效提高自身的阅读感受及鉴赏能力、联想想象能力、创新实践能力。这就是利用"圈点批注法"进行教学的魅力所在。

陕西省汉中市略阳县荣程中学　刘晓梅

---

① 顾之川主编：《名师语文课》（初中卷），山东教育出版社2019年版，第283—284页。

第37讲　发现教学的实施

　　发现教学属于阅读教学的范畴，发现教学的实施依赖的是发现教学法。阅读教学，俗称"讲读教学"，是指学生在教师的指导下，通过文字符号去理解文章的语言形式与思想内容的特殊认知过程。阅读教学是语文教学的主体内容，是语言训练与思维训练结合的主要形式。阅读教学的方法，是指师生在阅读教学过程中为完成特定的教学任务所采取的手段和方式的总和。

　　发现教学法，即在教师的引导下，学生通过自己的思考和实践掌握知识的方法。这是美国心理学家、教学论专家、哈佛大学教授布鲁纳大力倡导的一种教学方法。他认为实现教学任务的一个可靠方法是善于引导学生去"发现""探究"和"解决"问题。他主张学生在教师的指导下，要像科学家发现真理那样，通过自己的头脑去探索。[①]

　　我们先学习一个发现教学的经典案例，然后通过这个案例分析，了解和掌握运用发现教学法的一般步骤。

　　《语文建设》杂志曾登载了这样一个经典案例：

---

① 林华君、李桂荣：《中学语文教材教法通论》，陕西人民教育出版社1991版，第182页。

　　讲读朱自清的散文《春》中的句子："小草偷偷地从土里钻出来，嫩嫩的，绿绿的。"我让学生思考教材上的一道思考题："嫩嫩的，绿绿的，本是修饰小草的，按正常的语序应在小草的前面，作者却把它放在后面，这样写有什么好处？"

　　"老师，这道题目有问题！"语文课代表杨锐站起来说道。

　　我一愣，几种教材都有类似的题目，还从未有人怀疑过。我鼓励他："你具体说一说。"

　　"'嫩嫩的，绿绿的'在这句中不是修饰前面的'小草'。因为'小草'既然是'偷偷地从土里钻出来'，应是神不知鬼不觉，怎能看见它'绿绿的'？"

　　教室里顿时活跃起来，同学们七嘴八舌地议论开了。

　　"是啊，'小草'在'偷偷地从土里钻出来'之前，怎能是'嫩嫩的，绿绿的'？"

　　"即使'小草''偷偷地'正在'从土里钻出来'的时候，也不见得是'嫩嫩的，绿绿的'。"

　　"我们观察过，小草刚钻出地面的时候是黄色的，而不是'绿绿的'。"

　　"同学们言之有理，那么朱自清先生为什么写'小草偷偷地从土里钻出来，嫩嫩的，绿绿的'呢？"我追问。

　　"因为小草钻出来后，经过一段时间的生长，很快变绿。朱自清先生这样写，表明小草钻出来之后有段时间间隔。"

　　"这样写，表现小草有很强的生命力。"

　　"'嫩嫩的'写出了小草的可爱；'绿绿的'突出了小草的旺盛生命力。"

　　"实际上是为了表现春天的可爱和朝气蓬勃。"

　　"对！'嫩嫩的，绿绿的'正是对钻出来之后的小草生长状态的描绘，所以课文后面接着写'园子里，田野里，瞧去，一大片一大片满是的'。可见，这'嫩嫩的，绿绿的'是修饰能瞧见的小草，而不是修饰那正在'偷偷地从土里钻出来'的小草。"我总结说，"古人云'学贵有疑'，你们的怀疑是值得肯定的。发现问题，解决问题，这就是创造。朱自清先生的散文是美文的典范，清新、诗化的语言具有跳跃性，想象空间开阔。同学们应充分想象，才能领悟《春》的语言美。"

学生们面露微笑，洋溢着成功的喜悦。[①]

对于这个案例中的学生而言，这是一种"发现学习"的学习方法；对于案例中的教师而言，这又是一种"发现教学"的教学方法。

从发现教学法的步骤来看，我们通过分析案例可得出这样的结论：首先，教师要提出使学生感兴趣的问题，或者为学生创设一种问题情境。案例中的老师很有教学智慧，在教学情境的创设上，注重了其形象性，"嫩嫩的，绿绿的"，有色有形，让学生看得见、摸得着，这就有效地丰富了学生的感性认识，使他们兴趣大增。老师还让学生思考修饰语在前还是在后的问题，这又有效地刺激和激发了学生的想象联想，为学生自己发现、自己探究提供了很好的土壤。最典型的就是课代表提出"这道题有问题"，可谓一石激起千层浪。其次，教师要层层深入地引发学生思考，让学生提出解决问题的各种假设和答案。课代表质疑后，老师先是一愣，然后让学生"具体说一说"，教室里顿时活跃起来，各种假设和答案都来了。讨论使人机智，越辩越明。最后，老师总结，得出"发现"的结论。表面看，老师总结为"这是小草生长状态的描绘"；深层看，老师引导学生从审美意识层面理解感悟文本，即诗化语言的跳跃性、想象空间的开阔性。

我们可以看出，在发现教学实施过程中，"在教师的指导下"是前提条件，"学生通过自己的思考和实践掌握知识和方法"是主要目的和归宿所在。因而，"教师指导""学生思考探究"是发现教学的"两翼"，若要保证发现教学的顺利实施，就要在两个方面下足功夫："教师指导"贯穿课堂始终，不仅仅只是一个开课前的主问题抛出，或者情境创设；"学生思考探

[①] 孙富中：《由一道思考题引发的争论——〈春〉教学片段》，载《语文建设》2003年第2期。

究"是在教师的指导下，循序渐进，渐入佳境。两者相辅相成，平行推进。

　　教师要想指导得好，学生要想思考得深入，发现教学能够有效实施，教师备好课是重中之重。这虽是老生常谈的问题，但有时却易于被我们忽略。创设问题的情境、预设学生探究的路径、预估学生探究中可能出现的困惑、帮助学生反思和评价等，在备课中就显得举足轻重了。

　　因此，教师在备课前，一定要认真阅读教材，分析教材，圈点批注。教师要明晰课文的位置和地位，深挖教材文段间的逻辑关系，仔细查阅字词的拼音和本意，深入思考并亲自动手完成课后思考拓展题；同时要研究学生，分析学生，也就是我们所说的学情。学情的分析不能仅仅局限于一个群体的概念，还要分析每一类孩子、每一个孩子的特点，努力做到分层教学、因材施教。

　　我们来看看笔者《〈苏州园林〉教学设计》中的一个片段：

　　师：首先老师提一个问题，请大家思考：四个讲究是并列关系吗？

　　学生思考作答，大部分学生认为是并列关系。老师可在此基础上追问："既然是并列关系，那它们的顺序完全可以调整，对不对？"学生认为不可以，这样就会引起学生深入思考。如有个别学生认为是由大到小的关系或程度上递减的关系，那么老师要及时地追问，如果学生回答有困难，老师应该进行如下引导。

　　师：请大家找出四个"讲究"句中的核心词（提示：两个字）。

　　大部分学生能很快找出"布局""配合""映衬""层次"这几个词。

　　师：请大家结合上下文，认真揣摩"布局"的内在含义。

　　这里需要较长时间，一定要给学生足够的时间思考、推敲、比较、斟酌等。

　　老师明确"布局"就是对事物的全面规划和安排。

　　师：知道了"布局"的意思，我们就不难发现四个"讲究"绝不是并列关系。由此可见，揣摩语言，一定要抓句子中的核心词、关键词。

　　师：你们还能从文中找出相关的实例，并进行简要分析吗？

学生可能有以下答案：

（1）倘若要我说说总的印象，我觉得苏州园林是我国各地园林的标本。

当学生谈到"标本"一词时，老师及时地为学生渗透做比较的说明方法，因为说苏州园林是"标本"是建立在其他地方园林和苏州园林相比较的基础之上的。

（2）谁如果要鉴赏我国的园林，苏州园林就不该错过。

（3）假山的堆叠，可以说是一项艺术而不仅是技术。

（4）游览苏州园林必然会注意到花墙和廊子。

（5）可是墙壁上有砖砌的各式镂空图案，廊子大多是两边无所依傍的，实际是隔而不隔，界而未界，因而更增加了景致的深度。

在学生回答完后，教师在一些词上加上着重号。[①]

这个案例片段是为完成学习目标"学习简洁生动的语言"而设计的。这个过程共分为四个阶段。

第一阶段：老师为学生创设了一个问题情境——四个讲究是并列关系吗？从对历届学生学情的了解看，老师预设大多数学生认为的确是并列关系，现实教学中也的确如此。于是老师引导学生做出假设"既然是并列关系，那么顺序可以调整"，但学生又普遍不同意这种假设，这就为学生积极思考、独立探究提供了土壤。

第二阶段：引导学生利用老师所提供的材料和提出的问题，反复进行推敲、比较、斟酌。在老师的指导下，学生很快找出"四个讲究"中的核心词，并重点在"布局"一词上揣摩体会。以此为途径，引导学生明白一个道理：问题的解决，往往取决于某个关键词语。

第三阶段：学生再次从实践上检验自己的假设。当老师提出"你还能从

---

① 白珍编著：《陕西省中小学教学能手优秀教学设计集》（初中卷），江苏教育出版社2014年版，第21—24页。

文中找出相关的实例，并进行简要分析吗"时，学生的探究路径已经较为明确了。老师在备课时，依据学情也做了一定的预设，但这种预设绝不能影响课堂的生成。正式授课时，学生的检验假设也绝不能偏离"学习简洁生动的语言"的轨道。

第四阶段：学生根据实践检验获得结果，并得出自己的结论。对于语文学科而言，"能结合上下文揣摩词或短语的内在含义"就是学生探究的结果，听起来很抽象。所以，备课远没有结束，要想让学生继续深入"学习简洁生动的语言"，可以继续创设问题情境，继续引导学生实践检验，继续反思总结。诸如：

> "这些词或短语在词性上有什么特点？"
>
> "这两个词都是副词，表强调作用，强调了苏州园林的'图画美'这一特点，加强了语气；如果删去，语意减弱。此中用法在文中有很多，大家不妨找一找，谈谈自己的理解。"
>
> "就本文而言，除我们之前研究的动词、名词、副词之外，还有一些表示事物的性质、状态和特征的形容词或形容词性的短语。我们试着找一找，并体会其作用。"
>
> "如果大家有兴趣的话，可以自己研究，然后就文本的语言写一篇小论文，题目可以叫《浅谈〈苏州园林〉的语言之美》。"[1]

上文重点罗列了发现教学实施案例和发现教学设计案例，并且做了详细分析。此种教学的优势显而易见，正如英国著名教育家斯宾塞所说："在教育中应该尽量鼓励个人发展的过程，应该引导学生进行探讨，自己去推论，给他们讲的应该少些，而引导他们去发现的应该尽量多些。"

---

[1] 白珍编著：《陕西省中小学教学能手优秀教学设计集》（初中卷），江苏教育出版社2014年版，第21—24页。

发现教学法，是引导学生在阅读体验、教师启发、深入思考的基础上，能够发现阅读文本中的新问题，进而提出有价值的问题，然后通过合作探究的方式解决问题的方法。当然，发现教学的实施，对教师、对学生的学习探究能力的要求较高，需要长期训练。

陕西省西安爱知初级中学　朱宝军

第38讲　合作学习的开展

合作学习，是指学生为了完成共同的任务而进行的有明确责任分工的互助性学习。合作学习既是学生学习的一种形式，也是教师在组织教学的过程中，根据教学的需要，运用小组或团队力量、集体智慧解决问题时所选择的一种教学的组织方式。它区别于学生个体的自主学习。

新课标倡导合作学习方式，要求教师引导学生运用合作学习的方式，解决疑难问题。作为教师，要有意识地给学生提供合作学习的机会，要有意识地选择有价值的问题，并组织学生合作学习，要有意识地培养学生合作学习的能力，最终达成让学生认识合作学习、体验合作学习、拥有合作学习能力等的目标。

合作学习鼓励学生一起学习，在完成共同任务的过程中充分发挥自己的作用。合作学习强调的是学生在学习群体中学习，要有强烈的合作意识和团队意识。"在完成共同的学习任务过程中，要让每一个学生承担一定的任务，相互支持，相互配合，遇到问题能协商解决，共同合作完成学习任务"[1]，曹公奇先生的这些看法就极好地论述了合作学习的要诀。

---

[1] 曹公奇：《本真语文》，长春出版社2014年版，第89页。

合作学习的运用非常广泛：既可以在课堂教学过程中开展，比如同桌之间的互助合作学习、小组中的交流讨论学习、部分成员的角色扮演活动、全员性的合作讨论学习等；又可以在课余时间开展，比如好朋友之间的合作学习、针对某一问题随机自建小组的合作学习，或者提前按问题预设几个小组进行合作学习等。

合作学习从角色及人数角度主要分为以下三种类型：同桌互动、小组合作、自由交流。

同桌互动，人数少，只有两个人，主要是同桌之间的交流和合作学习。在上课的过程中，可以选择合适的时机和有价值的问题，让学生在同桌两人这种小范围内进行合作学习。

小组合作，以四至六人为宜。这种合作学习的方式适合探究稍难一点的问题。小组成员通过合作学习，经过思维的碰撞，把见解引向深处，最终会在问题上达成共识。

自由交流，不限人数，可以几个人，也可以几十人甚至全班学生。教师提出问题后，全班学生争相交流。随着交流人数的增多，问题答案会愈来愈深刻，甚至多元化呈现。这种方式也是广大教师在课堂上使用频率最高的方式，因为好操作，见效快，能最大程度地发挥更多学生学习的主观能动性。这种合作学习的方式，往往离不开教师的启发和引导。

一　开展合作学习，有利于培养学生的合作精神

开展合作学习让学生组成一个个小的集体，个体会融入集体中。他们交流协作，相互帮助，共同进步，在此过程中培养了合作精神。

比如，文明珠老师的《孤独之旅》课例片段：

> 作者是怎样来表现小康成长的过程的？找出相关语句，分四人小组合作学习，加以分析，体会小康成长的心理历程。……
>
> 设计意图：这一环节贯彻语文课程标准倡导的自主、合作、探究的学习方法，让学生在切磋中互相补充、互相学习，培养学生合作、解疑

的能力及表达的勇气和习惯。同时让学生进一步熟悉内容，梳理要点，明白杜小康成长的心理历程：恐惧—害怕—孤独—不再恐惧—坚强。借此领会主旨，分析人物形象，体验成长的感受，让学生感悟到这一趟孤独之旅也正是一趟"成长"之旅。[①]

教师抛出了一个问题"作者是怎样来表现小康成长的过程的"，然后分配任务——"找出相关语句""分四人小组合作学习""加以分析，体会小康成长的心理历程"。每一个学生不一定找得准确，也不一定能分析准确。其他学生补充，同时自己也做批注，不理解的地方再切磋，最终得出自己对问题的看法。通过合作，小组内一点一滴的理解最终会成为解决这个问题的一把把钥匙。在合作学习的过程中，学生们共同承担任务、分解任务、探讨问题等的合作精神得到了培养。

二 开展合作学习，有利于激励学生主动学习的意识

开展合作学习时，学生会在合作的基础上，逐步理解老师提出的问题，逐步体会到成功的喜悦。他们备受激励，愈发积极地思考，就会变被动学习为主动学习。长此以往，学生体会到了学习的乐趣，也有了学习的成就感，主动学习的意识就被激活了。

比如，肖培东老师《皇帝的新装》课例片段：

师：你们知道《皇帝的新装》是一篇——

生：童话。

师：好，问题来了。同学们，以你们的读书经验，怎么就判断《皇帝的新装》是一篇童话的？别忙着举手，想想看。

（学生思考，举手）

生：因为我觉得像散文那些一般写的都是真实的故事，童话就有一

---

① 曹公奇等：《阅读教学教什么》，北京燕山出版社2018年版，第88—89页。

些虚构的色彩。它写那两个骗子做的衣服愚蠢的人是看不见的，就带有一些神话色彩，就应该是童话。

师：神话色彩？

生：哦，不，不，就是虚构的，脱离现实。

师：哦，脱离现实，是虚构的故事，所以觉得它是童话。还有没有其他说法？你来说。

…………

生：夸张。

师：夸张，还有？

生（齐）：想象。

师：哎哟，真棒，我的同学们，来看看老师给的定义，和你们的是多么相似。我们一起来读读看！

（屏显）

童话是一种文学体裁，它的特点是通过丰富的想象甚至夸张来塑造人物形象，反映现实生活，潜移默化地对儿童进行思想启蒙教育。

师：你看，你们用自己的语言，把这文章体裁的特点全说出来了，这就是学习的力量。好，再来说说，童话最主要的特征是什么？

生（齐）：丰富的想象和夸张。[①]

这是一段全班交流式合作学习的课例，肖老师要引导学生认识"童话"这种文体，师问生答，生谈师导，环环相扣，层层推进，整个过程都是合作学习，不是独立学习。最终经过多位学生的交流，肖老师引导学生总结出了"童话"这种文体的特点。在整个合作学习的过程中，学生尝到了成功的喜悦，受到了激励，更加愿意积极思考，主动学习。

---

① 肖培东：《我就想浅浅地教语文：肖培东语文课例品读》，长江文艺出版社2016年版，第298—300页。

三　开展合作学习，有利于培养学生的创新精神

在应试教育大背景下，多数学生唯分数"马首是瞻"，创造性受到抑制。开展合作学习，学生会在自己的小团队中积极地酣畅淋漓地表达。面对自己的小伙伴，他们没有任何压力和顾虑，一股脑地说出自己对问题的最真实的想法，这很利于创新精神的培养。

比如，肖德好先生的《信客》课例片段：

> 作者为什么倾注那么大热情，为信客树碑立传？
>
> ［学生活动］学生小组讨论，意思相近即可，不强求答案统一。
>
> ［点拨］信客是作者肯定的人物，看作者褒扬什么，就知道作者在提倡什么，再联系现实生活，就可以揣摩作者的写作意图。作者褒扬信客任劳任怨，诚信无私，待人宽容，这些品质都是难能可贵的，正是在现实生活中需要大力提倡的。[①]

信客原来是一群小人物，穿梭于南北，奔走于东西，承担城乡之间的通讯工作。根据全文，揣摩字里行间的味道，作者为信客树碑立传的原因不是唯一的。让学生进行小组合作学习，通过讨论的方式，多元化解读作者的写作意图，就是引导学生站在时代的前沿，能与时俱进重申"信客"的价值，谈出独到的见解。这种不拘泥于一种答案、不探究出一种答案就止步的教学理念，正是创新精神培养所需要的。

四　开展合作学习，有利于培养学生的竞争意识

开展合作学习的过程中，竞争是在所难免的，个人之间、小组之间均会存在竞争。所以，处于这种氛围中的学生的竞争意识会在无形之中得到培养。

---

① 肖德好：《教与学整体设计》，中国致公出版社2007年版，第51页。

比如，成海峰老师的《〈骆驼祥子〉圈点与批注》课例片段：

> 师：我们现在小试牛刀，对课本上选取的《骆驼祥子》的"精彩选篇"进行圈点批注。
>
> 学生活动：
>
> （1）生对课本上选取的内容进行圈点批注，师巡视指导。
>
> （2）同桌交流圈点批注方法。
>
> （3）小组交流圈点批注成果和体会，推荐代表全班交流。
>
> 师小结：圈点批注法是古人读书时常用的方法。其实，同学们每天的听课、做笔记，也是圈点批注法的一种。因此，同学们对圈点批注法并不陌生。在以后的阅读学习过程中，同学们要进一步具体、充分地运用圈点批注法进行阅读，不断提高阅读的质量。[1]

该课例中，学生在同桌互动后自己完善充实成果，再把成果拿到小组上和其他成员交流学习，小组内部的成员圈画批注的成果就会异彩纷呈。基于要推荐代表在全班交流，为了赢得个人和小组的胜利和荣誉，组内成员在交流时就会挖心搜胆，这样就形成了较为强烈的竞争氛围。

要开展好合作学习，发挥好合作学习的作用，必须警惕假合作。办法有以下两个：一是先组织学生进行自主学习，因为自主学习是合作学习的前提条件。学生在自己独立阅读了课文，自学了一定的语文知识，对文本有了一定的思考，和作者、文本进行了较为深入的对话后，为了加深对文本的理解，或者解决疑难问题，就会选择合作学习。合作学习与自主学习是相辅相成的，绝不能独立存在。二是让组员人人有事做，事事有人做，切忌出现个别成员一枝独秀的情况，切忌出现"其他小组成员'陪太子读书'""尖子生侃侃而谈，组员或侧耳倾听，或心不在焉"[2]的情形。否则，所谓的"合

---

① 成海峰主编：《状元大课堂·名师教学设计》，武汉出版社2020年版，第122页。

② 《方利民讲语文》，语文出版社2009年版，第62—63页。

作学习"就真正成了轰轰烈烈走过场、走形式的假合作。

　　需要强调的是，小组讨论只是合作学习的一种形式。为了完成共同的任务，有明确的责任分工的互助性学习，都是合作学习。比如：学生之间互相提问、互相解答，是合作学习的形式；师生之间生问师答、师问生答，是合作学习的形式；表演讨论、调查研究，亦是合作学习的形式。教师应该积极地践行合作学习方式，让它在新时期教学中发挥应有的作用。

陕西省宝鸡市岐山县陕九学校　张娟娟

第39讲　学法指导的落实

在语文课堂教学中渗透学习方法，指导学生运用学习方法，有助于学生轻松、有效地掌握语言文字的运用，提升独立学习的能力。

学习方法是通过学习实践总结出的快速掌握知识的方法。学习方法的选取并没有统一的规定，因个人条件不同，时代不同，环境不同，选取的方法也不同。语文学习方法是多种多样的，不外乎"听、说、读、写"四个方面。

叶圣陶先生强调："教是为了不教。"教师为了有效地完成教学任务，在教学中长期坚持学习方法的落实，自然有益于学生掌握学习方法，从无章可循、繁杂庞大的语文学习中抽丝剥茧般获得学习的灵感，养成深厚的语文素养。

如何有效地进行学法指导的落实呢？现从以下几个方面加以阐述。

一　指导反复朗读、细细品味的精读方法

精读区别于略读、泛读，指深入细致的研读。当代作家秦牧曾说："精读就像老牛的反刍，老牛先是粗粗咀嚼食物，咽下去后再回到嘴里细细咀嚼，然后吞咽下去消化吸收。"这个比喻不仅说明了细致阅读和深入体味的必要性，而且指明了精读的具体实践方法——反复阅读。

请欣赏肖培东老师在执教《我的早年生活》一课时的片段：

　　师：哪些词特别有味道？

　　生："步入"。

　　师：这是一个动态明显的动词。读书的高境界在于能够在看似没有明显情感特征的词上读出情感来。再读读。

　　（学生再读这句）

　　师：你现在觉得哪些词特别有味道？

　　生："刚"，说明年龄还小，可是就要无奈去考试了。

　　师：与这个"刚"字相对应的是什么字？

　　生："就"，挺勇敢的。

　　师：你看，你多么厉害啊！所以这里面有对考试的反感，也有对考试来者不拒的感觉。再读。

　　（学生再读这句）

　　师：写这种尴尬的事情，仅仅是为了写出自己对考试的害怕吗？

　　生：不是，是为了表现他的坚持。

　　生：锲而不舍。

　　师：从中可以看出他在逆境中的坚持不懈，锲而不舍。而且，话语非常简洁。这些句子都可以表现出，这个人在一些小的事情上的大品质。因此，从中我们发现了丘吉尔的什么品质？

　　生：坚强，坚持不懈，锲而不舍。

　　师：那么，同学们，你们还可以在文章的其他段落中找出一些事情读出丘吉尔的优秀品质吗？是通过哪些句子看出来的？再把品质化成一个词明确说出。然后告诉我：老师，我在这里读到了丘吉尔的什么品质。建议同桌讨论一下。（学生阅读讨论）①

---

① 肖培东：《我就想浅浅地教语文：肖培东语文课例品读》，长江文艺出版社2016年版，第286页。

肖老师先是用一个开放性问题"哪些词特别有味道"引起学生的阅读兴趣，使学生带着兴趣进行文本细读。学生主动地与作者对话，与文本对话，与人物对话，调动自己的主观感受去揣摩咀嚼富有内涵的文字。肖老师在学生发言的过程中反复引导学生多次阅读文本。肖老师的这堂课很好地示范了精读方法，让学生真正能够透过文字感受到文章内在的意蕴，理解文章的深层含义。

由此可见，教师对精读方法的落实，首先要在课堂教学中引导学生不断地反复地阅读，引导学生对语言文字进行品味琢磨，让学生能够逐渐清晰文章的内容，理解文章的思想。"散文往往意蕴内藏，需要教师引导学生沉醉其中，让他们深入语言的腹地，与之亲切地相拥，真正触摸文字的肌肤。引导学生走进文本的语言是散文教学的关键。"[1]这就告诉我们，除了反复阅读文本，教师还需从字词句篇上带着学生调动主观感受，积极思考，反复揣摩，以期达到深入理解的学习目标，真正学会精读的学习方法。

二 培养目标明确、自主预习的学习方法

在学习中，预习是求知过程的一个开端，是初步求疑和思考的求知过程。叶圣陶先生特别重视预习，认为"预习是自求了解的重要步骤"。如叶老所言，预习是听讲和讨论前的准备，是教学中的一个不可或缺的环节，是落实学生主体地位、培养学生自学能力的重要措施。

课前预习方法的落实，在一定程度上依靠教师的要求和指导。教师根据学生的预习内容提出明确的学习目标、具体的指导意见和有效的反馈评价。教师对预习内容的要求越细致，对学生预习方法的指导越规范，课堂教学效果越容易达成。教师对于学生预习效果的反馈评价也能促进学生预习的落实。

如田玲老师教授《背影》时的课例片段：

---

[1] 曹公奇等：《阅读教学教什么》，北京燕山出版社2018年版，第62页。

老师进行预习检测，了解学生对文本内容以及新词的掌握情况。

1. 用文中词语填空。

那年冬天，朱自清的祖母死了，父亲的差使也（　　）了，可谓（　　）。朱自清看到满院（　　），忍不住（　　）落泪。后来父亲靠变卖还了亏空，为了生计父亲不能（　　）在家。（　　）的老境让父亲常常因为家中（　　）动怒。

2. 背影在文中出现了（　　）次，是贯穿文章的（　　）。

3. 你从文中读出了怎样的情感？[①]

田老师首先在课堂上对学生的预习效果进行了检测。整节课展现了学生活泼的思维和表达，提高了学生对语言文字的发现探究能力，更激发了学生的阅读热情。学生在课堂预习的过程中，会不可避免地遇到一些新的知识，竭力地运用所具备的知识去了解、分析和吸收，有利于培养自觉思考问题的习惯，提高分析问题、解决问题的能力。

在具体的指导过程中，教师应针对学生实际，系统地、逐步地把一些好的预习方法传授给学生，如全册预习法、单元预习法、课文篇目预习法等。其中，最重要的是要在指导方法的过程中引导学生养成良好的预习习惯，不断地总结适合自己的学习方法，真正达到会预习、会学习。

三　养成独立思考问题的学习方法

独立思考是一种求清晰、求理性的思考方式。遇到问题时学生要自己深入思考，寻找答案，而不是找别人或教辅书寻求答案。深层来说，独立思考指的是一种洞察力思维，即要用一种全新的、理性的、深刻的视角去发现问题，分析问题，解决问题。

黄厚江老师执教的《猫》，就给我们展示了独立思考在课堂的魅力，激发出学生无与伦比的思维火花。

---

① 曹公奇等：《阅读教学教什么》，北京燕山出版社2018年版，第60页。

师：大家一定要记住，我们今天读的这篇文章，它的文体是小说。小说写的内容，都是为了表现我们的生活，表现我们人的复杂和人与人关系的复杂。这里所写的猫，从某种意义上来说，也是人。我们读到这里，可以想一想：现实生活中，你是大猫、二猫还是三猫？

…………

师：现实太残酷，所以大家都不愿意多说，我们还是回到小说中去。（大家笑）请你从大猫、二猫和三猫中选一个角色，再选择小说中的一个人物，你想对他说什么？

生：我选二猫，我想对周家丫头说："我那么可爱，我被别人抱走时，你为什么不救我呀？你舍得我走吗？"

生：我选大猫，我想对三妹说："三妹，谢谢你这么久以来对我的关心，天天陪我玩，谢谢你！"

生：我选三猫，我想对文中的"我"说："你为什么毫无凭据地打我？"

生：我也选三猫，想对文中的"我"说："你有什么证据说我吃了芙蓉鸟吗？我们猫的命也是命呀，你就这样残害猫命，你的良心过得去吗？"[1]

语文的主要学习方法是听说读写，如何让这四种学习方法融会贯通地落实在课堂上尤为关键。黄老师在教授《猫》时，让学生从三只猫中选择一只，与其对话，使学生从读者的身份转为猫的角色，把自己完全放到文本里，带入小说角色中。黄老师为学生设置的特定情景让学生用自己的思维去体察、想象、描述三只猫内心复杂的情感思绪，从而与作者产生共鸣。这就是积极深入思考的方法在教学过程中的落实，是学生由课堂的被动听讲者变为主动思考者的过程。

---

[1] 黄厚江、王亚丽、张冬梅：《从猫的关系出发，走向小说的深处——〈猫〉课堂实录及点评》，载《中学语文教学参考》（中旬）2019年第1期。

　　学生的独立思考能力是终身学习能力的核心要素之一。在教学过程中，学生既是教学的对象，又是学习的主体。独立思考是学好知识的前提，没有独立思考，就无法养成良好的语文学习习惯和学习能力。

　　自然，在语文教学中，指导学生的学习方法绝不止上面三种。诸如记忆背诵的方法、收集整理资料的方法、多写多练作文的方法等，都是学好语文的有效方法，在此不再详细赘述。

　　学习方法的指导落实要注意以下几点：

　　首先，教师需要做好明确的可操作性的示范。教师要时时处处点拨、示范学法，教给学生学习的方法，让学生在教师的循循善诱之中领会、获取求知的钥匙。

　　其次，了解学情，以学定教。在备课的时候，就应以学生为本，从学生的学习实际出发，具体分析学生的学习能力，明确学生的实际情况，做到心中有数；然后，有针对性地设计学法训练、学法指导措施、指导步骤等。只有这样才能有的放矢，使每一堂课都产生良好效益，使学生学有所得，不断提高学习自觉性和科学性，从根本上获得学习的方法。

　　再次，学法的落实要以学生为本，一切要以学生的学习和发展为出发点。通过学法的落实，学生能养成良好的探索方法和习惯，能真正学会、会学、乐学、善学，最终达到自己会学习的境地，成为学习的主人。

　　最后，学法的落实还在于学生的积累总结。教师要适时引导学生，使学生能够举一反三、触类旁通，掌握语文学习的基本方法，养成自学语文的良好习惯，为日后的继续学习和自我发展打下基础。

　　滴水石穿，日积月累，在语文课堂教学中有机渗透学习方法指导，能够有效地培养学生语文学习的兴趣，增强学生语文学习的能力，全面提高学生的语文素质。

陕西省宝鸡市第一中学　刘玲莉

第40讲　教师课堂的示范

教师示范是指教师以学生为对象，按照一定的教学标准和教学安排进行演示并讲解的一种教学活动。在课堂教学过程中，通过标准行为来指导学习者学习，可以减少不必要的错误，提高学习的效率。教师在课堂教学中的示范能力是教师知识技能、思想方法、专业素养的直观体现。教师示范的最终目的是引导学生学会知识，提高能力。[①]

教师示范是授人以渔，教会方法，便于学生学习和模仿。语文课堂中，哪些地方需要教师示范呢？语文教学要针对语文核心素养的能力点，培养学生听说读写的能力。一般而言，如果学生学习听说读写几个方面的内容有困难，能力达不到的，就需要教师的具体示范和指导。比如课堂听记能力的培养，怎么听，如何抓住说话人的要点，课堂如何速记，一开始都是需要老师示范指导并加以训练的。"说"有口语交际，有概括，有复述，有转述，有总结归纳等多种形式。如何"说"，怎么表达，教师要根据学情进行示范。关于"读"，包含的内容更多：有课内阅读，有课外阅读。课内阅读有教读课，有自读课；课外阅读有小说，有传记，有散文，有信札等。课型不同，

[①] 王资鑫：《浅谈初中语文教师的示范写作》，载《青年作家》2014年第22期。

文体不同，读书方法就不同，能力训练点也不同。在具体指导中，要求教师有较高的专业素养，能够给学生做出有针对性的示范。"写"有改写、续写、仿写，有创作……语文教学主要培养表达能力，特别是书面表达能力，如何引导学生自由表达和有创意地表达，均需要教师细致指导。必要时，教师不妨写写"下水文"，以身示范，指导学生会更有效果。另外，学生的书写不美观，是目前普遍存在的问题。教师在课堂教学时候的板书，对学生也是一种良好的示范。教师板书规范、工整、美观，学生在做课堂笔记时就会有意无意地模仿，书写水平自然会得到提高。教师示范的力量是无穷的。

教师课堂的示范有哪些作用呢？首先，教师示范可以激发学生的学习兴趣。教师绘声绘色的朗读可以激发学生朗读的欲望，步骤分明的演示可以使学生跃跃欲试，具体生动的"下水作文"可以激发学生写作的愿望，端庄清晰的板书可以激发学生模仿的热情。其次，具体清晰的示范可以指导学生循序渐进，提升学生的思维能力，让学生有章可循，有法可依。再次，教师示范可以帮助学生克服畏难情绪，增强学习信心。

课堂教学中，不是所有的教学内容都需要教师示范。对于学生已会的知识和已掌握的技能不需要教师示范；对于学生难解的、迷惑的、不知该如何入手的内容和方法要进行示范，以达到辅助引领的作用。教师示范内容要根据文本特点和具体学情来确定。语文教师要具备文本解读的能力，能抓住文本特点，找准教学重点难点进行备课。深入分析学情，准确把握学生在学习过程中会遇到的困难和障碍，确定教师示范的知识点、能力点，并做出及时反馈，这样能更有效地教会学生学习方法。教师示范要具体，有针对性和可操作性。

如何进行示范呢？我们看著名语文特级教师余映潮执教《水调歌头·明月几时有》时的片段：

　　师：好，大家还可以从另外的角度来训练。第一读，主要读好节奏。二三、二四是这首词的主要节奏。"明月/几时有？把酒/问青天。不知/天上宫阙，今夕/是何年。"

（屏显）

朗读要领

（1）主要处理好全文的二三节奏、二四节奏。

师：好，我们一起来，把二三节奏、二四节奏读清楚。当然，有的地方，比如说"转/朱阁，低/绮户，照/无眠"，这种节奏就随着我们的语感来进行。"明月几时有"，读。

（学生齐读全词）

师：我听出来了，我们在节奏上已经找到了一些感觉，但是还不太明显。我们再读一次。这次读还要在里面加上情愫、情感，比如"起舞弄清影，何似在人间"，要读出一种感慨。这样，由于我们的语气到位了，情感就能够渗透到朗读里面去了。好，"明月几时有"，读。

（学生齐读全词）

师：好听多了！继续。第二读，技巧是，要注意读好二三节奏中"三"里面的几个字，读这几个字要有短暂停顿。第一个地方，大家做标记，"明月/几时有？把酒/问——青天"，你看，读开后，情味就出来了。"不知/天上宫阙，今夕/是——何——年"，读开。"起舞弄清影，何似/在——人——间"，读开。还有一个地方，"人有/悲欢离合，月有/阴晴圆缺，此事/古——难——全"。这四个地方要读开。

（屏显）

朗读要领

（2）注意读好二三节奏中"三"里面的短暂停顿。

我们一起来试一下，一定读得更好听，更有情味。"明月几时有"，读。

（学生齐读全词）

　　师：读得好！特别是"此事古难全"，读得更有味道了。

　　师：继续，第三读，又是一个技巧。把这个技巧也把握住了，我们整首词就会读得非常好听。为了抒情，最后一句可读两次。前响后轻，语重情长。先把"前响后轻，语重情长"这八个字写在"但愿人长久，千里共婵娟"这一句下面。怎么读呢？"但愿人长久，千里共婵娟。但愿人长久，千里共婵娟。"前响后轻，语重情长。这真是美好的期盼和祝福啊！

　　（屏显）

朗读要领

（3）为了抒情，最后一句可读两次。前响后轻，语重情长。

　　师：好，全词诵读，一起来。"水调歌头"，读。

　　（学生齐读全词）

　　师：这就叫作入情入境，读得真好听！通过朗读，美好的文学才能浸润我们的心灵。谢谢大家的努力！①

　　这是一段精彩的朗读示范指导。余映潮老师指导学生朗读得非常细致，每一步都有教师的具体示范。教学伊始，教师先深情诵读原文，进行一次示范朗读，让学生初步体味《水调歌头》的朗读技巧。然后，抓住一个"情"字，让学生多角度朗读体味"情"字。"情"从何来？"情在节奏中，情在疏密中，情在起伏中。"教师通过示范，指导学生划分节奏，体会声音的抑扬、朗读的情感。最后一句读两次，前响后轻。通过精彩的示范朗读、细腻的朗读指导，教师带着学生入情入境，吟诵涵泳。

　　有效的朗读示范，要建立在教师对文本特点的准确把握和深入研读基础上。通过教师精准的示范，学生能够直接感受到诗句中蕴含的无限感慨之

---

① 《余映潮中学语文古诗词教学实录及点评》，中国人民大学出版社2019年版，第141—143页。

情，也明白了怎样处理停顿、语气，如何通过朗读表现这种感慨。

我们再看邱俊老师执教《春酒》的一个片段：

三、细酌慢饮

1. 选读（用波浪线批注）

师：端起这杯酒，我们想起了童年。你觉得哪些细节能体现儿时"我"的童心童趣？

生："母亲给我在小酒杯底里只倒一点点，我端着、闻着，走来走去，有一次一不小心，跨门槛时跌了一跤，杯子捏在手里，酒却全洒在衣襟上了。抱着小花猫时，它直舔，舔完了就呼呼地睡觉。原来我的小花猫也是个酒仙呢！"这句话把童年时的"我"调皮的样子写出来了，能看出"我"对春酒的喜爱。

师：儿时调皮的样子和"我"对春酒的喜爱是从哪些动词表现出来的？

生：端、闻、跨、跌、捏。

师：好，我们再读读这些动词体会。写小花猫的细节有什么作用呢？

生："原来我的小花猫也是个酒仙呢！"小花猫也很可爱。

师：只是为了写小花猫很可爱？

生：嗯，是的。

师：这段文字活泼生动，儿时的欢乐跃然纸上，都是因为对酒的喜爱。那写小花猫的句子还能读出什么用意呢？

生：哦，老师，写小花猫其实也反映了八宝酒的味道诱人。

师：很好。还有吗？请你说。

生："其实我没等她说完，早已偷偷把手指头伸在杯子里好几回，已经不知舔了多少个指甲缝的八宝酒了。""偷偷、伸、舔"的动作描写突出了"我"的活泼调皮。

师：抓词品析来体会，你很会领悟读书的方法。其实，还可以再细微地体会儿童的内心，"偷偷地"藏着孩子的胆怯与好奇，"伸"和

"舔"字活画出一个馋嘴可爱的小女孩的样子，充满童趣。继续关注童真童趣的句子。①

　　《春酒》一文细腻生动，品文本的情趣之妙要从细节中抓出关键词，细细品析体悟。邱俊老师一开始就给学生指明方向，让学生用波浪线勾画出文中细节描写，并引导学生抓住文中生动的动词进行品析。教师能在学生品析的基础上，归纳出品析文本的方法，并进一步示范，引导学生深入阅读体悟细节描写的动人力量。当学生初步体悟到"偷偷、伸、舔"的动作描写突出了"我"的活泼调皮时，教师进一步示范品析，发掘这些词表现出的童真童趣。课堂上有老师示范引领，学生能更享受地品读，积极地思考。

　　马洪言老师在指导学生作文时，采用写"下水文"的方法。他在《人不能忘本》一文开头中这样写道："秋风起，寒气逼来，落叶归根；夕阳下，天渐昏黑，鸟兽归巢穴；暮年到，思乡心切，回归故里叶落归根。这些就告诉人们一个道理：人不能忘本。"在结尾中这样写道："人不应该忘本，要记住自己的根何在，自己的家何在，自己的祖国何在，时刻不能忘记家，时刻不能忘记回报社会回报祖国。"②教师悉心打造的开头、结尾，无形中给学生的写作树立了榜样。通过教师的示范，学生的写作质量有明显提高。

　　教师课堂示范的内容是丰富多样的。无论是示范朗读、示范解读，还是示范写作，教师都要具备相关的知识与技能。我们的语文课聚焦语用，要训练学生语言文字的运用能力，培养学生听说读写的能力。教师若能很好地进行示范教学，学生则能更快地掌握相应的方法，即使学习困难的学生也能从简单的模仿中获益。当然良好的教学示范也能提升教师的个人魅力，更好地发挥教师对学生的引领作用，起到潜移默化的育人功能。

陕西省陕西师范大学附属中学　胡　蓉

---

① 邱俊：《我和我的语文》，陕西人民出版社2020年版，第210—211页。
② 马洪言：《教师下水作文的示范作用》，载《文学教育》（上）2016年第6期。

第41讲　拓展迁移的路径

　　语文课堂的拓展迁移是由文本内容引发，根据教学目标、教材要求、文本特点、学生基础等，在课堂当中适时适度适量地引入课外内容，并整合文字、音乐、图片、影像等教学媒介，运用课堂习得的知识和技能，进行读、思、写的教学过程。拓展迁移是教师把学生引向广阔的知识和生活空间，是引领学生进行创造性、发散性思维的教学环节，是师生共建的综合性知识系统。它具有参与建构性、非预见性、动态生成性、开放接纳性与交往互动性等特点。拓展迁移训练的过程，就是以学生为主体的抛砖引玉的过程，其目的是提高学生的语文素养，培养学生的创新思维能力。

　　在语文阅读教学中，利用拓展迁移的方式，援引相关材料，可加深学生对文本的认识，有效地开拓学生的视野，极大地丰富学生的语文阅读背景知识，拓展其思维的广度和深度，进而提升学生语文学习的能力素养。

　　在实施新课程中，学生的学习方式正由传统的接受式学习向探究式学习转变，教学中的拓展迁移能助力学生探究型学习习惯的养成。当然，拓展延伸不是镜花水月，它也有法可依、有迹可循。借助合理恰当的方法，可以让拓展迁移有效开展。

一 围绕教学重难点进行拓展

每一课都有特定的重难点，拓展也应该紧紧围绕重难点展开，从而使难点容易、重点深刻。可以肯定的是，拓展一定是解决教学重难点的一种有效方法。

《卖油翁》教学的重难点，是通过朗读品味揣摸人物说话语气，在此基础上感受人物的性格特征。为了解决这一教学重难点，王君老师在教学中是这样做的：

> 师：现在我们来了解一下陈尧咨这个人物个性的关键标签。（屏显陈尧咨的图片介绍及《碎金鱼》《买马》的故事）。第一个是他家世显赫，一门富贵，陈尧咨箭射得好，是当朝的文状元。不仅学习好，体育还好。这是第一个标签。第二个，他脾气特别不好，不是一般的不好，动不动就要对手下用重刑。只有了解他平时的个性，再来读《卖油翁》的时候，你才能更有感觉。好，接着我们来朗读。这是一个高贵的、高傲的学霸、武霸，面对一个卖油老翁时发生的故事。我们来对比朗读。
> ……
> 师：卖油翁胆那么大，卖油翁的内心为什么那么强大？
> 生：艺高人胆大。
> （屏显体现宋代繁荣经济的故事）[①]

本课教学中，如何正确把握陈尧咨和卖油翁的说话语气、性格特征，是学生打开文本理解之门的钥匙。学生在学习背景资料后，全面了解了陈尧咨的身世，然后在老师的指导之下，通过多次朗读，正确把握了人物说话的语气，进一步了解了陈尧咨的性格。在此基础上，学生通过细节的体味就能更

[①] 王君、陆艳、李亚平：《小人物的职业境界和尊严逆袭——〈卖油翁〉教学实录》，载《中学语文教学参考》（中旬）2021年第2期。

好地把握卖油翁内心强大的原因——艺高胆大。很多学生的思维可能仅局限于此。王老师接着补充体现宋代经济繁荣的故事，让学生真切感受生活的优渥是卖油翁内心强大的又一原因，从而使人物形象更加丰满。这两个背景资料的拓展补充十分及时，也十分重要，可谓一石激起千层浪。因为它，学生的学习搭建起了脚手架；因为它，学生的思维被打通。本课的教学重难点在这一来二回中轻松解决。

二 围绕同一主题进行拓展

统编语文教材每单元基本都有人文主题，如爱国、亲情、民俗风情等。顺应单元主题拓展，便于学生理解主题，内化深化主题。比如八年级下册第一单元主题为"民俗风情"，本单元在教学时可与《端午的鸭蛋》《云南的歌会》等同样体现民风民俗的篇目进行群文阅读，感受祖国大江南北的风俗民情，培养学生对祖国的热爱之情。也可拓展为同题共振的写作训练，引导学生写写自己家乡的风俗民情，掌握同类型题材作文的写法，加深对家乡的了解和喜爱之情。

同一位作者，相同主题的作品往往有很多，将这些作品联缀，拓展成群文阅读，不仅能够熟悉相同作家的同主题作品，也可加深对作者的了解。

比如，吴丹青老师执教《归园田居（其三）》的课例片段：

师：今天老师要教给大家以诗解诗的方法。陶渊明做官做到彭泽县令，相当于现在的县长。《归园田居》一共有五首，写在他辞去彭泽县令的第二年。我们刚才读的是第三首，现在我们再来看一下第一首。

请大家从这首诗中找几个词语来说一说他是从哪里归向哪里，找出一一对应的词语。

…………

师：现在我们将《归园田居》其一和其三两首诗参照着看，探究陶渊明的"归"与"愿"。……

生：首先从《归园田居（其一）》看，他本身就不喜欢官场，是不小心误落进去的。虽然官场看上去没有牢笼之类的，其实有一只无形的网，所以陶渊明的愿望是不受官场约束，能够回归本性，怡然自乐地生活下去。

生：陶渊明为什么要从官场中归隐？我们是从东晋的社会背景来分析的。东晋是十分混乱的，陶渊明是一个十分高雅又洁身自好的人，所以他不想与世俗同流合污，他选择隐居田园。[①]

《归园田居》系列诗歌是陶渊明同时期的作品，有着相同的创作背景、相似的创作主题。在学习的时候，进行合理的拓展延伸，有助于学生知人论世。吴老师在简单告知诗歌写于陶渊明辞官后第二年这一背景后，让学生用以诗解诗、比较阅读的方法去猜想陶渊明的"归"与"愿"。主题相似的两首诗，彼此印证着进行学习，打破了诗歌教学只读一首诗的思维局限，能够帮助学生解决阅读难点。由文及人，学生不仅读懂诗歌的语言、意象、意境、情感，还读出作者的写作背景、写作心理、写作意图，达到更高的阅读层次。学生在这样的拓展学习体验中，还能学会以诗解诗、比较阅读、知人论世等阅读方法。

三 围绕课文文体进行拓展

文体，即文章的体裁。统编语文教材课文文体大致可分为实用文和文艺文。实用文有新闻、演讲词、说明文、议论文等，文艺文有小说、诗歌、散文、戏剧等。不同的文体有需要掌握的特定知识内容，在学习某种文体时，适当从文体角度去拓展，可以加深学生对该文体的认知和理解。

我们在学习柳宗元的山水游记《醉翁亭记》时，可联系他被贬永州同期所作的《永州八记》进行拓展阅读，掌握游记写法，了解作者经历，感知作者情感。学习新闻单元，可联系时下媒体上的新闻消息进行拓展阅读，熟识新闻文体，感知新闻特点，学会新闻写法。

---

① 顾之川主编：《名师语文课》（初中卷），山东教育出版社2019年版，第15—17页。

四　围绕语文学科听说读写任务进行拓展

着力培养学生听说读写能力，就是培养学生语言文字运用的能力。统编版语文教材中涉及仿写、续写、改写、扩写等不同形式的写作，以及游记、说明文、议论文、诗歌、演讲稿等不同文体的写作。教师可以采用读写结合的方法，引导学生在学习不同的课文时进行不同类型或题材的写作训练，切实提升其写作能力。

刘少波老师在教学《愚公移山》一课时设计了这样的写作拓展：

> 师："感动中国年度十大人物"评选颁奖典礼正在举行，愚公当选为"感动中国年度十大人物"。作为该活动推举委员会的一员，请你为愚公写一则颁奖词。①

这样的语文拓展活动，不仅培养学生的写作能力，更能激发学生的深层思考。在这个环节，学生正确理解了愚公移山的精神，把握了愚公的形象，明确了愚公移山的文化内涵。

五　跨学科综合拓展

打破学科界限，进行学科糅合，让拓展更有知识性、趣味性。例如：语文学科与英语学科融合，演绎《再别康桥》中英文版对照朗读，提升学生兴趣，提高其综合能力；学习说明文《大自然的语言》，可与物候学、地理学等知识相融合；学习《苏州园林》，可适当拓展园林设计知识；学习《大雁归来》，可适当拓展大雁相关习性；等等。跨学科知识的拓展，丰富了认知，拓宽了视野，但切忌天马行空，本末倒置，使课堂失去了语文味。

邢坚老师在执教《云南的歌会》时这样进行跨学科拓展：

---

① 刘远主编：《名师同步教学设计·初中语文八年级上册》，山西教育出版社2018年版，第244页。

师：作者为什么要写云南的歌会？

生：云南少数民族多。

师：我们中国有多少个民族？

生：56个民族。

师：而在云南，除汉族外，人口在6000人以上的少数民族就有25个。……对于云南的少数民族来说，生活和歌唱是紧密相连的，歌唱就是他们的生活，他们用歌唱来倾诉爱情，用歌唱来抒发收获的喜悦，用歌唱来哀悼亲人的逝去，用歌唱来表达对生活的祝福，用歌唱来传授他们想要传授的智慧和知识。

师：宋代文学最高成就的代表，在诗、词、散文、书画等方面取得了很高成就的苏轼，曾经这样评价唐代著名的诗人王维的诗画："诗中有画，画中有诗。"这句话告诉我们一个什么美学原理呢？艺术是相通的。昨天老师给同学们留了一个作业，用绘画来梳理这篇作品的内容。完成这项作业后，你有哪些收获？①

　　邢老师为了更好地让学生理解作者创作《云南的歌会》的目的，适时地引入了云南地区少数民族民俗风情的相关地理学知识，让学生了解了这个以歌为生活的云南少数民族的独特风俗民情。好的作品就像是一幅优美的画，引导学生通过绘画想象散文中的场景，将文学作品形象化，可营造一种与文章内容相一致的教学情境。学生会身临其境，如见其人，如闻其声，如观其景，从而更好地理解和体会文章的内容、作者的情感。将文学与绘画两种艺术相互融合，增大了课堂容量，实现了课堂结构的优化。

　　在教学中拓展迁移的路径是多种多样的，需要我们在教学过程中不断探索。以下几点需要注意：

　　首先，拓展要立足于文本学习。脱离文本的拓展就是无本之木、无源之水。语文的教学内容源于教材，任何拓展都要从文本出发，避免牵强附会。

---

① 顾之川主编：《名师语文课》（初中卷），山东教育出版社2019年版，第372页。

教师要吃透教材，找准衔接口，有的放矢进行拓展。

其次，拓展要适时有度，自然有效。不必为了拓展而拓展，不要让拓展流于形式。拓展不一定每节课都有，根据实际需要来把握。

再次，拓展迁移时要关注学情。科学利用最近发展区理论，给学生跳起来够得到的"桃子"；立足课堂实际，激发学生学习主动性积极性。

最后，教师不能以自己的喜好固化拓展迁移的内容。语文课堂拓展迁移要从学生需要出发，从教学目标出发，从课标要求出发。教师应扮演好学生学习的引导者，努力克制自我，改变传统课堂中的教师霸权地位，让课堂回归学生的学习。

教材无非是个例子。生活的外延有多大，语文教学的天地就有多大。我们应将学生的目光引向更加广阔的天地，为学生提供一个开放的立体学习空间。我们要正确对待和合理优化拓展迁移环节，使其真正成为教师阅读教学的利器，助力学生自主阅读能力的提升，助力学生语文素养的养成，为学生的创造性思维插上腾飞的翅膀。

陕西省宝鸡市第一中学　谭新玲

第42讲　课堂教学的生成

从严格意义上来说，"生成"是一个哲学概念，指的是事物不断演化和发展的过程。叶澜教授指出教育过程的特性是"生成"。她提出："动态生成性是对教育过程生动可变性的概括。它是对过去强调教育过程的预先设定性、计划性的一个重要补充和修正"[①]。余文森教授从教学过程的外在表现上指出："生成表现在课堂上，指的是师生教学活动离开或超越原有的思路和教案；表现在结果上，指的是学生获得了非预期的发展。"[②]王尚文教授也从师生课堂活动的角度提出："生成强调的是教师、学生、文本三者之间的互动，即学生在原认识的基础上，通过与教师、文本的对话交往，实现意义的获得及自我主体的建构。"[③]

由此可见，课堂教学的生成是课堂偶发的问题或见解表达，是"教师根据教学中的具体情境和师生互动情况，灵活应对，及时把握和调整教学计划、教学行为的动态、开放的过程"[④]。课堂教学生成具有广义与狭义之

[①] 叶澜：《更新教育观念，创建面向21世纪的新基础教育》，载《中国教育学刊》1998年第2期。

[②] 余文森：《课堂：如何让"预设"与"生成"共精彩》，载《中国教育报》2006年第4期。

[③] 王尚文：《"生成"与"入侵"》，载《教学月刊》（中学版）2004年第1期。

[④] 罗祖兵：《生成性教学的实践策略》，载《中国教育学刊》2009年第9期。

分。广义的课堂教学生成指向的是教学过程中的主体意识、行为以及评价等因素，它服务于日常教学，具有普遍适用性和普遍指导性。狭义的课堂教学生成则主要指教学过程中产生的超出教学预设的偶发性事件，具有突发性、紧急性等具体特征。

那么，我们该如何建立课堂生成的条件进而引发广义的课堂教学生成呢？

一　创设问题探究情境，促进教学生成

古希腊哲学家柏拉图说："带着更多的问题，而非更多答案生活。"有鉴于此，每一位教师应努力创设建立在学生思维起点上的适宜的问题，并持续关注问题的核心价值，合理安排并组织针对核心问题的探讨，让其成为教学环节推进的主线，使学生在此过程中将思维不断融入知识的再发现，成为生成的内驱。

我们看看著名特级教师钱梦龙执教《故乡》时的实录片段：

生：闰土为什么要把碗碟埋在灰堆里？

师：闰土把碗碟埋在灰堆里，这是谁说的？

生（齐）：杨二嫂！

师：那么，究竟是不是闰土埋的呢？

…………

师：有道理！有说服力！我都被你说服了。我们解决问题，都应该到书中去找根据。那么，谁埋的呢？

生（齐）：杨二嫂！

师：为什么？要以文为证。

生：不知道是谁埋的。

师：对，就是不知道。这个是"历史的悬案"。但有一点是可以肯定的，杨二嫂以这个作为理由拿走了狗气杀。这样写是为了说明什么呢？

生：杨二嫂贪小便宜。[①]

----

① 《钱梦龙经典课例品读》，华东师范大学出版社2015年版，第17—18页。

通过上面的实录片段不难看出，当学生提出"闰土为什么要把碗碟埋在灰堆里？"之后，钱老师立即意识到这是一个解决人物形象问题的关键点，是一个拓宽思维的增长点。于是他立即引导学生改换思考的角度，去考虑"碗碟究竟是不是闰土埋的"。如此，在不妨碍学生个性化生成的前提下，教师巧妙地为学生创设了真实的问题探究情境，学生便走入文本进行了细致分析和深入探讨。最终，不仅帮助学生加深了对"闰土"和"杨二嫂"性格特点的认识，促发了课堂生成，也增强了学生的阅读体验，培养了他们细致研读文本的语文能力。

二　铺设思维诱发轨道，再造生成力

在课堂教学的动态生成中，教师应当针对课文中有意义的内容或是课堂中有触发点的时机对学生进行思维诱发。最终的生成无论是在学生的思维活动上还是在有意义的内容探究上，都极为珍贵。

我们看著名特级教师肖培东执教《皇帝的新装》时的实录片段：

师：那你认为老师和安徒生的结尾，哪个更好？

（生各持不同意见）

师：先想一想，别那么快说出答案，好好想一想。你说。

生：我赞同安徒生的结尾，因为孩子是天真的，他们心里想什么就会说什么，不会像大人那么虚假。……

生：我赞同老师的结尾，因为小孩子还是经历了一些事情，他也可能在伙伴中装得虚伪，而大人经历了很多事情之后也有可能看穿，他也不愿意再装虚伪就说了真话。……

师：想想，现在有小孩子会说假话了，他们是怎么学会的呢？

生（齐）：大人把他们带坏的。

师：原来最后还是大人在影响我们，成人世界的心态在污染我们。所以，如果这个世界只剩下一个真诚的声音，它应该首先属于谁？

生（齐）：小孩子。

师：但是，大人曾经也是小孩子，他们却在生活的过程中慢慢学会了说假话。亲爱的同学，学到这里，今天你能不能对在场的大人说点什么？

（学生思考后举手）

生：大人们，以后不要说假话了！……

师：这样，我们就知道了，原来童话不仅仅是在教育孩子，也在教育大人……①

为了让孩子真正走进童话，理解童话，肖培东老师采用师生共同改写结尾的方式，表面看起来似乎没有什么特殊之处，其实它贴着学生的思维轨迹铺设思维诱发的轨道，使学生的阅读收获集中绽放。本以为到此就算是完成了思维生成的再造，但肖老师继续抛出重量级的语句："……今天你能不能对在场的大人说点什么？"至此，不仅再次促生课堂高潮，更加深了学生对童话意义的理解，实现了课堂与作者创作追求相结合的生成价值。

三 架设自主思考框架，提升生成力

学生是发展中的独具特性的个体，其差异决定了课堂的复杂性，同时会形成丰富的生成资源。教学的生成过程本身就是对教学内容开放性的创造，因而，架设自主思考框架，对于提升生成力的意义就显得尤为重要。教师一定要握好课堂的"方向盘"，不能任由学生"驰骋千里"。

我们看著名特级教师宁鸿彬执教《皇帝的新装》时的实录片段：

师：……谁能说说这个故事是围绕哪一个字展开的？

…………

师：大家发表了不同的见解。你们分别用蠢、骗、伪、假、傻、

---

① 肖培东：《我就想浅浅地教语文：肖培东语文课例品读》，长江文艺出版社2016年版，第312—313页。

装、新、心八个字概括这篇课文。那么，这八个字哪个是正确的呢？

（众生纷纷举手要求发言）

师：很好！大家的积极性很高。不过，如果请你们现在就发表意见，恐怕还是各抒己见，一时很难统一。那么，怎样才能比较迅速地把正确答案筛选出来呢？下面我就教给你们几种办法。

（众生活跃）

师：首先，大家使用"排除法"，把不切题的答案排除掉。我们先回忆一下，刚才我是怎么提出问题的。刚才我说的是：谁能用一个字概括这篇童话的故事情节？（"故事情节"四字语气加重）

⋯⋯⋯⋯⋯

师：完全正确。咱们就把这四个字排除掉。现在还剩下"骗、装、新、心"四个字，咱们使用"检验法"进一步解决。什么是"检验法"呢？就是把这四个字，一个一个地试用，进行检验，能够适合于文中所有人物的就留下，不能适合于文中所有人物的就去掉。

⋯⋯⋯⋯⋯

师：现在只剩下两个字了，咱们使用"比较法"来解决，做最后的筛选。怎样比较呢？就是把这两个字分别用于每个人物，比比看，看哪个字更准确，哪个字更能表现出这个故事的特点。

生：我认为"心"字不如"骗"字好。在这个故事中，所有的人物都和"骗"字有关系，有骗人的，有被骗的，还有不被骗的。总之，一个"骗"字说出了这篇课文的特色。

⋯⋯⋯⋯⋯

师：大家的看法是对的，本文是围绕一个"骗"字展开的。[1]

《皇帝的新装》的故事情节十分丰富，人物纷繁复杂，学生不易抓住要点。但我们看到宁鸿彬老师设计的教学活动自始至终在围绕着"学生的生

---

[1] 刘远主编：《语文名师经典课堂》（七年级上册），山西教育出版社2016年版，第270—272页。

命成长"，这也恰是生成教学的最高境界。宁老师在教学过程中设计"用一个字概括故事情节"这一环节，并以问题"谁能说说这个故事是围绕哪一个字展开的"来引发生成。以上教学实录，让我们看到宁老师没有任由学生各抒己见。生成教学是以文本为载体的，是要指向文本的教学目标、学习目标的。在学生发散思维很强时，如何在不剥夺学生生成力的同时提升阅读效能？宁老师将筛选的方法教给学生。从"排除法"到"检验法"再到"比较法"，教师在架设自主思考框架这一过程中，巧妙地促成了有效生成。

四 布设多边对话场景，培植生成力

教学中一系列教学行为的展开不能离开对话这一桥梁。对话是一种思维的外展，而多边对话的展开就是互动交往的展开。在对话过程中大家可以彼此批判、平等交流、智慧共享，在一种相互倾听、接受与共享中实现多方思维的碰撞，并最终实现有效的课堂生成。我们经常看到一些优秀的语文教师在课堂上努力通过多样对话形式，培植学生在对话中的生成力，同时也在不断推动课堂一个又一个的生成。

比如，特级教师黄厚江就经常自觉地使用对话策略，而另一位特级教师陈俊江对此进行了这样的评价：

> 如《装在套子里的人》的教学，在研读小说结尾四句话时，学生的思维活动出现了"旁逸斜出"，教者乘机"引爆"师生对话，让学生在交流探讨中明白"我们必须把'套中人'和思想上有套子的人区别开来"的道理，从而帮助学生更加深刻地把握小说的人物和主题。这个片段之所以精彩，是因为教者着眼于现场，努力建构一种群体对话关系，使包括教师在内的所有对话者都非常自然地渐入佳境，从而睿智地把原本是课堂学习过程中的一个"意外"点化成一种启发、一种延伸、一种提高。[1]

---

[1] 陈俊江：《在关系的建构中共生共长——黄厚江老师课堂关系研究》，载《语文教学通讯》（高中刊）2013年第7期。

　　教学是师生、生生之间多向、开放和动态的对话、交流过程，这一过程中会有许多不确定性因素生成。学生是灵动多思的生命个体，在形式多样且内容丰富的课堂中，他们不仅能带给老师生成的惊喜，有时还会带来许多意外。面对这些脱离了预设的意外——偶发事件，我们可以怎么做？

　　第一，摆正心态，积极悦纳。"生动的课堂，是个危机四伏的地方，那些严格按照预设指令和程序出发与到达的课，只强调了知识的静止结果，却忽视了思维的动态生成。"①因此，面对偶发事件，授课教师不应畏缩，甚至做出视而不见、听而不闻的逃避举动。我们应掌握适时的整合应对能力，把握契机，努力促成语文课堂教学中的精彩生成。

　　第二，巧妙关联，化而为用。面对教学中随时可能发生的情况，语文教师应具备敏锐的发现、捕捉信息的能力。但更重要的是，要在识别与捕捉生成亮点的同时，善于将它们合理利用到语文教学活动中去，不断激发生成更多的教学资源，服务学生的发展。课堂上经常会出现许多类型的偶发问题，比如学生行为失当、教学环境突变、学生之间出现矛盾、师生之间探讨偏移、教学沟通无效等问题。这些都要求我们教师在日常教学中多观察、多积累、多思考，不断提高个人敏锐的观察力、瞬时的判断力、及时的协调力、有效的处理力，并能采取相应的策略，巧妙利用课堂上的生成性资源，不断促进学生学习能力的提升。

　　"生成"是语文课堂教学过程的需要，更是核心素养下新型课堂的呼唤，也理应成为我们语文课堂教学的不懈追求。叶澜教授指出："课堂应是向未知方向挺进的旅程，随时都有可能发现意外的通道和美丽的图景，而不是一切都必须遵循固定线路而没有激情的行程。"愿我们的课堂教学皆能因生成而不断生彩，因生成而再现美丽！

陕西省宝鸡市清姜路中学　李　娜

①剑男主编：《备课到底备什么：语文名师备教手记》，长江文艺出版社2018年版，第168页。

第43讲　思维形式的运用

现在，培养学生的思维能力、提高学生的思维品质已经刻不容缓。《普通高中语文课程标准（2017年版）》提炼出了语文学科的核心素养，即语言建构与运用、思维发展与提升、审美鉴赏与创造、文化传承与理解四个方面。可以看出，思维方式是中国学生发展核心素养的重要组成部分，更是语文核心素养不可缺少的因素。其中思维方式的培养，就要归结到基本的演绎思维和归纳思维。在语文教学实践中，面对思维能力和学业基础参差不齐的学生，教师首先应做好最基本的演绎思维和归纳思维能力的培养，然后进一步锻炼学生的直觉思维、形象思维、逻辑思维、审辩思维和创新思维，促进学生思维能力的发展，使学生的思维品质在深刻性、敏捷性、灵活性、批判性和独创性等方面得到提升。

一　演绎和归纳思维是语文教学的基础

教师用教材教学，无非就是通过文质兼美的范例来培养学生的阅读、理解、写作能力，进而通过单元和整册教材锻炼学生的思维能力和语言运用能力。叶圣陶先生提出："教材无非是一个例子。"统编初中语文教材构建了三位一体的阅读体系，就是通过教师教读、学生自读和课外阅读来扩大学生阅读面，提高学生的阅读能力，锻炼学生思维。初中语文教材让学生通过一个单元几篇课文来理解同一个主题，从而掌握几种学生必须要掌握的语文要素，这正是归纳思维的体现。学生根据单元导读所提供的单元主题内容和所要掌握的学习目标，在本单元的文本学习中进行反复实践和锻炼，从而完善思维方式，提高思维能力。如八年级下册第一单元是民风民俗主题，选取了《社戏》《回延安》《安塞腰鼓》《灯笼》。这几篇文章文体不同，有小说、诗歌和散文，所表现的风俗更是不一样。本单元学习基本要求是：学习本单元，要注意体会作者是如何综合运用多种表达方式的；还要注意感受作者寄寓的情思，品味作品中富于表现力的语言。根据单元导读要求和教师教学的实际需要，学生通过本单元课文的学习，能够总结归纳出民风民俗类文章在内容上选取了家乡最具特色的事物来寄托情感，综合运用抒情、记叙、议论等多种表达方式来渲染情感等。学生在归纳中总结，在演绎中推理，获得对文本的认识、体验、理解和感受，将个别性的收获上升到一般性的结论上，从而获得对于语言文字运用技巧的领悟，并积累、运用于自己的语言实践中，不断提升语文素养。①

如郑桂华老师《安塞腰鼓》的课例片段：

师：时间差不多了，大家还想读下去，课后再好好读。总结一下，作者写的对象是安塞腰鼓，它有什么特点？

（板书"安塞腰鼓"）

（师生一起说"热烈的壮观的"）

师：表达形式带有强烈的感情色彩。大家看看作者是什么地方的人。

生（齐声）：黄土高原。

（板书"黄土高原"）

师：一方水土养一方人，一方水土养育一方文化。作家是那里的嘛，如果换了我就写不出来。西北作家写自己的家乡，充满感情，所以

---

① 曹公奇：《阅读教学的原点：归纳思维》，载《中学语文教学参考》（中旬）2019年第32期。

用了（指着板书，师生一起说）"排比、比喻、反复、对比、感叹"，把对当地的热爱之情传递出来。①

郑桂华老师本节课用一个视频导入，然后请同学们分别谈一下感受，同学们总结出"野气、热烈奔放、轰轰烈烈"等词。之后再让同学们通过阅读课文比较两者之间的感受是否一致。整节课郑桂华老师基本以朗读来贯穿全文。学生通过朗读课文，从作者的用词、句式、修辞等方面归纳总结出安塞腰鼓"热烈的壮观的"特点。学生经过上述的分析之后能够把握作者对于家乡的情感，然而这些情感又是通过以上形式展现出来，故得出板书"感情—形式"，得出"一方水土养一方人，一方水土养育一方文化"的结论。整节课郑桂华老师都是让学生朗读、体味，然后总结归纳出本文表现情感的方法。学生也通过这篇课文理解了感情与语言形式之间的关系。学生对于西湖的情感可能与作者对安塞腰鼓的情感不同，但学生可以根据本课学习到的表现手段来表达情感，这也就是让学生从一般走向特殊，即运用演绎思维。归纳与演绎思维的培养，能够帮助学生对课内习得进行总结，并向课外文本进行发散。

余映潮老师在教授《我的叔叔于勒》这节课时，由本单元《变色龙》一课中奥楚蔑洛夫善变的性格入手，以"变"引出本文的学习。

师：活动的方式：每位同学自选一个话题，就课文内容发表自己的看法。请拿起手中的笔，边看、边画、边想。

（学生看书、思考，大约5分钟）

生：我欣赏文中关于"于勒"的称呼。课文前部分写了对于勒的称呼，他有钱时，"我"的父母对他的称呼非常亲密；后部分称他为"贼""流氓"，是因为他穷了，形象不好，让他们感觉丢脸。唯一没有改变称呼的是"我"约瑟夫，他是一个涉世未深的孩子，他并不知道

---

① 郑桂华：《〈安塞腰鼓〉教学实录》，载《语文学习》2006年第5期。

金钱是什么，他只知道亲情是多么美好。他一直称呼于勒"亲叔叔"。

师：人物的称呼表现了人物命运的变化，对人物"称呼"的变化表现了人物的性格。"一个正直的人、一个有良心的人"到"一个穷鬼、一个流氓"，既表现出于勒的身世、命运和遭遇，也表现出菲利普夫妇的为人。而约瑟夫则表现出对叔叔的同情。原来称呼的变化是为表现人物服务的。[①]

整篇小说的教学，立足于"变"，以一个"人"的地位、身份及心理的变化，来表现主人公的性格特征。余老师引导学生关注变化，同学们在余老师带领下从不同的角度分析人物前后的变化，从而解剖文章的主题。授之以渔，教师推着学生在文本的世界里向前迈进，这便是演绎思维在语文教学中的魅力。

二 演绎和归纳思维是学生发展的前提

核心素养的提出就是为了提高学生适应时代发展所需要的能力。核心素养亦称"21世纪素养"，是人适应信息时代和知识社会的需要，解决复杂问题和适应不可预测情境的高级能力与人性能力。[②]思维的培养是其重要组成部分，需要在教学中着重培养。统编初中语文教材名著导读的设置一方面是让学生通过名著导读的学习掌握阅读方法和技巧，另一方面则是让学生从一走向多，即从一篇文章的阅读学习走向一类文章和整本书的阅读学习。教材学习只是第一步，从教材走向名著即从课内走向课外，才是最终的目标，也就完成了"三位一体"的阅读体系的实践。从课内走向课外，这个过程正是演绎思维的体现。学生需要通过对教材的学习，学会解剖文本的方法和技巧，并选择合适的方法应用到课外阅读中去，即从一般到特殊。

如钱梦龙老师的《愚公移山》课例片段：

---

① 陈瑾：《合理安排主次 突出学生主体》，载《新课程研究：基础教育》2009年第12期。

② 张华：《论核心素养的内涵》，载《全球教育展望》2016年第4期。

师：说得很好。移山的任务越艰巨，就越能显示出人们不同的精神面貌。接下来让我们根据这张人物表上出现的人物，来看看他们对待移山这件事的不同态度。文章里有两个人讲的话差不多，你们看是谁啊？

生：愚公妻和智叟，他们两人的态度差不多。

师：差不多吧。好，我们就先把他们两个的话一起读一遍吧，比较比较，看看两人的态度究竟是不是一样。

（学生朗读）

师：想一想，他们的态度一样吗？

…………

师：对了。一个是"疑"，一个是"笑"。你们看，本来大家认为他们的态度差不多，但仔细比较、分析一下，就发现差别了。所以你们读书要常把看起来差不多的词句拿来比较比较。①

钱梦龙老师整节课都是从文本出发，让学生通过细读文本来深入理解人物。学生通过阅读文本基本都能分析出大家对愚公移山的态度，尤其是其妻和智叟持反对意见，但很少有学生会发现他们两人的反对意见还有细微的区别。钱梦龙老师引导学生通过分析"智""献""笑"和"毛"等字，体会其妻只是提出疑问，某种程度上表达了自己的关心，智叟是彻底的反对，且是一种蔑视的态度。对于人物，学生懂得从语言、动作、神态、心理和外貌等方面进行分析。学生承袭老师的分析思路，通过阅读文本，从人物的语言、神态等方面入手，继续找寻其妻和智叟的态度区别。这就提高了学生的分析理解和鉴赏能力，培养了学生的思维能力。

思维是学生除去知识和分数之后更加深刻、长久而有价值的收获，对学生品质的养成和学习能力的提高起着至关重要的作用。作为人文性和工具性统一的学科，语文教学要在实际中最大化地挖掘和发挥文本对学生思维的训练的价值。课程标准也强调，在理解课文的基础上，提倡多角度、有创意的

---

① 钱梦龙：《〈愚公移山〉实录片段》，载《中学语文教学》2008年第4期。

阅读，利用阅读期待、阅读反思和批判等环节，拓展思维空间，提高阅读质量。例如杨祥明老师的《邹忌讽齐王纳谏》课堂教学片段：

师：下面我们重点来评价文中的两个人物，希望大家发散思维，大胆质疑，各抒己见，绽放我们智慧的火花。

师：当然，要观点鲜明，而且言之有理，持之有据。评价任何人物，先要亮明观点，然后找出依据，陈述理由。比方说：我认为邹忌很帅，是个大帅哥。从文中"邹忌修八尺有余，而形貌昳丽"中可以看出，邹忌高大、英俊，是个美男子。大家先准备一分钟，然后自由发言讨论。

师：我们要善于发现人物身上的优点，择其善者而从之，也要看到人物身上的不足，其不善者而改之：要辩证地看待人物。

生：我为齐威王点赞！因为他有思想。从"由此观之，王之弊甚矣"中可见，齐威王知道自己需要做什么，应该发布怎样的政令。

师：你也很有思想，发现齐威王是个有思想的君王。继续——

生：为齐威王点赞！因为他听得进别人的意见，在听了邹忌的进谏以后，他下令："群臣吏民能面刺寡人之过者受上赏，上书谏寡人者受中赏，能谤讥于市朝，闻寡人之耳者受下赏。"齐威王不仅没有惩罚邹忌，反而从谏如流，对朝廷进行改革。

师：你说得很好。大家帮他归纳一下：齐威王善于听取大臣（下属）的意见，这是一种什么品质？

生（杂）：从善如流，从谏如流。[①]

杨老师在疏通文意的基础之上设计了评点人物的课堂环节。在这个过程中，学生的思维得到了最大程度的拓展和开发。据杨祥明老师自述，这堂课

---

① 杨祥明：《读出情趣　辩出个性——〈邹忌讽齐王纳谏〉创意教学》，载《语文教学与研究》（上）2021年第5期。

教学设计的意图是："结合文言文教学，重点训练学生发散思维、批判思维能力和有创意地表达的能力。"从这堂课的教学效果看，杨老师无疑达到了预期的目标。

语文课的思维训练不是抽象的思维活动，它始终是以语言为依托的。语言是思维的物质外壳，也是思维的工具，任何思维活动都离不开语言，在以语言学习为核心内容的语文课上更是如此。否则，所谓的"思维训练"只能变成游离于语言文字之外的空洞的"思维游戏"。

近几年上海特级教师余党绪提出"批判性思维"，还有其他老师分别提出发展性思维、比较性思维等等。无论是哪一种思维的锻炼，都离不开演绎及归纳思维，最终目标都是让语文学科促进学生更加健康、有效的发展，使教育能够培养出更加适合时代发展需要的人才。

安徽省合肥市第四十二中学　李　杰

第44讲　关键能力的凸显

　　《普通高中语文课程标准（2017年版2020年修订）》指出："学科核心素养是学科育人价值的集中体现，是学生通过学科学习而逐步形成的正确价值观、必备品格和关键能力。"可见，关键能力的培养是学科核心素养的终极目标之一。

　　郑桂华教授在《略谈指向语文关键能力培养的教学策略》一文中指出，关键能力是学科核心素养的核心要素，是一个人某一方面综合素质的集中体现，又是在实践中才可能表现出来的知识、素养、意识的集合。语文学科的关键能力主要包括语言自主学习与建构的能力、对不同特质文本的阅读能力、在具体情境下的言语表达能力、独立负责的思辨能力等。[①]

　　曹公奇老师在《关键能力视域下的群文阅读教学策略》一文中也指出，关键能力解决的不是学生"全面发展"的问题，而是学生"重点发展什么"的问题。语文学科的关键能力，主要指的是语文要素，也就是语文学科应该必备的、重要的、特有的阅读与写作等方面的能力。[②]

---

① 郑桂华：《略谈指向语文关键能力培养的教学策略》，载《中学语文教学》2018年第5期。
② 曹公奇：《关键能力视域下的群文阅读教学策略》，载《语文教学通讯》（A）2020年第2期。

由此可见，语言积累与建构、语言表达与交流、语言梳理与整合、思维能力与品质等，就是语文学科的关键能力，是语文科外显功能的集中体现，在语文学科核心素养中占有重要的地位。

随着统编语文教材的推广使用，如何让课程标准落地，如何培养课标所要求的语文关键能力，成为语文教学不断追问的话题。

一 在阅读体验中培养发现问题的能力

日本教育学者佐藤学认为，真正的学习是一种对话与修炼的过程。阅读是一种与文本对话的过程，也只有在这个过程中才能增强学生的阅读能力。传统的语文阅读教学中，老师往往关注教的过程，以自己的阅读代替学生的阅读，以自己的理解取代学生的理解。老师希望通过讲解、训练让学生爱上阅读，结果却适得其反。

学生在阅读之前，并不是一无所知，而是已有积淀已久的知识、思想、认知，这些东西影响着学生的阅读认知、阅读情感、阅读体验。如果老师不考虑这些因素，直接将自己的讲解"灌输"给学生，用自己的阅读代替学生的阅读，这样会让学生离文本越来越远。哈佛大学教育研究生院教师莉萨·施耐尔认为："我们（教师）必须把自己看成是读者和文本相遇时悄悄地站在一边的人，即使偶尔介入其间也只是为了让这种接触得以继续或者静静促其前进。如果我站在学生和这首诗之间，把诗解释给学生听，他们就会失去这首诗。"

阅读与我们有关的东西，才是语文能力发展的关键。在阅读教学过程中，让学生独立面对文本，提出问题，思考问题，分享交流，引导学生与文本深入对话。上海建平中学程春雨老师执教《背影》时，让学生在阅读之后提出自己的问题。学生就提了整整一黑板的问题：

（1）祖母去世父亲应该非常伤心，但他却安慰我"天无绝人之路"，这是为什么？

（2）在信中父亲前面写道"我身体平安"，可后来又说"大约大去之期不远矣",这不是自相矛盾吗?父亲这样说的目的是什么?作者只节选了信的这段话又有什么目的?

(3)"我赶紧拭干眼泪,怕父亲看见,也怕别人看见。""怕父亲看见"是不想让父亲难过,可为什么"也怕别人看见"呢?

(4)从作者的描写中我们可以看出,父亲在买橘子时的确很吃力,可他为什么还要坚持自己去买橘子呢?

(5)买完橘子回来,父亲的表现是"很轻松似的",这里的"似的"到底是轻松还是不轻松呢?[①]

程老师这一课例环节,尊重学生的个体阅读体验,让学生主动探求文本,通过不断地追问与文本对话,使学生已有的知识与未知的知识发生碰撞,进而产生新的认识和理解,发现了阅读中的问题,正所谓"操千曲而后晓声,观千剑而后识器"。著名语言学家张志公先生说:"阅读教学就是要带领学生在文章中走个来回。"也正是在这一来一回的"琢磨"过程中,学生透过言语理解了文本内容,逐渐体会到了文本要表达的思想感情,又从文本要表达的思想感情回到言语内容,探求言语的表达方式。这也恰恰是一个完整的片段解读的过程,这种由外至内的理解过程也是语言建构的过程。如果学生缺乏这个建构过程,语言运用能力就无从谈起,因为语言文字运用的前提是建构。

这种通过阅读自我发现问题的能力,正是一种语文关键能力。

二 在真实情境中培养言语表达的能力

阅读和写作是语文教学的两大板块,阅读是写作的基础和借鉴,写作是阅读的升华和创造。叶圣陶先生说:"学生须能读书,须能作文,故特设语文课以训练之。"在实际教学中,阅读和写作应交织在一起,利用阅读带动写作,以写作促进阅读。

---

① 程春雨:《研究型教师的成长力量》,华东师范大学出版社2020年版,第71页。

写作教学与阅读教学紧密结合，设置不同类型的写作任务，辅以具体的指导，使学生由读者转化为作者，把在文本阅读中感受到、体验到的写作言语、表达方式运用到自己的写作中，提升写作表达能力。比如余永海老师执教《囚绿记》，采用"写读创"的教学理念设计，以"写"为教学出发点，又以"写"为教学落脚点，把"读"作为渠道和方法贯穿课堂教学全程。

（一）创设情境，自由初写

同学们，在我们的生活中，总会有这样或那样的景物牵着你的心。请选择最不能忘怀的一样景或一件物为线索，用"一线串珠"的构思方法列出写作提纲。时间3分钟，然后进行交流。

讨论交流，小结："一线串珠"是指用一条线索串起众多材料的构思方法。有以人串起，如《孔乙己》；有以事串起，如《幼学记事》；有以物串起，如《半张纸》；有以情串起，如《记念刘和珍君》；有以景串起，如《囚绿记》。

让我们走入现代散文家陆蠡的散文《囚绿记》，学习借鉴"一线串珠"的构思谋篇方法。

（二）整体感知，定向阅读

借鉴刚才学习的"一线串珠"和波澜起伏的叙事手法，对照初写对所列写作提纲进行修改，时间4分钟。

（三）积累借鉴，应用再创

同学们，请依据刚才修改过的写作提纲，进行具体创作，完成一篇记叙文，不少于800字。

（四）展示交流，评议修改

1. "一线串珠"运用得如何？

2. 结合习作，说说习作叙事的波澜。

3. 哪一个方面值得你学习？

4. 给作者提一点修改建议，写下你的评语。[1]

　　余老师这节课，在阅读与写作之间架起了一座桥梁，成功地引导学生由读者转化为了作者，读写结合，写读融合。语言教学是语文教学的根本任务，语言学习的根本途径是言语实践。叶圣陶先生在《略读指导举隅》前言中指出："国文教学的目标，在养成阅读书籍的习惯，培植欣赏文学的能力，训练写作文字的技能。这些事不能凭空着手，都得有所凭借。凭借什么？就是课文或选文。"余老师这节课很好地落实了这一要求。

　　余老师给学生一个情境，让学生选用给定的六个词语描绘一处雾景，符合认知科学所提出的"无情境不教学"理论，也符合课程标准中"学科素养是以情境为载体对必备知识和关键能力的综合运用"的有关论述。定向阅读环节，让学生带着问题、思考面对文本，提高了学生的阅读兴趣，增强了阅读的针对性、实效性。当学生阅读时，并不是所有的文本细节都吸引读者等量的注意力。学生在阅读时，只会将注意力集中在验证假设、对自己有所助益的部分。在展示交流、评议修改环节，学生独立修改自己的文章，同学间相互展示和评价写作成果，推敲、锤炼习作语言，有力地提升了习作水平。言语表达能力，无论是口语表达能力还是书面语表达能力，无疑是最基础、最重要的语文关键能力。

三　在阅读对话场中培养独立思考的思辨能力

　　《普通高中语文课程标准（2017年版2020年修订）》提出，要"通过语言运用，获得直觉思维、形象思维、逻辑思维、辩证思维和创造性思维的发展"。在语文课程里，语言运用与思维活动是一体的。在语文教学中，教师要善于提出值得思考的问题，始终关注学生思考问题的过程，优化学生的思考方式，提升学生的思辨能力。

　　以往的语文教学，老师更多地注重自己的讲解。"一言堂"式的课堂，

---

[1] 余永海主编：《"写读创"语文教学》，河南电子音像出版社2020年版，第219页。

使得老师很少甚至根本不关注学生的问题与思考。学生是在被动状态下，"接受"老师对文本的个性化解读，没有机会提出自己的问题，更没有机会陈述个人的观点、看法。时间久了，学生脑子里堆砌着别人的想法以及与己无关的话语，思维能力、思维水平也就被牢牢地限定在老师的思维能力、思维水平上了。课堂上，老师利用真实的情境，引导学生将头脑中已有的知识内容调用出来，使学生从凌乱的思绪中不断整合出清晰的思路，并通过思维加工成言语作品，从而有逻辑地表达自己，这就是对学生内在思维能力和素养提升的过程。

江苏省特级教师刘祥执教《贵在一个"新"字》这篇课文时，围绕着一个拓展内容而展开了细读探究活动。师生间的表达与交流，对于更好地解读拓展材料起到了促进作用。

> 师：你觉得要想成为帕斯卡尔这样的人，需要具备什么样的素质？
>
> 生：我认为第一需要的是天分，第二是勤奋，第三是思考。
>
> 师：你呢？请你谈谈。
>
> 生：我认为应该把独立思考放在第一位，其次是勤奋，第三是天分。
>
> 师：哦，顺序改变了。你为什么要改变别人的顺序？
>
> 生：我觉得天分这个东西比较唯心，我们可以说所有成功的人有天分，说所有失败的人没有天分。但这些人到底是否有天分，谁也不知道。至于勤奋，我想至少有两种类型：一种人是知道自己在做什么、为什么要做，并努力去做；另一种人并不知道为什么要做，只是一味盲目地做。这后一种人，再勤奋也不会有多大成就的，就像我们有些不善于思考、总结，只喜欢盲目做题目的同学一样。
>
> 师：说得太好了！古话说"勤能补拙"，现在看来，这个"勤"字，前面还要添加点限定成分。这应该添加的内容是什么？
>
> 生：思考！
>
> 生：独立思考！
>
> 师：思考和独立思考还有差别吗？你说说看，有独立思考，是不是

就有非独立思考存在？

··········

　　生：我觉得前面这位同学说得很有道理。思考和独立思考是有差别的。很多时候，我们看起来是进行的独立思考，实际上却仅仅是一种习惯性的思考，这种思考，并没有什么属于自己的内容。很多时候，还可能是被别人的意志牵着走的。[1]

　　从刘老师这个教学片段中可以看出，师生是平等的对话者，师生间针对文本细节问题的探讨既加深了师生对文本的理解，又提升了师生对问题思考的高度，让学生在充分感知文本言语信息的基础上，提高对学习观、认识观、价值观的认识。新课程标准"思辨性阅读与表达"任务群特别强调，无论是阅读还是表达，要有依据、有条理地表达自己的观点。无论是书面表达还是口头表达，都要讲究逻辑层次。最好的表达是有发现的、理性的、有条理的表达。刘老师细心地抓住了学生表述天分、勤奋、思考时顺序的变化，引导学生陈述自己的理由，做到有理有据；在陈述思考和独立思考的差别时，更是将学生的思维推进到了一个更高的层次。这种独立思考的思辨能力，是语文关键能力在思维形式上的表现。

　　语文课程标准中对关键能力的要求，只有落实在课堂上才能展现出来；语文学科核心素养中对阅读、写作、思辨能力的要求，只有落实在每节语文课上才能培养出来。在语文教学中凸显语文关键能力的培养，这个课题有很大的探索空间，值得我们每位教师去探求。

山东省临清市第二中学　程宪勇

---

[1] 刘祥：《语文教师的八节必修课》，中国轻工业出版社2012年版，第128页。

第45讲　个性差异的对待

　　"以人为本"的教育理念强调的就是在尊重个体差异的基础上，让每个学生都得到适合其自身特点的最佳教育和发展。教育教学中对学生个性差异的对待，指向的是人的全面发展，相对于"片面发展"强调人的"完整发展"，相对于"畸形发展"强调人的"和谐发展"，相对于"被动有限发展"强调人的"自由而充分的发展"。教育最终的目标不仅是分数，而是要让学生"学会认知""学会做事""学会共同生活""学会生存"[①]。

　　差异化教学，相较于千篇一律、整齐划一的模式化的统一教学而言，要求将学生作为教学的出发点，强调教学内容、态度、风格、方式应适应学生的个性和需要。正如美国教育学家黛安·赫克斯指出的："实施差异教学是指教师改变教学的速度、水平或类型，以适应学习者的需要、学习风格或兴趣。"[②]在具体的教学细节上，既要照顾到个体的需要、情感、能力和人格诸方面要素发展的普遍性，更要照顾到个体在发展水平、特征和品质上具有的内在差异性和独特性，从而实现全体学生的全面而有个性的发展，培养时

---

① 联合国教科文组织编：《教育——财富蕴藏其中》，教育科学出版社2001年版，第72页。
② 转引自黄志成：《美国的个别化教学》，载《外国教育资料》1992年第1期。

代所需要的富有创造精神的、有个性的人。

一　针对智力差异，注重课堂梯度

学生的智力受先天的遗传和后天的家庭、学校教育的影响。不同的智力构成不同的学习能力倾向：有人思维敏捷，具有较强的学习能力，自我成就动机高；有人则思维迟缓，学习能力弱，自我成就动机低。作为教师，要一视同仁，更要正视智力差异，在课堂集中教学中注重课堂教学的梯度，契合大部分学生的最近发展区。当然，教学时的梯度也不可截然分开，最好穿插、交织在一起。这样对有的学生来说是新知，对另一些学生就是强化巩固；对有的学生是思维拓展，对有的学生就是展示交流。

比如在钱梦龙老师执教的《愚公移山》中，就有显著的三个梯度——文言基础知识、文意梳理、迁移运用。

梯度一：

师：大家说说看，这个老愚公有多大年纪了？

（学生纷纷答，有人说"九十岁"，有人说"九十不到"）

师：到底是九十，还是九十不到？

生（齐声）：不到。

师：不到？从哪里知道？

生："年且九十"，有个"且"字，将近九十岁。

师：且，对！那么，那个智叟是年轻人吗？

生（齐声）：老头。

师：怎么知道？

生（齐声）："叟"字呀！[1]

钱老师在教学过程中很善于针对学生的智力差异，设置有梯度的问题。

---

[1] 钱梦龙：《教师的价值》，华东师范大学出版社2015年版，第21、22页。

教师提的问题貌似简单，但思维也要"拐一个弯"才能找到答案。这样既落实了文言知识，也饶有趣味。

> 梯度二：
>
> 师：请你们计算一下，参加移山的一共有多少人。
>
> 生：五个人。
>
> 师：你怎么知道的？
>
> 生：一个愚公，一个遗男，还有他的三个子孙。
>
> 师：三个什么样的子孙？
>
> 生：三个会挑担的，"荷担者三夫"。
>
> 师：你们怎么知道愚公自己也参加了呢？
>
> 生："遂率子孙荷担者三夫"，是愚公率领着子孙去的。
>
> 师：讲得真好！那请你再说说看，"遂率"前面省略了一个什么句子成分。
>
> 生：主语。
>
> 师：主语应该是什么？
>
> 生：愚公。"愚公遂率子孙荷担者三夫"。
>
> 师：好！主语补出来，人数很清楚，一共五个人。[①]

梯度二相对于梯度一来说，更难了一些，需要学生理解文章内容，进行综合分析。这个设计看起来似乎只是为了计算人数，其实有"一石三鸟"的效果：既能引导学生更好地理解文章的内容——人少而移山，更见任务之艰巨，又落实了文言文"主语省略"的知识，还激发了学生思考的兴趣。整个教学过程以对话推进，老师教得轻松，学生学得愉快，而且把文章的解读和文言知识的学习灵活地融合在一起，跟一般文言文教学的"串讲法"大异其趣。

---

① 钱梦龙：《教师的价值》，华东师范大学出版社2015年版，第21、22页。

梯度三：

师：同学们理解得很好。我们在这篇文章里学到了两个新的虚词，就是两个兼词，我们都要记住。最后，我们再来做一个作业。这里有一段文言文，我把资料发下来之后，请大家加上标点。（发资料）我请位同学把这段话抄在黑板上，其他同学在下面加标点，待会儿请同学到黑板上加，画出的一些词句要能解释。（学生板书）[①]

这是本课结束时的练习环节，钱老师让学生当堂完成一道断句的练习题。这道练习题为的是把课文中学到的部分词句连缀成文，使学生在一个新的语言环境中辨认它们，以达到知识迁移之效。这段文字在发给学生时没有标点，难度较大，但学生基本能够顺利完成。这就是课堂教学的第三个梯度——对知识的迁移运用。在我们的教学实际中，可能只有部分学生能达到这一层级，教师可以布置成课后作业，并及时给予指导。

二　针对态度差异，注重纠正引导

态度决定行为，行为决定习惯，习惯决定性格。学生的学习态度差异会影响其学习效果。最常见的学习态度有积极向上型、消极怠慢型、漠不关心型和随机变化型。教师针对学习态度的差异，在课堂教学中要有具体的学习方法的指导，对学生在课堂上呈现的躁动、疲沓、游离、沉闷等等学习态度进行纠正，指出问题，通过评价反馈、鼓励先进、奖掖后进的方式，兼顾个别与整体，树立正面典型，引导学生转变学习态度。比如李镇西老师的《和学生一起沉醉：〈再别康桥〉教学实录与反思》，真实记录了自己的课堂：针对学生在课前演讲不认真的态度，李老师并没有选择视而不见，而是明确指出问题所在，向全班学生重申了演讲的规范。一般来说，态度不积极认真的同学，是不可能把学习任务完成好的，而另一些学习态度游移的学生看到老师"不管不问"，则可能"有样学样"，也随意懈怠起来。李老师这个

---

① 钱梦龙：《教师的价值》，华东师范大学出版社2015年版，第23页。

"事件"的处理正是基于对学生学习态度差异的认识,严格不失宽容,温和中有原则,批评中有指导,就事论事又着眼长远。而在学生学习态度积极认真时,即使有一些不足,李老师也会及时地进行表扬鼓励。比如:

师:好了,下面请一个同学起来读,读的时候尽量按你的理解,我听你的读就知道你理解了多少。谁愿意起来读?(何思静举手)

师:何思静读。咱们男同学也要争取时间读,徐志摩是个男的。认真听,一会儿要评的。

(生读错了"似的",师做记录。读完后,大家鼓掌)

师:读得很好。掌声就能说明问题。但我只给她98分。有两个字读错了。

生:似的。

师:对,还有一个读音:青春似(sì)火。多音字。

师:还有长篙(gāo)。她读成了hāo。①

三 针对学习品质差异,注重方式灵活

品质是一个人给人的整体感受,包括通过行为和作风所显示的思想、品性、认识等实质。在教学中,学生的品质差异最终基本会以成绩的方式呈现出来。影响学习品质的要素很多,比如身心的健康程度、学习能力强弱、反应快慢等。在课堂教学中,同样的话、同样的举动,对一个学生来说是表扬,对另一个学生可能就是伤害。

因此,在教学过程中,教师的教学内容、教学方法等一定要针对学生的品质,注重教育方式的灵活多样。比如于永正老师曾提出,应针对不同学生的品质采取灵活多样的教育方式。

---

① 《李镇西:我的语文课堂》(上),光明日报出版社2013年版,第176页。

要善于用眼睛表达你的满意、生气和愤怒。尽量不要吼叫，训斥只可偶尔为之。目光要经常瞥向那些神不守舍、好动、好说的学生。可以请他们做点事，比如读书、读单词、表演、到黑板上默写等。这叫"以动治动"。最要紧的是不断地鼓励、表扬、提醒学生。但话要简洁明了，忌婆婆妈妈式的唠叨。

……最不得已的手段是惩罚，如罚他停课。但最好不要在上课时请他到办公室去，那样做，容易闹僵；碍于面子，他硬是不去，你会很尴尬的。最好当众说："××同学，下节语文课你必须到办公室去，因为你太影响大家了，这是老师迫不得已做出的决定。"课间休息时，把他请到办公室去。

惩罚尽量少用。千万不要体罚，切记。宁肯教育失败一次，也不要因体罚而造成更大的失败。这种失败是不可挽回的。[①]

优秀的教师会把每一个困难都当成对自我能力的挑战，会充分借鉴他人的经验，运用自己的智慧，将困难转变成师生成长的契机。于永正就是这样的教师，他看到了学生学习品质的差异，更看到了每个学生渴望被平等相待、被关注、被尊重、被认可的需要，看到了每个学生内心求真、向善、爱美的本能，因而总是能及时有效地处理相关问题。教育是需要耐心和细心的工作，即使有的学生的问题暂时解决不了，有的问题学生转化不了，但老师的言行如同雨露，点点滴滴，润物于无声，终会发生作用的。

在教育中，要看到学生的个性差异，也要看到学生的共性。在具体的教学实际中，学生个性呈现是多样的、灵活的、易变的，教师要抓住有教育教学价值的个性，而忽略掉无关紧要的个性。个性会以整体的方式呈现，也会以局部的，甚至个别的方式呈现。一般来说，教师要善于抓大放小，在课

---

① 于永正：《给新教师的20条教学建议》，见薛农基主编《教育的道与术》，北京教育出版社2014年版，第28页。

堂上解决对整体有教育意义的个性差异，在课后处理局部的、个别的差异。而有的个性差异，已经脱离了语文教学的范畴，成了教育问题，比如有的学生意志品质弱、自控力差、情绪急躁，或上课时捣乱，老师在课后的单独教育则更像是班主任的工作了。尽管这样，教师也还是有所作为的。一方面，针对共性进行大范围的整体教育；另一方面，针对个性进行个别化的单独教育。只有辩证看待二者关系，才能在具体的实践操作中有的放矢，从而真正实现人的全面发展。

陕西省西北工业大学附属中学　郑　刚

第46讲 课堂结构的整合

课堂结构，指的是课堂上教师的"教"与学生的"学"的流程。从涉及对象的角度来看，课堂结构主要涉及"教师""教材""学生"；从具体的内容角度来看，主要包括课堂"环节"的构成要素、"环节"的先后次序、"环节"的时间长短安排等。这里，我们主要从语文名家的课堂教学实践中，去发现、总结能够让课堂结构既简洁干净又相对完整的教学策略。

一 创设简洁、紧凑的教学环节

一般来说，教学环节主要包括预习、上课、布置作业、学习情况测评等等。但是不同的课型，其具体的教学环节应该是不同的，其中不必要的环节要大胆地省去。可以说，如果教学环节简洁，那么整个课堂的结构就会变得简洁起来。

徐飞老师强调"上好有学生提问的语文课"，我们看他的教学片段：

学生质疑：① 渔父所谓的圣人标准是什么？② 屈原称自己"独醒"，难道渔父不清醒？③ 渔父是测试屈原吗？④ 渔父为何不努力劝屈原？⑤ 屈原的最终选择和渔父提供的选择之间有无第三种选择？

⑥ 两人有对话吗？对话有基础吗？

　　整合方式：按人物将问题分类。先求解屈原的问题，再求解渔父的问题及两人关系的问题，最后求解作者的问题。

　　求解要点：捕捉人物言行及其背后的价值观，并落在具体字、词、句的翻译上；把对话改成独白，比较不同的表达效果。

　　师生共识：屈原执着、激越、清高孤傲，渔父超然、通脱、和光同尘。二人分别代表不同的人生态度，二人的性格在立场冲突和言语交锋中得到彰显。从境界高下、文章结构乃至篇幅分配来看，作者持不偏不倚的立场，但结尾油然流露出对渔父的欣赏。[①]

　　"上好有学生提问的语文课"的前提是学生要在文本里多走几个来回，熟知文本内容，所提的问题能成为教师把握学情的起点。学生的预习、教师对学生所提问题的整理等环节，就自然促成了教师、学生、教材三者之间"对话"的生成。如果整个课堂始终围绕着"解疑"展开、推进的话，就一定能够调动学生课堂参与的热情，这样的课堂就一定是紧凑的、简洁的、有效的。19世纪德国教育家第斯多惠说："教学的艺术不在于传授本领，而在于激励、唤醒、鼓舞。"所以，教师应该鼓励学生大胆地将文本中读不懂的地方提出来。在这样的课堂里，导入、布置作业、学习情况测评等环节可以视课堂情况"删除"，或者在别的时间开展。如果能够将学生的疑问都解决掉，这样的学习过程就是相对完整的。

　　"上好有学生提问的语文课"是在强调学生预习环节的重要性，而刘洪伟老师的一节《念奴娇·赤壁怀古》公开课，舍弃了学生的课前预习环节，直接以激趣式的导入开启自己的课堂。

　　中国著名作家林语堂曾经评价过一个人。今天我们就上他的课，猜猜他是谁？

_____

① 徐飞：《专注一件事——上好有学生提问的语文课》，载《语文学习》2020年第5期。

他是一个无药可救的乐天派，

一个伟大的人道主义者，

一个百姓的朋友，

一个大文豪……

（学生不断修正，最后异口同声地高呼——苏东坡）

对，苏东坡，今天我们就来上苏东坡的经典巨作《念奴娇·赤壁怀古》。①

这样的导入干净雅洁，与文本情境相合，能够激励、唤醒、鼓舞学生跟着老师迅速进入《念奴娇·赤壁怀古》的学习场域。关于课堂的主体部分，刘洪伟老师依据怀古诗的特点，以主问题"观眼前之景""写历史之事""抒一己之怀"来结构、整合整个课堂。

徐飞老师、刘洪伟老师的课堂结构是不同的：一个有预习，一个无预习；一个无导入，一个有导入；一个是围绕着学生主导的问题展开，一个是围绕着教师设计的问题推进……但是，这两个类型的课堂，其"课脉"都是紧凑的、简洁的、连贯的。在这两堂课上，学生有充分的行为投入、认知投入、感情投入，教师对课堂系统设计，学教统一，扶放有度。在师生的共同努力下，课堂呈现了一系列不可预约的精彩。所以说，课堂结构的整合，关键在于教师根据教学内容和学情特点，设计能够促使学生深度学习的简洁紧凑的教学环节。

二　依势、顺时地调整教学顺序

教学顺序，是由学情、文本体式特征、教师自身专业素养等要素共同决定的。依势、顺时地调整教学顺序，体现着教师的教学机智。乌申斯基说过："教育者拥有教育机智，才能成为良好的教育实践者。"

然而，在教学实际中，很多老师的教学是模式化、程式化的，缺少随机

---

① 转引自王开东：《我行我素教语文》，教育科学出版社2012年版，第147页。

应变，因此整个课堂就缺少了灵动之美。其实，我们应该始终秉承着"生课熟备，熟课生备"的理念，在年复一年的教学实践中，不断地修正、完善自己的教学顺序，使之更为合理、更为优化。可以说，任何一次对教学顺序的调整与改良，都是自己专业素养提高的表征。

程翔老师执教《荷塘月色》时就改变了大多数教师以"这几天心里颇不宁静"为切入点的设计，而自辟蹊径：

> 师：同学们看题目，"荷塘月色"，文章是不是在第一段就写荷塘美景了呢？
>
> 生：不是，是在第四段写的。
>
> 师：好的。我们先来看第四段。请一位同学读一遍。
>
> （一生读第四段）
>
> 师：这一段主要写荷塘。同学们看，作者先后写了哪些景物？

在第二课时的时候，程翔老师又紧接着分析了文本的第五段。分析完第五段之后，程翔老师继续说：

> 上面我们重点欣赏了作者写景的两段文字，其他段落我想请同学们自己去读、去品味，有问题可以提出来。[①]

在这个课堂中，教学顺序是不固定的，没有按部就班地从"这几天心里颇不宁静"机械地出发，而是创造性地调整文本的教学顺序，寻求到一个最佳的开掘点、切入点。如此调整教学顺序，不仅给自己的教学带来了新鲜感与创新性，而且也有效地整合、优化、简洁了教学过程。因此，依势、顺时地调整教学顺序体现的是教师的匠心与素养。

---

① 程翔：《我的课堂作品》，商务印书馆2020年版，第21—30页。

三　有效分配、调控教学时间

传统的课堂是"时间决定学习"，具体规定了一篇文章需要几个课时完成，要求教师在规定时间内完成教学任务；核心素养视野下的课堂是"学习决定时间"，"课程不是以'下课'为结束标志的，而是以学生学会即目标达成为结束标志的。就班级教学而言，至少三分之二的学生达成目标，课程才可以转换到新的内容"[①]。核心素养视野下的课堂提倡大单元整合、群文阅读、项目阅读等，虽然没有具体明确每一个文本的学习课时，但是每一个学习任务群都是有课时要求的。从这个维度来看，无论是什么样的课堂教学，都需要对教学时间进行有效分配和调控。

首先，观照一下传统课堂的时间分配与调控。我们在构建一节课之前，需要预设课堂导入、课堂讲解、学生的参与、布置作业等等用时多少。郭道胜、袁致伟认为，教师的讲授活动占用黄金分割时间为28分钟左右较为适宜。[②]同样地，巴班斯基把对教学时间的探索放在了时间的制约性上。他说："从活动的最优化管理规律来看，没有积极的态度和活动动机，就不会在规定时间内达到应有的效果。"[③]由此观之，一个有效的课堂，一定是一节有学生积极参与的课堂。但是，不同的课型在具体的时间安排上也是有区别的。例如：较之小说阅读鉴赏课，古诗词鉴赏课中学生朗读时间要长一些；较之讲授课文，自读课文教学中学生的表现时间要长一些。

预设教学环节时间安排，是力求在规定的时间内完成既定任务的前提下，保证整个课堂教学结构的完整性。这种课堂时间安排也是有一定的弊端的：精确的时间，使得整个课堂的预设、框定太多，这样就很可能削弱课堂

[①] 崔允漷：《如何开展指向学科核心素养的大单元设计》，载《北京教育（普教版）》2019年第2期。

[②] 郭道胜、袁致伟：《黄金分割规律与课堂教学时间的分配》，载《教学与管理》1997年第5期。

[③] ［苏联］巴班斯基：《教学过程最优化——一般教学论方面》，张定璋译，人民教育出版社1986年版，第77页。

的随机生成。整个课堂是在预演的前提之下按部就班地展示，忽略了不断变化的教学实际，更容易忽视学生的个性诉求。因此，面对着不同的教学情境，教者应该在"不变"的视域内随机应变。

其次，审视一下核心素养视野下的课堂时间的分配与调控。夏雪梅在《项目化学习设计：学习素养视角下的国际与本土实践》中指出："要突破单课时制，从用若干节课对一个概念完整理解的视角来进行设计。"[①]

诚然，没有时间就没有课程，但强调学习的整体性、结构化、连续性，不是传统的单节课能够完成的。语文课程标准中有课时量的提示。下面，我们看看吴欣歆老师《高中语文学习任务群教学笔记》中的片段：

> 新闻媒体类的6课时具体分配如下：
>
> 第1课时　认识不同体裁新闻的异同，明确阅读思考的基本方法。
>
> 第2课时　确定希望分析的报纸或网站，制定分析研究计划。
>
> 第3课时　讨论分析报告的基本框架，独立撰写文字分析报告。
>
> 第4课时　交流展示文字分析报告，集体修改完善。
>
> 第5课时　"精彩看点"展示交流会。
>
> 第6课时　为自己选定的报纸或网站的"精彩看点"撰写稿件并投稿。[②]

吴老师经过理论梳理和实践总结，将体验式学习活动链的基本环节设定为"亲历—反思—抽象—检验—交流—重构"。整个6课时的单元专题性质的学习，是遵循着学生认知规律的言语实践活动。这样的有序列的连续性学习，有助于学生将知识结构化，不断地纠正完善自己原有的认知图式，让学生在实践中不断地构建新的思想方法与行为程序，契合了克伯屈《教学方法

---

① 夏雪梅：《项目化学习设计：学习素养视角下的国际与本土实践》，教育科学出版社2018年版，第41页。

② 吴欣歆：《高中语文学习任务群教学笔记》，北京师范大学出版社2020年版，第39页。

原理》中所说的"教育即生长""教育即经验的改造"。这样的教学时间是由学习决定的，打破了传统课堂课时与课时之间的割裂性、碎片化，强化了课堂教学内容之间的连贯性。

　　显然，合理的时间管理、规划、安排，其实就是在整合、优化课堂的各个环节，减少时间的损耗，进而实现课堂效益的最大化。

　　总之，创设简洁、紧凑的教学环节，依势、顺时地调整教学顺序，有效分配、调控教学时间，成为我们整合、安排课堂环节的基本策略。但是，文无定法，教亦无定法。如何更为合理地整合课堂中的各个环节，也是一个常谈常新的话题，需要我们在教学实践中不断探索、不断优化、不断整合。

辽宁省盘锦辽河油田第一高级中学　景慧颖

第47讲　教学语言的锤炼

　　语文老师的课堂教学语言，不仅是组织课堂教学的基础，也是推进教学进程的手段，更是学生语文学习的"第二文本"。它对于学生语文素养的提升，有着举足轻重的作用。语文老师要不断锤炼自己的课堂教学语言，不断提高课堂教学语言的品质，从而提升自己语文课堂的品质。

一　反复咂摸，做到教学语言简明

　　简明的教学语言，应当是平实易懂的。课堂不是老师炫耀文采和口才的地方。教师的教学语言是为教学和学生的课堂活动服务的，如果学生在接受教师的语言信息时，还需要二次解释才能听懂，这无疑是在加重负担。肖培东老师在课堂上跟学生的交流如话家常，气氛轻松，亲切自然。请看肖老师《孔乙己》的教学片段：

　　　　师：同学们，这篇小说你们已经读了几次了，听说你们还拥有很多《孔乙己》的赏析资料。读了这篇小说，孔乙己这个人物一定会在你们心中留下深刻的印记。那么，这个连名字都不被人记住的孔乙己，你们在阅读小说后，最能记得的是他的什么？请用一个字或一个词来阐述。

可以是名词，可以是动词，可以是表示心理状态的形容词，也可以是表示境况的形容词，当然，也可以是表示性格的词。[①]

以上这段具有提问功能的课堂语言，简洁明了，精准无误，学生很容易听懂并消化。"这个连名字都不被人记住的孔乙己，你们在阅读小说后，最能记得的是他的什么？"提问简明，指向明确。因为是"主问题"，肖老师对问题的回答方式提出了规范要求。如果老师的语言啰唆不清，学生需要筛选信息，再参与活动，那就费时不讨好；如果老师的语言晦涩难懂，学生对课堂活动的意图和要求，需要费劲解读，那就耗力没价值。

肖老师曾经说，备课时要将文中的每一个字都备进去，不厌其烦，反反复复，在文本中进进出出。这样反复锤炼教学语言，才能使课堂走势顺畅，首尾圆合，从而使学生的思维从凝滞走向贯通，让学生的思想从肤浅走向深刻，让学生的理解从平面走向立体。

二 多读多写，做到教学语言灵动

孙建锋老师认为，教师和学生倾情打造的对话氛围，应该是很美、很美的，一如山之光，水之声，月之色，花之香。如田玲老师在《咏雪》的教学中，就生成了这种对话氛围，灵动而美好，让我们欣赏到山光、水声、月色、花香。

首先，在灵动的教学语言中呵护学生的自信。

师："乌衣巷口夕阳斜"，"斜"有的同学读xié，有的同学读xiá。这个字到底读什么？为什么？你来说一说。

生：我读的xiá，因为《中国诗词大会》上专家读的xiá。

师：你是以专家来定论的，很棒。这个字现在我们读xié，古音读

[①] 肖培东：《我就想浅浅地教语文：肖培东语文课例品读》，长江文艺出版社2016年版，第210页。

xiá，都行。那么第三句里面"旧时王谢堂前燕"，谁给我们讲一下这个"王谢"？

生："王谢"就是王谢的家。

生："王谢"就是东晋大臣王导和谢安。

师：你有丰厚的历史底蕴，王和谢是指东晋两大家族，以东晋大臣王导和谢安为首。历史上他们两家人才辈出，或引领一代之风骚，或位立一朝之尊。两大家族之所以有这么大的成就，是和良好的家教分不开的。我们走进今天学的故事中慢慢体会。①

开课之初，田玲老师围绕"斜"字的读音及"王谢"所指来开启问答，学生回答后老师及时用"你是以专家来定论的，很棒""你有丰厚的历史底蕴"等来肯定学生。老师这些简短的评价语言呵护了学生的自信，激发了学生的学习兴趣。

其次，在灵动的教学语言中启发学生思考。如邱俊老师的《爱莲说》教学片段：

师：在作者的眼中，君子应该具有哪些美好的品质呢？

生：从"予独爱莲之出淤泥而不染，濯清涟而不妖"中可以看出君子的美德是不受到任何污浊的沾染。

师：处在污浊环境中却能够不受任何污浊的沾染，这足以说明君子有着可贵的品质。这是一种怎样的品质？

生：洁身自好。……

师：面对君子的光明磊落、胸怀坦荡，我们除了喜欢，还有什么态度或情感？

生：敬仰、敬重。

师：体会好深刻。通过大家的精彩分析，我们看到一朵纯洁的莲

---

① 田玲：《灵动语文公开课》，北京燕山出版社2020年版，第2页。

花，更看到一位高洁的君子！正所谓"君子如莲，莲如君子"，周敦颐显然把成为君子当作自己的目标。他究竟是一个怎样的人呢？①

邱老师在课堂上，用"处在污浊环境中却能够不受任何污浊的沾染，这足以说明君子有着可贵的品质。这是一种怎样的品质？"等问题，对学生灵动地展开追问，于教学重点承载处重锤敲击，不断启发学生去思考，让课堂绽放出思想的火花。除此之外，她及时评价，对学生进行肯定鼓励、点拨启发。可以说，这些灵动的语言和评价，都是教学智慧最好的表现。

如何才能使教学语言灵动生成呢？这就需要我们平时多阅读一些专业书籍，多写作。因为写作要求有严格的逻辑、严密的分析、准确的语言，写作训练能有效提高我们思维的缜密性。在这种思维的锻炼中，在问题的思考和分析中，我们逐渐会获得新的发现和理解。当我们在写作中练就了用完整和精妙的语言来表达思想与感怀时，我们的语言表达能力自然而然也就提高了。

三 巧妙引导，做到教学语言智慧

教学是一项复杂的活动，它需要我们课前做出周密的策划，这就是对教学的预设。有了良好的预设之后，教师还要有出众的课堂调控能力，也就是巧妙的引导、灵活的变通，以应对课堂中的千变万化，从而形成智慧的课堂教学语言。而智慧的教学语言，如诗如画，本身就很有魅力。如田玲老师的《记承天寺夜游》教学片段：

师：那么，让我们展开想象，用生花的妙笔把画面以美文呈现，体现个人审美感受，全班分享。

（生描写，师播放轻音乐）

生：皓月当空，月光洒在院子里，像积水般清澈，水中的藻荇皓月

---

① 邱俊：《我和我的语文》，陕西人民出版社2020年版，第227页。

当空，定睛一看，原来是翠竹和柏树的影子啊！

师："皓月当空，皓月当空，定睛一看"，用得好。

生：清冽的月光照在庭院中，空明澄澈。微风吹过，水面藻荇随风飘动，定神凝视，原来是竹子和柏树的影子在风中婆娑起舞。

师：她给我们呈现了静态的月光美和动态的竹影美。

生：淡淡的月光洒在庭院中，宛若一湾澄澈透亮的清水。微风轻拂，水中些许藻荇互相交错，顾盼生姿，定睛一看，原是竹柏的影子罢了。

师：动静结合，清雅得宛若一段小随笔。

生：月光倾泻大地，清辉如同空灵澄澈的积水。那竹柏的影子投射到庭院中，就像水中交错纵横的藻荇，清风拂过，恍若泛起片片涟漪。

师：好一个"片片涟漪"，如水的月光真美！①

田老师很重视学生对语言的运用，对于学生表达的内容和语言进行了精妙的评点和引导，如春风化雨，自然温润。妙语妙评，信手拈来，表现出田老师富有教学智慧，充满师者魅力。

四　问拨到位，做到教学语言精彩

所有的教学语言都是为课堂中分析问题、解决问题服务的。问拨是一种方法，更是一种艺术。"问"即提问、追问，这是引出问题、发现问题；"拨"即点拨、提示。王君老师的问拨之术在课堂中体现得非常完美，如她的《在写作中成为你自己》教学片段：

师：如果让你来"识文断人"，你最喜欢谁？喜欢他的什么？
生：我喜欢李镇西，因为他通达温暖。
生：我喜欢王开东，因为他思辨能力极强。

---

① 田玲：《灵动语文公开课》，北京燕山出版社2020年版，第33页。

生：我喜欢肖培东，因为他文采浪漫。

生：我喜欢周冲，因为他犀利尖锐，一针见血。

师：文字如人。你如何活，你就如何写。你如何写，你就如何活。一个人的文字基本上是他人格的折射。暂时的装假糊弄可以，时间长了，文字怎么装也装不出来的。文字，是一个人的另一张脸。你自己长成什么样，文字就长成什么样。

（为了加深学生的认识，教师又举了四个例子）

师：同学们经常在随笔中写到小动物，这四个片段，你们猜猜是谁写的？（屏显四个随笔片段）

生：前两个片段应该是女同学写的，第三个是男同学写的，第四个片段显然是大人写的。

师：怎么看出来的？

生：前两个片段描写特别细致，文笔优美，感情也细腻，像女同学的表达。第三个片段文笔就粗犷幽默些，观察的视角也独特，像男孩儿的眼光和文笔。最后一个片段出现了"儿子"，肯定是大人；而且这段文字中有些理性的思考，不像学生的。

师：同学们眼光敏锐。最后一个片段的确是老师所写，出自我的《火线》。第三个片段作者是班级小精灵王瀚飞，出自他的《自家二狗传记》。前两个片段，作者是郭思琪和李玮琳。就你们平时对这两位女同学的了解，你们觉得他们分别是哪个片段的作者？[①]

该教学片段中王君老师首先发问：如果让你来"识文断人"，你最喜欢谁？喜欢他的什么？这就把作文与生活相连，让作文与自己相关。随后王老师再轻巧一点："文如其人。你如何活，你就如何写。你如何写，你就如何活……你自己长成什么样，文字就长成什么样。"多走心的点示，多入心的启拨。王君老师的问拨之术善于确定范围及中心，她的"问"是自然的，宽

---

① 王君：《更美语文课：王君群文教学课例品读》，长江文艺出版社2018年版，第232页。

松的，不知不觉的，让学生感到思考上的自由，又能明确把握方向，需要老师的"点拨"之灯来照亮。这是若即若离、似"散"实"聚"的境界。

第二个环节，让学生猜猜四个片段中的小动物是谁写的。贴近孩子身边的人与事，兴趣便不请自现。老师又追问了"怎么看出来的"，问的艺术拿捏得相当到位。在小有成就的基础上追问"怎么看出来的"，学生自然是兴趣盎然。老师再次追问："前两个片段，作者是郭思琪和李玮琳。就你们平时对这两位女同学的了解，你们觉得她们分别是哪个片段的作者？"学生在教师的点拨下思考探寻，此时点拨的功夫花在"催生"上。经王老师一"催"，学生的灵感火花一闪，结论也就"得来全不费功夫"了。看来课堂中，问拨方法运用到位，师生对话常常令人惊艳，做到真正的水到渠成、天然去雕饰。

总之，教师高水平的语言功夫不仅体现了教师良好的专业素养，也会为学生带来良好的教益，给予学生良好的示范。但要练好课堂教学语言，需要通过学习和阅读来修炼我们的技巧，通过写作来丰盈我们的世界，通过思考来练就我们的智慧，通过研读来充实我们的教法。让我们夯实语言的根基，浸润语言的灵魂，充实语言的宝库，点燃语文的生命吧！

陕西省西安市第七十七中学　白　媛

第48讲　肢体语言的表达

　　肢体语言，也叫课堂体态语，就是教师在教学过程中的肢体动作，诸如眼神、手势、模仿动作等。作为教师教学语言的辅助，肢体语言能够帮助学生更好地理解教学内容，进行深度学习。肢体语言是教师专业发展的必修课之一，其运用贯穿在课堂教学始终，重要意义不言而喻。正如苏霍姆林斯基所说，教师最大的幸福与快乐就在于与学生的交往，因为他的每一步，每一句话，甚至他的目光一闪或者一抬手，都会深深地留在学生的记忆中。

一　肢体语言运用存在的问题

　　在我们的课堂教学中，肢体语言运用方面的问题主要表现为以下几个方面：

　　1. 形式不合理

　　在形式运用方面，符号性动作是教师在课堂中使用频率及次数最高的肢体语言。符号性动作的指向性含义较为明确，每个动作都有其确切含义。适当的符号性动作可以调节课堂氛围，促进师生间的情感交流，辅助教学内容的讲授。如果过度使用同一种体态动作，随着使用频次的增多，该动作的效力就会逐渐降低。比如，有些教师常常要求学生用掌声来表现对学生的赞扬与肯定，但课堂上过于频繁的掌声会让学生逐渐变得麻木，以至于降低学习的兴奋度，阻碍师生间情感的进一步交流。

2. 运用不规范

老师在课堂上的一些不规范、无意识的动作会给学生的情绪带来波动。例如有些教师经常将双臂置于胸前，从心理学的角度来讲，这样的动作是典型的防御性动作，是缺乏安全感的表现。课堂中这样的肢体语言可能会导致一些学生精神紧张、心绪不宁，从而影响乃至扰乱原本活跃、轻松的课堂氛围。由于经验和能力的欠缺，有些新教师在实际教学中遇到突发性问题时会出现抓耳挠腮等肢体动作。这些动作与课堂教学情景不相适应，与课堂教学内容不相关，会影响课堂教学效果。

二 肢体语言运用的策略方法

恰当运用肢体语言，可以起到激发学生学习兴趣、集中学生注意力、突破难点、把握重点的重要作用，真正做到"此时无声胜有声"。

1. 基于学生的实际情况，灵活使用肢体语言

姿势、手势、头势等符号性肢体动作较多，其含义会存在重复，这点值得我们深入研究。我们应让符号性肢体语言运用的方式更加灵活多变，用不同的符号性肢体语言来表现同一种含义。例如，在对学生的表现进行赞许时，教师可以在课堂教学中使用鼓掌、点头微笑、竖起大拇指等多种方式。这样灵活的运用可避免重复带来的弱化学生积极性的影响。如田玲老师在《三峡》一文的教学中通过声情并茂的朗读及师生共读，创设了很好的学习氛围。

> 师：特别之处可以有特别的读法。请一名同学读这四个字，同学们在顿音的时候来个旁白，比如他读"清——"，同学们配音"水清"，"荣——"，同学们……
>
> 生（七嘴八舌）：树荣！
>
> 师：非常棒！（竖起大拇指）谁来读？

············

师：非常好！我们来共同感受一下文言文的音乐之美。注意读准四字词的节拍，读好领起字的短暂拖音，特殊停顿的地方女同学和老师一起读，男同学旁白。请这位女同学给大家起一下。

（师生有乐感地共读第三段）

师：乐感已经显现了！接下来我们学以致用，发现文中领起的字，并告诉这个字的意思。从这一排开始，不得重复，因为，倾听也是一种能力哦！

生："自三峡七百里中"的"自"，意思是"在"。

生："至于夏水襄陵"的"至于"，意思是"到了……的时候"。

生："略无阙处"的"略无"，意思是"一点儿也不"。

师：大家同意吗？

生：不对。这句没有领起的字，四字节拍读好即可。

师：读读看。

生：略无／阙处。

师：很好。继续。

生："或王命急宣"的"或"，意思是……（抓耳挠腮）[1]

田老师动情的朗读，恰到好处的语言启迪，辅之以不同表现形式的肢体语言，给学生悟读美景创设了很好的情境。在课堂教学中，既有老师与学生之间的默契配合，也有学生面对困惑时无奈的动作行为，还有老师不经意间的鼓励与赞赏。老师的活动调动了学生参与课堂的积极性，看似不经意，其实独具匠心。这就是对肢体语言的灵活运用。

2. 基于文本教学的需要，合理预设肢体语言

课堂肢体语言是教师必备的专业技能和教学手段，教师在备课时应特别进行设计。与课堂教学内容相适应的一些动作的运用就是为了将抽象的、难

---

[1] 田玲：《灵动语文公开课》，北京燕山出版社2020年版，第16—17页。

以理解的内容描述转化为具体且直观的形式，助推学生在有效思维时长较短的情况下，能够掌握知识内容。

请欣赏田玲老师执教的《小石潭记》片段：

> 师：大家看，刚才出发的地方是小丘，现在站在潭边。一路走来，景物不断变化，在游记中这种写法叫什么？
>
> 生：移步换景。（师板书）
>
> 师：知识面很广！现在我站在小石潭边，向下看到了水和鱼，为寻找源头向西南又看到了溪、岸（情景模仿），这个时候我移动了没？
>
> 生：没有！
>
> 师：我没动，可是看到的景物变了没？
>
> 生：变了！
>
> 师：什么原因？
>
> 生：眼睛在变。
>
> 师：老师的眼睛变成外国人的啦？（生笑）说准确。
>
> 生：视线在变。
>
> 师：对呀，一定要表意清楚准确。我向后看，看到这么多老师；我向左边看，看到这么多戴眼镜的小博士们。（肢体语言辅助）我人没有变，脚步也没移动，可是我看到的景物变了，这种写法你们知道吗？
>
> 生：定点观景。（师板书）[1]
>
> 师：在写景的时候，你们还发现有什么写法？（生面面相觑）

初次接触"移步换景"的写作手法，学生的理解不是很到位。这时田老师采用"情景模仿"，用肢体语言辅助教学，达到了较好的学习效果。

著名语文特级教师于漪在《往事依依》中回忆自己的国文老师教授诗词时说："记得一次教辛弃疾的词《南乡子·登京口北固亭有怀》，老师朗诵

---

① 田玲：《灵动语文公开课》，北京燕山出版社2020年版，第44—45页。

时头与肩膀左右摇摆着，真是悲歌慷慨，我们这些做学生的，爱国情怀油然而生。""老师朗诵着，进入了角色，那深深感动的神情凝注在眼睛里。这种感情感染了整个教室，一堂鸦雀无声，大家都被深深感动了。这几句词镌刻在我心上，几十年过去了，至今还能心口背出。"[1] 对于学生，这些富有特点的肢体语言不仅能大大吸引他们的注意力，还能使他们积极主动地跟上老师教学的步调，自身思维活跃起来。

3. 严谨肢体语言的运用，提高教学质量

课堂教学中，很多学生一节课很难从始至终全神贯注，课本中的一个小情节都有可能让学生"心猿意马"。如鲁迅先生的《阿长与〈山海经〉》一文，当学生读到长妈妈的睡相呈"大"字形时，学生立即陷入了热烈的讨论中，此时课堂似乎呈现出了一种对文本热火朝天的探究中，实际上却是在进行没什么实际意义的"模拟演练"。这时候，老师一个较为严肃的眼神，就能及时将学生从"放飞自我"的神游状态回到预设的教学轨道。如果此时学生依然意犹未尽，老师不妨通过肢体语言将长妈妈的人物形象再演绎一下，然后结合具体的语言描写，让学生来概括人物形象，这样学生的文本解读可能会更准确。

请看田玲老师《核舟记》的教学片段：

师：老师注意到这位同学"有奇"读得很准确，可见认真阅读了课下注释。那么，谁能给大家具体讲一讲并比画一下这只核舟的大小？

生：从船头到船尾长度大约八分多一点，我觉得应该相当于现在的八厘米多一点吧，高度大约两粒黄米那么高，差不多就是一厘米的样子。（伸手比画）

　　…………

师：黍，就是黄米，和我们日常生活中所见的小米很像，颗粒比小米略微大一点。现在我们比画一下核舟的长和高，体会一下何为"径

---

① 于漪：《往事依依》，见《语文》（七年级上册），江苏教育出版社2001年版，第38页。

寸"。（师生齐比画）①

为了让学生更好地体会核舟的精巧，田老师与学生一起比画。这种辅助的肢体语言，能够有效地帮助学生学习文本。

当然，教师应当在人为意识的训练和控制下，尽可能限制对无意义的肢体动作的使用，不断反思与总结使用肢体语言的情景和形式是否合理，增强自身的严谨态度和控制力。

4. 打破思维定势，拉近师生距离

距离性肢体语言是描述师生间距离最直观、最外在的一种形式，其主要研究的是教师在课堂教学实践中，教学空间的分配和使用。教师在此过程中不宜将自身教学的空间局限于黑板和教室的前部，应配合教学环节的推进，善于使用距离性肢体语言，真正走近学生——参与小组讨论，倾听学生看法，进行个别指导等。这样不但拉近了师生距离，更能及时得到教学成果的反馈，利于教师对教学进度进行针对性调节。

比如在九年级下册的《孔乙己》教学中，笔者就孔乙己"排出九文大钱"的动作设计了相应的肢体语言，并且走到学生的桌子前进行演示，极大地活跃了课堂的气氛。距离性肢体语言的运用能够促进高质量课堂的生成。在使用过程中也要注意空间的分配，做到均衡合理化，尽可能地照顾到教师空间内所有的学生，让他们具有强烈的课堂参与感，共同促进高质量课堂的生成。在《安塞腰鼓》的教学中，可以模仿安塞腰鼓的表演形式，在课堂上为学生进行展示，让学生零距离感受安塞腰鼓的气势。同时，还可鼓励学生进行模仿，在课堂上选出模仿最像的学生并进行奖励，活跃课堂气氛。

肢体语言对课堂教学来说具有两面性，如果教师把握不好肢体语言的表达，就很容易对学生的学习造成负面影响，如果教师掌握好肢体语言的表现方式，就能够让教学事半功倍。对于语文这种需要共情的学科来说，适宜的

---

① 田玲：《灵动语文公开课》，北京燕山出版社2020年版，第56页。

肢体语言的运用对于辅助教学至关重要。我们应利用一切机会，有效运用肢体语言，恰当助力教学，增进师生感情，激发学习兴趣，提高教学效果。

陕西省培文大柳塔第二中学　訾小红

第49讲　课堂板书的生成

　　板书是一种教学艺术，是教师在上课时的思路图，是师生互动的智慧窗，是一堂课的眼睛。与课堂进程相映生辉的板书，不仅在视觉效果上冲击大脑，而且能增强学生对知识的理解，强化学生的记忆，提升学生语言、思维的张力。

　　当下，教育技术信息化普及，课堂上大信息量的课件铺天盖地。许多教师无课件不上课，上课完全被多媒体牵着走，甚至沦为课件放映员。课前预设好的课件，面对教学中随时出现的新的生成，自然无法应对。所以，我们必须依赖于教学过程中自然生成的板书。

　　当然，许多板书也常常会进行课前预设。然而，预设的板书再精妙无比，也难免显得呆滞，雕琢痕迹重重，甚至会因师生互动脱节而成为教师展示自己才艺的花架子。板书应该随教学进程自然生成，方显其灵动巧智。但课堂板书若过于随意，又难免粗糙无序。怎样做，才能使板书在教学进程中自然生成，又显其精妙呢？

一　依据文章体裁、内容特点设计板书，使板书过程与学生思维规律相融合

依体而教，依体设计板书，使教学进程与板书生成相辅相成，才能真正提高课堂教学的效率。议论文多用思维导图有助于理清论证思路，小说多用对联有助于串起故事情节、分析人物形象等，散文多用简笔画勾勒有助于理解所描之景（物）特点等，其中妙处自不可言。依文章体裁、内容特点设计的板书，能够助推学生的思维通畅自如，向前延伸。

如李玉霞老师在教学《中国人失掉自信力了吗》一课时，板书设计成思维导图形式：

师：提出"中国人失掉自信力"这一观点的人的论据是什么？读课文第1、2段，用相关内容填充下图空白处。

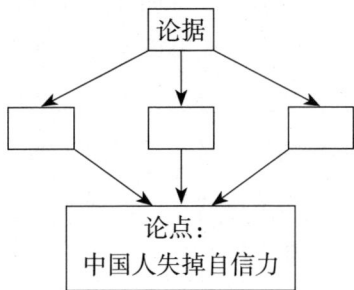

师：从对方所提到的"自夸地大物博""希望着国联""一味求神拜佛"这种现实中，鲁迅得出什么结论？朗读第3、4、5段，用相关内容填充下图空白处。

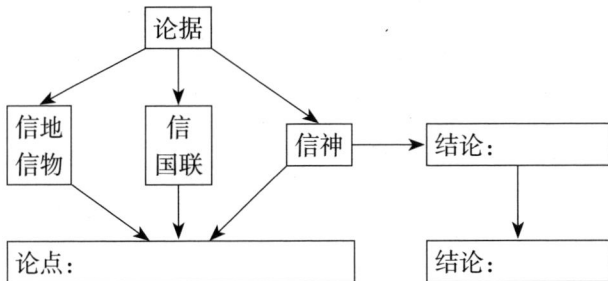

师：鲁迅有自己的观点与依据吗？朗读第6、7、8段，用相关内容填充下图空白处。

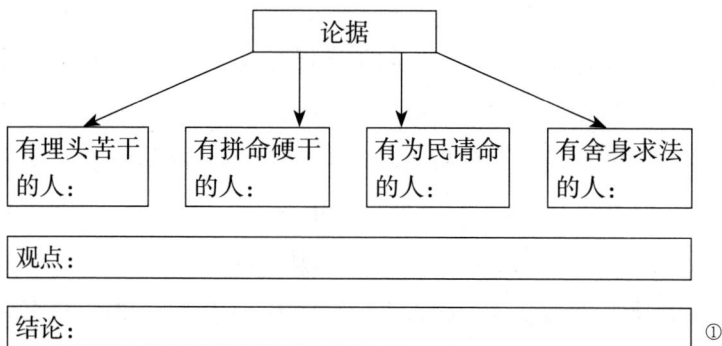

```
                    ┌──────────┐
                    │   论据   │
                    └──────────┘
         ┌──────────┬────┴────┬──────────┐
         ↓          ↓         ↓          ↓
    ┌────────┐ ┌────────┐ ┌────────┐ ┌────────┐
    │有埋头苦干│ │有拼命硬干│ │有为民请命│ │有舍身求法│
    │的人：   │ │的人：   │ │的人：   │ │的人：   │
    └────────┘ └────────┘ └────────┘ └────────┘

    ┌──────────────────────────────────────────┐
    │ 观点：                                    │
    └──────────────────────────────────────────┘

    ┌──────────────────────────────────────────┐
    │ 结论：                                    │
    └──────────────────────────────────────────┘  ①
```

这样设计板书，能使学生随着课堂进程一步步推进，自然生发严密的思维导图。教师只需稍做引导，学生就顺着议论文的学理，推理出了论证思路。板书工整严谨，学生能直观地看到作者的推理过程，而这个思路也是学生随课堂中老师引导而生发出的，思维训练环环相扣，扎实有效。不仅内容高度概括，而且特点鲜明突出，毫无雕琢痕迹，学生兴趣浓厚。李老师随论证思路，随文章内容特点，甚至随鲁迅先生写文章特有的秉性而设计生成的板书，在课尾完成这一形象的勾勒时，着实让人感受到了鲁迅先生之风骨，实在是匠心独运。因此，板书依体裁衣，根据文章内容特点进行预设，可使学生思维发展有章可循，有本可依。

再如，特级教师程翔上说明文《中国石拱桥》一课，他一边和学生对话交流，一边板书，教学进程和板书生成自然融合。

师：读得好。请同学们思考一个问题：这四个特点的排列顺序是怎样确定的？请同学们交流一下。

（学生交流）

师：谁来回答？

---

① 李玉霞：《〈中国人失掉自信力了吗〉板书教学法》，载《语文教学通讯》2014年第11期。

生：是按照先主后次的顺序排列的。

师：解释一下。

生：第一个特点是最突出的，所以放在第一的位置。两肩上的小拱是仅次于大拱的突出特点，所以排在第二的位置。28道拱圈又次一等。第四个特点是与周围环境协调，最次。

师：解释得很到位。（师板书"主次顺序"）作者介绍完赵州桥之后才介绍桥的设计者李春，为什么？放在前面介绍不可以吗？

生：不可以。因为本文主要是介绍赵州桥，不是介绍设计者。

师：这是由什么决定的？

生：写作目的。

师：对。（老师板书"目的顺序"）作者先介绍赵州桥，后介绍卢沟桥。为什么？

生：这是由时间先后决定的，是时间顺序。

师：好。（老师板书"时间顺序"）①

教师依据说明文特点及文章内容，引导学生在对话中思考，一步步理出三种说明顺序，毫无灌输之意；板书在教学中由师生对话自然生成，毫无牵强之感。所以，依据文章体裁，依据文章内容特点来设计板书，是和学生的认知思维规律相一致的，预设和生成自会相依相合。

二　把板书预设和学情相结合，教学进程中持续关注学生的思维，有助于板书自然生成

教师在板书设计时，应充分了解学情，以便于激活学生思维，激发他们参与板书的热情；应充分尊重学生的学习成果，把学生不断引入新的学习空间和知识空间。李先梅老师教《变色龙》时，他的板书预设就是笑脸和怒脸的简化，是将军家的狗便是笑脸便称呼"名贵"等，在黑板上方，不是将

---

① 程翔：《程翔与语文教学》，中国人民大学出版社2011年版，第141页。

军家的狗便是怒脸便称呼"下贱胚子"等，在笑脸斜下方，并用斜线上下相连，直观显示奥楚蔑洛夫变化无常、媚上欺下、见风使舵的性格，直线箭头从中间横穿，又能引导学生发现其自始至终没变的奴性特点。[1]

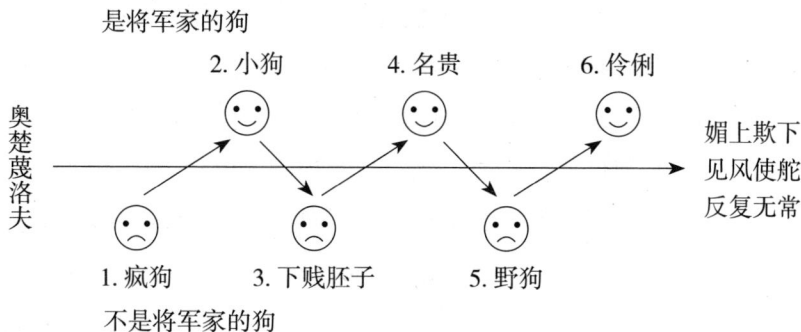

是将军家的狗

2. 小狗　　　4. 名贵　　　6. 伶俐

奥楚蔑洛夫　　　　　　　　　　　　　　　　媚上欺下
见风使舵
反复无常

1. 疯狗　　　3. 下贱胚子　　　5. 野狗

不是将军家的狗

笑脸和怒脸把奥楚蔑洛夫的丑恶嘴脸揭示得淋漓尽致，天性好玩的学生自然能在课堂中生成奥楚蔑洛夫的多重性格。所以，结合学情设计板书，能将预设和生成巧妙连接。值得一提的是，在教学进程中，我们板书某个相应的词语时，也应当关注学生，以学生的最近思维发展为主，尊重他们的思考成果，以期拓展更广的生成空间。

三　预设板书时充分留白，以便课堂生成

教师设计板书过于精致完美，就会使课堂进程停滞，师生容易被板书牵着鼻子走。纵然有很好的板书生成的契机，他们也会坐失良机。如果过于重视板书的自然生成，则又可能使板书过于随意，不知所至。所以，应将板书设计为大体框架，给板书的生成留有充分的空间，以便课堂生成。

如李宗玲老师的《敬业与乐业》一课的教学设计：

李老师在开场白之后，与众不同地将课题"敬业与乐业"横向书写

---

[1] 王荣生：《阅读教学设计要诀——王荣生给语文教师的建议》，中国轻工业出版社2017年版，第192页。

在黑板的最下方；当教学进行到第三段
时，好像平地里长出了两颗参天大树，
树干是"引圣哲名言"和"举身边小
事"，稳稳地相对植入"敬业与乐业"
这块土地上；当学生学习到最后一个自
然段时，两棵大树的左右两侧好像生出
了两个翅膀，左边斜向书写着"责任心"，右边斜向书写着"趣味"。
李老师稍加勾勒，人们才恍然大悟，这不就是一个大大的"敬业"的
"业"字吗？她把敬业、乐业的内涵形象化了。①

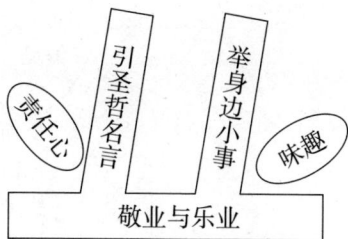

这堂课，李老师板书设计匠心独具。她预先设计"业"这样大体的框
架，再随课堂进程有序地引导学生，将课堂中生成的知识点勾勒进预设的框
架中。

再如笔者执教《猫》一课的片段：

师：请同学们玩"猜猜我是谁"的游戏。

（学生举手打乱顺序说一只猫的外形、来历、结局等，三位学生上
黑板板书属于自己这只猫的关键词）

师：我们再以作者及家人对三只猫不同的态度，给猫贴上标签。

（这节课结尾时，将板书勾画成猫的脸型）

师：你们觉得这两只耳朵上，要用什么词送给那只猫或作者？

生：我认为要给作者警醒，不要对任何人心存偏见，否则可能会做
错事。

生：我认为要给三只猫警醒，平时注意完善自己的性格，以免让别
人误解自己。

---

① 张敬邻：《我看李宗玲老师执教〈敬业与乐业〉》，载《语文教学通讯》2011年第26期。

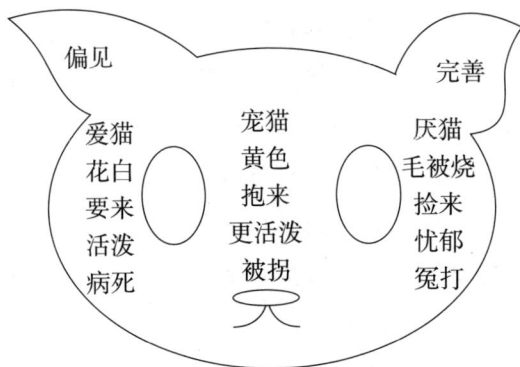

此处板书，大体的框架是笔者预设的，但其中的内容是在上课过程中学生完成的。如果教师把自己的板书预设得丰满精致，那就有可能将学生引向自己的思维模式，从而错过板书自然生成的精彩，师生也就体会不到思维、语言交融的精彩奇妙。大体的框架预设，也会将有可能偏离的随意思维拉住，不使它跑偏，从而使板书美观规范，使课堂稳步推进。

综上所述，板书要随着教学进程自然生成，就要依据文章体裁、内容特点而设计。在进行板书设计时，还应当关注学情，并在课堂中持续关注，以引发学生思维，进而抓住生成契机。最后，板书自然生成，不可过于注重生成而使课堂中心跑偏，使板书缺乏美观。在设计板书时，可预设框架，留有空白，并以学生思维语言训练为核心。这样来规范板书，既使它自然生成，又使它工整、简洁、高效。

陕西省宝鸡市陈仓区千渭初中　曹春莲

第50讲　课件的制作与使用

多媒体课件是老师用来辅助教学的工具，简单来说就是老师根据自己的创意，并结合课程标准的要求和教学的需要，经过严格的教学设计，以多种媒体的表现方式和超文本结构制作而成的课程软件。随着信息技术的不断发展，电子白板、智慧黑板等普遍应用于教育行业，服务于教学；同时，国家也在提倡"探索信息化背景下教与学方式的转变"，"推进信息技术与教育教学深度融合"。在这样的背景下，多媒体课件在课堂教学中的运用已成为常态。

从语文教学实践来看，恰当地使用多媒体课件能更好地激发学生兴趣，启发学生的想象力，扩大课堂教学信息传递的范围，吸引学生主动参与教学，从而提升课堂效率。同时我们也要看到，由于对多媒体课件存在一些认识误区，有些使用多媒体课件的语文课堂不仅没有提高学生学习兴趣，还阻碍了学生思维的发展，妨碍了正常的教学过程。

那么，如何正确地制作与使用多媒体课件，真正发挥其作用，从而提高课堂教学效果，提升学生语文核心素养？

一 课件展示本节课教学的核心问题、重要内容或主线

教师在认真研究教材的前提下，依据学情确定教学内容，设置本节课教学的核心问题，将重要内容用课件展示。教案是教师的教学设计和预想，课堂教学中随时会生成新问题，这就需要教师依据学情适当调整教学内容或难易程度。课件只展示问题、主要内容或主线，可以给学生留出更多语文学习活动的空间，给教师留出依据学情调整教学内容的空间。

如曹勇军老师的《将进酒》教学片段：

（屏显竖排繁体字《将进酒》原文）

师：《将进酒》这首诗是典型的李白诗歌风格。什么风格呢？明末清初诗评家徐增有一句评语，说："太白此歌，最为豪放，才气千古无双。"（屏显此评语）这首诗里哪些地方你觉得写得特别豪放？哪几句？和旁边的同学交流一下。我请你起来说的时候，你要解释一下理由，为什么你觉得这几句最豪放。好不好？[1]

曹勇军老师的这节课导入新课并解题后，就用了本节课的第一张幻灯片，展示竖排繁体字《将进酒》原文。接下来，用幻灯片展示了徐增对此诗的一句评语"太白此歌，最为豪放，才气千古无双"，抓住评语中的"豪放"一词提出问题，学生讨论后做答。这里所选取的教学片段，体现出教师对学生的引导、点拨，同时教师在和学生的互动交流中让学生学习品读语言，进而读懂诗歌蕴含的情感。曹勇军老师的这节课并不是仅仅停留在李白诗歌的"豪放"特点上，而是在学生对"豪放"有了充分感知后，提出两个问题：诗歌是以欢为主还是以愁为主？是以乐为主还是以悲为主？钱梦龙老师评价："这两个问题的妙处在于以两个选言判断激发了学生探索的兴趣，

---

[1] 曹勇军：《〈将进酒〉课堂实录》，载《语文教学通讯》（A）2020年第6期。

进而引领学生穿过'豪放'的表象向诗人的心灵深处漫溯。"[1]可见，曹勇军老师课件展示的"豪放"问题，正是这节课内容选定的核心问题，是本节课选"点"的切入口。

二　课件展示拓展内容，用以扩充教学容量

教师在对教材解析、研究的基础上，依据学情确定教学内容，这些内容体现了教师的个性阅读，内容的设置上会有自己独特的理解。教师将这些内容制作成幻灯片，用自己的认知推动学生的语文学习，这是多媒体课件使用的优势之一。

如王君老师的《背影》教学片段：

师：下面是老师的一点儿感悟，希望给你们一些启示。

（屏显）

背影

身处乱世的凄惶

家道中落的伤感

母亲离世的悲凉

事业衰颓的心酸

父子生隙的隐痛

送子远行的牵挂[2]

王君老师的这堂课，由读"父"、读"子"、读"父"与"子"三个部分组成。这节课结束时，王君老师在自己阅历的基础上写出了一些感悟，引导同学们慢慢体悟。多媒体课件的使用，扩大了课堂教学的信息传递范围，

---

[1] 钱梦龙：《古典诗词就应该这样教——曹勇军老师〈将进酒〉课例点评》，载《语文教学通讯》（A）2020年第6期。

[2] 刘远主编：《语文名师经典课堂》，山西教育出版社2016年版，第59页。

拓宽了语文学习的深度、广度。

> **三　适当使用能调动学生学习兴趣、营造教学氛围的音频、视频、图片**

我们可以适当地选择音频、视频、图片，发挥多媒体课件的优势，积极营造教学氛围，调动学生学习兴趣，激发学生想象力，以达到更好的教学效果。当然，在制作课件时还是要谨慎，不宜过多过花，以免过度吸引学生注意。

如肖培东老师的《山水永嘉，飞翔语文——校本教材写作课堂实录》片段：

> 师：这样，在永嘉十一中，你们想要达到一个什么样的目标呢？
>
> （屏显"一只鸟儿在展翅飞翔"的画面）
>
> 师生（齐答）：飞翔！
>
> …………
>
> 师：我们永嘉发展得非常快，看得出你的自豪。请坐。我们把两个同学的话连着说出来：永嘉的山山水水是温柔的，温柔的背后是美丽的，永嘉经济的发展也是美丽快速的。一起看看这段视频。
>
> （播放视频《印象永嘉·山水篇》）
>
> 师：永嘉秀丽的风光，永嘉迷人的山水，在同学们眼里都是温柔的风景，在同学们眼里都是日新月异发展背后动人的故事。你们喜欢这么美的山水吗？
>
> （视频播放中）
>
> 生：喜欢！
>
> 师：好！还有吗？永嘉是怎样的？用一个词语来说说看。[1]

---

[1] 肖培东：《我就想浅浅地教语文：肖培东语文课例品读》，长江文艺出版社2016年版，第148—154页。

　　这节课在理解"飞翔"环节还有张《千手观音》图片，后面还有两段视频，是《印象永嘉·文化篇》和《印象永嘉·山水篇》。这节课恰当地使用了音频、视频、图片，发挥了多媒体课件的优势，为教学增色。蔡伟老师点评这节课的艺术味："这堂课是以大量的艺术元素支撑起来的——诗一般的语言，表演性的动作神态，精巧的图片，优美的旋律，充满情趣的视频，无不让听课者的情绪飞扬。"[①]我们从选取的片段能看出，老师用这些图片、音频、视频营造的艺术味是"以艺术与语文学习的契合加深学生对语文学习内容的体验，从而唤醒语文学习的内驱力。其本质还是语文教学，必须坚守语文本色，切不可为艺术而艺术，花枝招展而迷失语文特质"[②]。肖培东老师这样评价这节课的课件使用："当然，艺术不等于做课件。老实说，这个课件耗费我太多的心血，偶为之可以，长期这样做肯定不现实。艺术，我更理解为我们的内心，不仅仅是一种形式。干枯的眼睛面前，春天是没有颜色的。"[③]

　　总之，我们要明确，语文课堂是教师有序、有计划地组织学生展开的语文学习活动，多媒体课件是辅助教学的手段，不能代替教师的引导、点拨和学生的自主学习。语文课堂多媒体课件的制作使用，首要就是不要多，要留给教师和学生进行语文实践活动的时间和空间。课件内容依据教师教学内容的选择和学生的具体学情来确定。课件中音频、视频、图片的使用要视情况而定，尽量不要替代学生的阅读体验。多媒体课件不能替代板书，无论目前我们的教学手段多么先进，板书依然是我们语文课堂不可或缺的重要环节。预设的课件加上生成的板书，才能为我们的语文课堂增色加分。

陕西省宝鸡市金台区教育教学研究室　马莉宁

[①②③] 肖培东：《我就想浅浅地教语文：肖培东语文课例品读》，长江文艺出版社2016年版，第165、160、161页。

第51讲　诗歌艺术的鉴赏

　　诗歌是一种历史悠久的文学体裁，具有抒情性、凝练性、含蓄性的特点。诗歌内容露少藏多，技法灵活多变，主旨曲深难求，往往读则意味深长，教则难臻其妙。因此，作为语文教师，在诗歌教学中，我们应以恰当的方法引导学生学会鉴赏诗歌的艺术性。

一　朗读接我们走进诗的国度——"读"中"解"情

　　孙洙有言："熟读唐诗三百首，不会吟诗也会吟。"师生在诵读中"玩索其语气，规仿其声调"，在反复品读的过程中体验词味、诗情。

　　程翔老师在教授现代诗《再别康桥》时就非常注重品读词味：

　　师："在我的心头荡漾"，"荡漾"是什么意思？
　　生：水波动荡的意思。
　　师：在这里是什么意思呢？
　　生：在我心里面来回想，徘徊。
　　生：不停地在我心头出现。
　　师：就是在你心头萦绕。

生：不可以忘记。

师：对，不可以忘记，很好。能不能读出水波荡漾的感觉来？

生（朗读）：在我的心头荡漾——

师：好，一边读的时候，一边感受水波荡漾，新娘在他心里跳。齐读这段。

（生朗读）

师："在我的心头"应该停一停，（老师范读最后一句）"在我的心头——荡——漾——"。①

程老师的这一教学细节令人印象深刻。他首先对重要词语"荡漾"的意思进行提问，引导学生准确理解其含义；然后追问学生"在这里是什么意思呢"，引导学生深度理解作者的用意；最后，师生在理解的基础上倾情诵读，学生体会到了心头荡漾、摇曳生姿的感觉。

课堂上品味朗读，就是"最语文"的学习方式，在读中可引导学生从语言的表象认知深入到情感的深层意味，在深情吟咏中可带领学生从感性的粗浅认知上升到理性的审美体悟。在朗读中发现问题，细细咀嚼；在诵读中感知韵味，慢慢品味；在吟诵中披文入情，享受美感。因此，教师在诗歌教学中应抓住朗读这一教学方法，以读促教，以读促悟，引导学生在诗的国度里深情遨游，感知诗歌之美。

二　意象领我们构建意境、体会诗情——"赏"中"悟"情

刘勰言"独照之匠，窥意象而运斤"，肯定了意象在诗歌艺术中的重要地位。意象是作者头脑中所形成的客观形象和主观情趣的有机融合物，也指表现在作品里的包含着作者主观思想情趣的具体形象。在诗歌教学中，教师应注重引导学生发现意象、分析意象，达到缘景明情的鉴赏目的。

林承雄老师在《琵琶行》教学中，就是通过对"月"这一背景意象作用

---

① 程翔：《程翔与语文教学》，中国人民大学出版社2011年版，第245页。

的分析，来梳理诗歌中情意抒发的层次，感受含蓄蕴藉的韵味和回环层进的旋律感的。

> 师：我们来细读《琵琶行》中写月的诗句，去品味"各自之情"及其表达效果。请大家从诗中找出写月的诗句来，说说写"月"有什么作用。
>
> 生：开篇部分有"醉不成欢惨将别，别时茫茫江浸月"。这两句写诗人与客醉饮不成欢而将别的心情，凄惨、伤感。这里的"月"烘托出离别时黯然、沉郁的情绪。
>
> 师："山之精神写不出，则以烟霞衬之。"以"茫茫江浸月"渲染抑郁、凄迷的伤别之情，融情于景，意味幽远。还有写"月"的诗句呢？
>
> 生："东船西舫悄无言，唯见江心秋月白"，这两句写琵琶女第一遍弹奏完毕后的月景。"江心秋月白"，四周静悄悄，没有一点声音，只有一轮皎洁的秋月倒映于江心。画面静谧，突出乐曲停顿给听者带来的震撼力。乐声已歇，听者仿佛忘却了自我，完全陶醉其中了。……
>
> 师：诗中五处写"月"，三见"秋月"，如此写来，有怎样的表达效果？
>
> （师生讨论后归纳）
>
> 以"月"传"情"，烘托人物内心情感。
>
> 以"月"衬"声"，渲染音乐艺术感染力。
>
> 以"月"造"境"，前后呼应，推动情节发展。
>
> 以"月"映照"同是天涯沦落人"的心灵。①

这"月"是琵琶女与诗人漂泊命运的见证者，是他们历经世态炎凉、人间冷暖的陪伴者。这江月，在诗中既"传情""衬声"，又"造境""照心"。在教学过程中，林老师带领学生抓住"月"这一背景意象的分析，梳

---

① 林承雄：《沧江皓月惹人思》，见肖培东编《语文教学艺术镜头》（高中卷），上海教育出版社2019年版，第294页。

理诗歌抒情层次，揣摩"月"中潜藏着的情感，感受诗歌含蓄蕴藉的韵味，进一步理解"同是天涯沦落人，相逢何必曾相识"的主旨情怀。

古人讲"立象以尽意"，就是借助客观外物来表达主观情感。意象，是包含作者思想情感的具体形象。司空图在《二十四诗品》中说："意象欲生，造化已奇。"诗人常以审美意象构筑其艺术世界。无论古诗还是现代诗，诗人都会利用意象来造境传情。因此，在诗歌教学中，教师一定要引领学生学会"抓意象"，充分运用联想和想象来"补充""转换""再创造"，将诗歌散落的点——"意象"——联系起来构成画面鲜明的意境。师生追循着诗歌意境，欣赏诗意之美，身临其境地体悟诗情，使自己的体会与作者的心意发生共振，就寻到了诗歌中的真实情意。在师生揣摩探讨的过程中，不但训练了学生的语言表达能力，而且让学生融入诗歌优美的意境中，获得优秀文化情感的熏陶。

三　妙语激活我们对诗歌的审美体验——"品"中"思"情

杜甫诗云："为人性僻耽佳句，语不惊人死不休。"古人写诗作词，讲究锤炼字面，凡在节骨眼处炼的好字，能使全句游龙飞动。这令人刮目相看的一个字，便是我们常说的"诗眼"。其实，诗歌中能集中表现作者情感色彩的"诗眼"多是我们所讲的"情感词"，也可以是贯穿全文的一个句子。如杜甫的《春夜喜雨》，题目中一个"喜"字，就表达出诗人对及时到来的春雨的喜爱和赞美之情。再比如，曹操《短歌行》"慨当以慷，忧思难忘""何以解忧？唯有杜康"中反复出现的"忧"，就是串起全文的情感词。诗歌教学中，教师应教会学生"找诗眼"。抓好这一环节，可以让学生迅速捕捉到诗歌中传达的思想情感，做到切中肯綮、事半功倍。

我们以张晓春老师教学《蜀道难》中的一个教学细节为例：

师：同学们，"蜀道之难，难于上青天"在诗中一唱而三叹，是简单重复，还是各有深意呢？
…………

师：今天这番讨论很有意义：我们不仅做了一道仿写题，而且更深入地探讨了这首诗的内涵，也训练了准确、精练地选词炼句的能力。下面，我们大声地诵读这"一唱三叹"，品味我们的集体创作：

（齐读）

一叹蜀道之高，太白鸟道，六龙回日，百步九折行路难；

二叹蜀道之险，悲鸟哀号，飞湍雷鸣，巉岩绝壁攀援难；

三叹蜀道之患，剑阁崔嵬，关隘险恶，虎狼之地安乐难。[①]

张老师抓住《蜀道难》中一唱三叹的"蜀道之难，难于上青天"这一"诗眼"，提出一道仿写题，用以概括每一"叹"的不同内涵，从而理解横绝千古的李白式的"噫吁嚱"的咏叹。学生在仿写讨论中每一个词语的推敲，即是一种身心投入的体验，一种穿越千古的解读。

大部分诗歌会一字立骨，一线贯穿。我们在课堂教学中要引导学生抓住关键词，抓住最能表现诗人思想的情感词，抓住诗中反复咏叹的一个句子。只有这样，学生才能披文入情，顺理成章地理解诗人的浓情或哲思，感受到诗歌强大恒久的艺术概括力和感染力。

四　艺术手法牵引我们享受诗歌艺术的熏陶——"研"中"学"情

诗人擅长运用各种修辞手法来为诗歌锦上添花。古人云："言之无文，行而不远。""文"就是文采，指的是语言的生动形象。诗歌巧妙地运用拟人、物化、比喻、象征等手法修饰语言，牵引读者的思绪，使读者在潜移默化之中受到教益和熏陶。例如舒婷的《祖国啊，我亲爱的祖国》这首诗，把"我"物化成"破旧的老水车""熏黑的矿灯""干瘪的稻穗"……展现出那个年代的祖国是何等贫穷落后，以及作者隐藏其中的那种"痛苦的希望"和悲哀的焦虑。好的诗歌往往运用多种艺术手法来拓展诗歌意境、强化诗歌感

---

① 张晓春：《一道仿写题三叹蜀道难》，见肖培东编《语文教学艺术镜头》（高中卷），上海教育出版社 2019 年版，第 300 页。

情。引导学生关注形形色色的艺术手法，是诗歌教学的突破口之一。

例如宣沫老师《长亭送别》的教学片段：

师：有人评王实甫之词如花间美人。从《长亭送别》看，它的遣词用语有哪些令我们触目而动、过心难忘的地方？

生：曲中文辞华美。比如"晓来谁染霜林醉？总是离人泪"中的"染"就很别致。……

生：另外，【幺篇】中的"清减了小腰围"，让我想到柳永《蝶恋花》"衣带渐宽终不悔"之意；【耍孩儿】中的"比司马青衫更湿"，出自白居易《琵琶行》；【收尾】中的"遍人间烦恼填胸臆，量这些大小车儿如何载得起"，和李清照的《武陵春》语意也差不多。

师：对。曲中这些词语的使用突出了书卷气息，加深了剧本和古典诗词文化间的联系，我们称之为"用典"。全曲用典平易不晦涩，将崔莺莺别离的情感表达得既淋漓尽致又典雅细腻。有人评价《长亭送别》是诗化戏剧的代表，丽中有雅、美而不俗，故谓之曰"雅丽"。除此以外，同学们对曲中的遣词用语还有什么发现吗？

…………

师："雅丽，本色，当行"是《长亭送别》在遣词用语上留给我们的一笔财富。后世评者美誉如潮。曹雪芹曾借《红楼梦》中林黛玉之口评价《西厢记》，说读后顿觉"词藻警人，余香满口"。此言不虚。[①]

宣沫老师在教学中通过和学生一起探讨词曲的艺术手法——文辞华美、意象诗意、用典传情、口语通俗等，引导学生领略了曲中人物的性格特点和生活情状，看到了一个人格上独立自尊而又重情重义的崔莺莺形象。

---

① 宣沫：《词藻警人，余香满口》，见肖培东编《语文教学艺术镜头》（高中卷），上海教育出版社2019年版，第201页。

总之，在诗歌教学中，应着力于诵读环节，让朗读接我们走进诗的国度；捕捉诗歌意象，展开丰富的联想和想象，感受独特的画面之美、意境之美，让意象带领我们构建意境、体会诗情；品味诗歌语言，让妙语激活我们对诗歌的审美体验；还应赏析诗歌艺术手法，让多样的手法牵引我们享受诗歌美感的熏陶。每一个教学细节，可以通过教师设问引导、师生交流研讨、学生质疑设难、教师点拨归纳的方式，让学生发挥自主作用，老师发挥主导作用，培养学生对诗情的理解和对诗歌的鉴赏能力，同时也培养学生的思维和探究能力、语言表达和自主学习能力。

陕西省太白中学　张　雅

第52讲　言文融合的教学

　　文言文肩负着传承中国优秀传统文化的重要使命，也是中学语文教学的难点、重点。从文言文日常教学情况来看，比较突出的问题就是"言文分离"现象，其中存在比较常见的两个误区：一是重言轻文，即将"言"作为学习的重点，为了考试的分数，急功近利地进行有"言"无"文"的追逐，重字词解释，重言语翻译；二是重文轻言，注重"文"的探究与挖掘、讨论及赏析，大量拓展背景资料。这两个误区造成的后果是，学生只积累了大量的文言字词却对"言"背后的内涵一窍不通，或者是不重"言"只重"文"，因为没有"言"作为基础，"文"也学得一知半解。文言文到底该如何教学？我们认为要"言""文"融合。文章是有机整体，不能把它仅仅看成一个传授语法知识的语言材料，也不能搞成"空中楼阁"。只有言文高度融合，才会大幅度提高文言文教学的质量。

　　简单来说，文言文的"言"是指字、词、句本身所具有的意义和作用，如词语的积累、古代汉语的语法、文言文本身的诵读方法和解读方法、文言文的语感等。文言文的"文"是指文本所蕴含的人文意蕴和思想情感，是文章、文学、文化。

　　古人云："言之无文，行而不远。"作者通过对言的整合，完成对思想感情的表达。我们今人如果不明白古之"言"，恐怕就无从知晓古之"文"。言是基础，文是深入的理解和把握。言文融合，就是文言文教学中将对表面字词的翻译与对文章内在思想内容的理解充分结合起来，既要重视文言基础知识的落实，又要重视文意、感情的理解把握，做到文字、文句、文意、文体和情感的高度融合，让学生在体验、感知中学习文言文。

如何做到言文融合？特级教师曹公奇明确指出："文言文教学，首先要立足于'文'，'言'是'文'的基础，但不一定要专门花时间去讲解落实字词，不必单独、专门在课堂上处理'言'。将字词教学贯穿于文意理解之中岂不更好？在学生熟读课文，根据注释、工具书大概理解表面文意的基础上，进行文言文教学。在教学过程中，随文学言，随文落实字词教学，这样整个教学过程势必自然、顺畅。"[①]

"言""文"就像是文言文教学中的左右手，相辅相成，密不可分。言文融合并不是简单的两者相加，而是要寻找到两者之间的关系和规律。

我们看田玲老师执教《小石潭记》一课的片段：

生：我写的是小石潭的小溪，作者在写小溪的时候，给人一种优美的感觉。

师：小溪是什么样子的？

生：蜿蜒曲折的。

师：文中用哪四个字形容的？

生（齐）：斗折蛇行。

师：那么"斗"的意思是什么啊？

生（齐）：北斗星。

师：蛇就是蛇，它在这里就是一个比喻，意思是像北斗星一样曲折，像蛇一样蜿蜒。

生（齐）：溪水。……

---

① 曹公奇、田玲、闫妍、罗辉：《随文学言　体味意蕴——初中文言文教学的探索与反思》，载《中学语文教学参考》（中旬）2015年第4期。

师：哪一句说鱼多？

生（齐）：潭中鱼可百许头。

师："百"是什么意思？

生：一百。

师："许"呢？

生：大约。

师：噢，是大约的意思？那"可"呢？

生：大约。

师："可"是大约的意思，"许"是什么意思？大家看今天来听课的老师挺多的，我说"听课者可二百许"，啥意思？

生：听课的有二百来人。

师：那"许"什么意思啊？

生：来。

师："许"表约数，在这里可以解释为"来，多"。《核舟记》中描写核舟时说"高可二黍许"，"可"和"许"我们都学过了，要会迁移，经常举一反三，积累的文言词汇就越来越多。那么小个潭，鱼确实很多。鱼的主要特点是"多"吗？

生：乐！

师：这个更准确。咱们这节课听课的人很多，但更重要的是我和大家学得快乐。百许头无忧无虑的鱼儿让人觉得它们是十分快乐的。（在"鱼"后面添上"乐"）溪有什么特点？

生：折，弯。

师：折中带贬，弯不优美，还可以换什么词来表示呢？

生：曲！

师：你思维很活跃。曲折嘛！（在"溪"后面添上"曲"）当然弯也可以，只是我们追求最佳！那么岸是什么样子？[1]

---

[1] 田玲：《〈小石潭记〉教学实录》，载《语文教学通讯》（B）2014年7—8期合刊。

田玲老师在教学中，坚持"品文学言，言随文动"的灵动原则，在引导学生读写美景的时候，随着理解感悟的深入，用"润物细无声"的方式带领学生逐步归类积累文言字词。随"文"学"言"，品赏"文"的时候穿插学习"言"，这样教与学，让"言"和"文"浑然一体。

有些文章文言知识较多，为落实好"言"的教学，可以适时适当适度地集中解决，也可以在诵读中解决，还可以在关键问题的讨论中解决，或在关键句的玩味中解决，在写作方法的欣赏中解决，也可以在文章的篇章结构分析中去解决。教师一定要定位、引导、点拨，使两者统一，相得益彰。

我们再看林铃老师执教《马说》一课的片段：

生："骈死于槽枥之间"的"骈"不知道怎么翻译？

师："骈死于槽枥之间"的"骈"怎么翻译？谁来解答一下？你能解答一下吗？

生："骈"是两马并列。

师：两马并列。怎么理解"两马并列"？这个字有没有什么特点？

生：一个马字一个并字。

师：马字旁再加一个并字。说得好，你很善于发现。还有没有？还有什么疑问要解答的？

…………

师：那老师来考考你们。刚刚同学们都很善于发现问题。看，老师跟你们一样，也找到了这个"骈"字，两马并列，还找到了这个"是"字，真是英雄所见略同。考考你们，"策"，这两个"策"意思一样吗？你试试看。

生：第一个"策"是个动词，是用鞭子鞭打马；第二个"策"是个名词，是说鞭子。

师：你能翻译一下这两个句子吗？

生：用鞭子打马却不知道鞭打它的方法。拿着鞭子走到它的面前。

师：拿着鞭子走到它的面前。非常好。这两个词语是不同的，第一个是动词，鞭打；第二个是名词，鞭子。好。文中还有没有类似的情况？[①]

　　林铃老师面对的学生都处在由七年级升八年级的阶段，而七年级文言文数量还不多，学生们积累的文言文知识还不丰富。林老师让学生从一字一译的拘囿中解脱出来，利用文下注释，理解文章大意，提出疑难问题。老师预设的一词多义的问题比较，也潜移默化地给予学生一种课堂思考的成就感和分享的快乐。学生在对话过程中明白：学文言文，也要把词语放在具体的语言环境中去揣摩。这些咬文嚼字、翻译比较、古文今读等多种"言"的教学，自然地与"文"结合在一起。

　　言文融合要做到两点：一是通过文言文教学，既要让学生掌握重点的文言字词，还要通过教学帮助学生欣赏文章内容，感受从中渗透出来的文化意蕴；二是在执教过程中不能将教学过程机械地割裂为字词教学和内容欣赏两部分，而是要将两部分有机地串联起来，让学生在细腻品读的过程中落实对重点字词的理解、对文章的审美、对优秀文化传统的继承和发展，即在解词析句中领悟文章（文学）意蕴、文化内涵，在探究文意时积累知识、培养语感。同时，也要根据学情灵活处理，有所讲有所不讲，做到有的放矢。还要根据文本特点确定教学内容和教学方法，有所侧重。比如教学文言知识较多、语句较难理解的文言文应将重点放在疏通文意上，教学浅显易懂的文言文应将重点放在鉴赏人文精神和思想性方面。另外，要重视文言文的诵读。诵读就是培养语感，就是整体把握，能使学生读有所悟，诵有所感。

　　总之，"言"和"文"的关系是文言文教学永恒的命题。理顺了"言"和"文"两者之间的关系，将二者融合，我们的文言文教学就会有良好的效果。

陕西省宝鸡市金陵中学　文明珠

[①] 蔡智敏、姜联众主编：《第九届"语文报杯"全国优秀中青年教师课堂教学大赛实录》（初中组），二十一世纪出版社2013年版，第147—148页。

第53讲 写作思维的开拓

由于快节奏生活带来的社会整体的浮躁心态，以及学生过重学习负担造成的阅读量严重不足等，学生写作思维能力明显不足。这些不足体现在以下几点：思维同质化，缺少与众不同的新鲜素材；思维碎片化，缺少辩证分析、归纳整合的清晰思路；思维浅陋化，缺少由表及里、由浅入深的类比联想；思维平面化，缺少立体思考、逆向着笔的写作智慧。因而，不断锻炼学生的写作思维能力尤为重要。

思维的方式很多，开拓写作思维的方法也很多。我们主要从以下三个方面对学生进行写作思维训练。

一 在观察和想象的实践中，启发学生的形象思维

所谓形象思维，就是对生活中的各种现象加以选择、分析、综合，然后加以艺术塑造的思维方式。学生写作时，描摹景物、刻画人物、叙写事件都需要调动自己的形象思维。形象思维较为成熟的学生，文章鲜活灵动意蕴美；形象思维水平一般的学生，文章干瘪晦涩无情趣。

如何才能启发学生的形象思维呢？《义务教育语文课程标准（2011年版）》指出："养成留心观察周围事物的习惯，有意识地丰富自己的见闻，

珍视个人的独特感受，积累习作素材。能写简单的记实作文和想象作文，内容具体，感情真实。"课标的这一要求告诉我们：培养形象思维的第一要务，就是养成留心观察周围事物的习惯。在观察的基础上，去粗取精，选择契合自己文章立意的内容进行写作，同时，还要围绕事物特征进行合理想象。我们应在引领学生观察和想象的教学实践中，启发学生的形象思维。

比如徐飞老师的《用心体贴每一片叶子》课例片段：

师：下面每人都拿起一片树叶，我们用心来凝视，用两三句话简要地向同学们描述你手中的这片落叶。

生：我手中的这片落叶有很多斑点，好像是饱经沧桑的老人。

师：你关注到叶子上的斑点，而且把它比作沧桑的老人，很形象！

生：我手中的这片叶子页面是淡黄色的，但边缘有些枯黄，好像被岁月踩蹦过一般。

师：你抓住了颜色的变化来介绍，很好！

生：我手中这片叶子的纹理，就像我们的掌心一样，边缘就像齿轮一样。

师：说很好。刚才这位同学还观察到叶子的边缘是带刺的，观察的角度很独特。

生：我这片叶子表面是红色，一种很彻底的红，叶子的背面却是青色的。

师：用手去摸一摸，你会发现表面和背面还有什么区别？

生：叶子的表面很光滑，背面却有些粗糙，就像有些人一样，表面活得很光鲜，背后却有一些不为人知的心酸。

师：多好的联想啊！同学们，刚才我们从形状、颜色、质地等方面描绘了各自手中的叶子。大家想想，只把眼睛观察到的写出来，会是好文章吗？

生：不算，我们还要想象它掉落时的情景。

师：很好，你提出了一种很重要的方法——想象。同学们，看着你们手中的叶子，还可以想象到什么？

生：想象到一片叶子从萌芽到逐渐长大变绿，再到凋落枯黄、化入泥土的一生。

生：我可以想象到它掉到地上，有一个虫子从它身上爬过。

生：我可以想象他离开大树时的不舍，想象它被吹落时的感受。

师：通过想象，它就不是一片普通的叶子了，而是有生命有情感有故事的叶子，它是属于你的叶子。[①]

这一教学片段中，徐飞老师让学生走进客观世界，通过眼睛看、鼻子闻、耳朵听等方法，从形状、颜色、质地等不同角度描绘出叶子的特点。正因为孩子们真实地触摸了叶子，所以他们能说出富有诗意和真情实感的句子。如果孩子们只是在教室的一隅写叶子，那一定是用标签式的语言来形容，最终落脚在赞美落叶无私奉献的精神上。可见只有悉心观察，才能避免思维的同质化。但是一篇文章只描写叶子的外形特点，难免内容单薄，主旨浅陋。徐飞老师顺势引导学生进行想象，想象与叶子相关的人、事、情，于是文章的内涵越来越丰富，学生的形象思维越来越丰盈。这样写出的文章不仅"形美"，而且"神美""情美"。

我们只有走进真实的生活情境中，悉心观察，才能看见生活原本的模样。教师在教学中要以学生丰富的生活积累为基础，以创设情境、激发想象为手段，充分发挥学生感官和心灵的作用，强化他们的形象思维能力。

二 在分析和整合的训练中，锻炼学生的逻辑思维

如果把形象思维比喻为人的肌肤，那么逻辑思维就是人的大脑。形象思维能使文章描摹逼真、想象丰富，逻辑思维能使文章条理清晰、论证严密。

所谓逻辑思维能力就是对事物进行分析、概括、判断、推理、整合的能力。我们在作文教学中，在引导学生观察事物后，不仅要培养学生对事物由表及里、由此及彼的分析比较的能力，更要培养学生围绕中心把众多的写作材料变成条理清晰、结构完整的文章的整合能力。

---

① 徐飞：《徐飞的情味作文课》，山西教育出版社 2019 年版，第 81 页。

锻炼学生逻辑思维的方法之一就是引导学生在分析比较中认识事物的根本特征。基于此，学生才能由现象到本质，通过类比联想，写出有深度思考的文字。下面是袁爱国老师讲授《巢》的作文教学片段：

　　师：孩子们，今天我们这节作文课主要围绕两幅图画展开，一幅画面是一个废弃的鸟巢，另一幅画面是一个偏僻乡村的老房子。你们知道老师为什么要把这两幅画放在一起吗？

　　生：我觉得它们都是一些东西的象征，比如鸟巢象征着温暖，而那个老房子象征着晚辈对长辈的关心。

　　师：两幅画在情感上有什么相同点？

　　生：第一幅虽然有鸟巢，但是已经没有鸟儿了，相当于鸟儿抛弃了它；第二幅画，老人生儿育女，而他的子女长大后去了城市或者别的地方打拼，相当于孩子丢弃了老人。这是两幅画的相似点。

　　师：你读出了它们的孤独凄凉。

　　生：巢其实是鸟的家，房子是我们的家。我们都在自己的家里有过快乐的时光，但随着时间的变化，沧海桑田，物是人非，鸟儿或死或飞走，我们走后老人独处留守，我们都抛弃了自己的家，抛弃了自己的心灵家园。

　　师：家是我们的精神栖息地。

　　生：我有不同想法。这个巢可能就是盼望着曾经养育的鸟儿飞回来，这个房子可能就是老人在盼望子女回来看他。这个故事可能没有他们说的那么悲惨，鸟儿可能是因为冬天天气变冷，要飞到一个暖和的地方，子女出去打工是为了跟上时代的脚步，拥有更好的生活。如果子女出去打工，一年中能有时间回来陪伴老人，其实我觉得也是可以的。

　　师：是呀，学会适应，吾心安处即故乡。[①]

袁老师在培养学生逻辑思维能力上有独到之处，他利用一个废弃的鸟巢和一个偏僻的老房子引导学生进行分析比较。学生最初通过联想找到二者的

_____

① 《袁爱国的创意作文课》，山西教育出版社2019年版，第34页。

相似点——鸟儿抛弃了巢，孩子抛弃了老人，因而巢和老房子都是孤独凄凉的；接着由浅入深联想到巢和房子都是承载过快乐的家园，道出了"家是我们的精神栖息地"的主旨，思维深度明显提升；最后一个学生的分析比较另辟蹊径，他认为空巢和老人都在盼望着亲人回来看他们，鸟儿和孩子的离去是为了顺应环境的变化、时代的潮流，更是拓展了思维的广度和深度。

三　在求新求异的探索中，开拓学生的发散思维

所谓发散思维就是大脑在思维时呈现的一种扩散状态的思维模式。这就要求我们写作时不按惯性思维进行立意构思，而是以独到的视角去审视题目中所蕴含的另类内容，避"俗"求"异"，或联想，或类比，或逆向，写出新颖别致的好文章。

如何开拓学生的发散思维呢？

首先，开拓学生的发散思维，要引导学生读出文题中的多重内涵，这样学生写作的思维面打开了，才能写出立意新鲜的文章。比如说"阳光"这个作文题目，内蕴丰富，一定要开拓学生的发散思维，解读出题目的多重内涵。阳光不仅指自然界的阳光，还有许多象征义——温暖、爱，光明，成功、收获，理想、信念，乐观开朗的心态和健康的人格，一切美好的品质。只有把"阳光"的象征义挖掘出来，学生写出的文章才会新颖别致，与众不同。

其次，开拓学生的发散思维，就要引导学生学会从多角度选材。下面是朱成霞老师执教的《彰显核心立意　出新写作素材》课例片段：

师：大家一起读材料：生活不可能总是顺心如意，但持续朝着阳光走，影子就会躲在后面。读完后，请用一句话表述这则材料的立意。

生：在生活中，我们可能会遇到挫折、困难、磨难，一定要坚定信念，以乐观的心态去挑战生活，困难、失败带给我们的影响就会消散。

师：那么你会用怎样的材料来表现这个中心呢？

…………

师：人生不如意十之八九。刚才大家都举的是考试的例子，虽然也

是真实的生活，但是比较雷同。能不能到生活中再去找一些更新鲜的不如意的例子呢？

生：我想到初二回老家插秧的一段经历。当时我半个身子都深陷在烂泥中，非常艰难地前行着。在爷爷的指导下，才在烂泥中用手指抠了一个小洞，勉强能把秧苗插进去，可是秧苗一点儿也不听话，总是东倒西歪。后来连续学了一周，我插得秧苗也整整齐齐了。

生：我的身体很壮实，看到别的女孩儿穿漂亮的衣服，我就想减肥，坚持了一个多月，减肥真的是非常痛苦，但我还是坚持下来了。

…………

师：说得好！只有贴近生活多角度选材，才能写出材料新鲜、富有情味的好文章。①

在这个课例片段中，朱老师先引导学生探讨了材料立意，然后让学生列举自己生活中"不顺心"的事。在朱老师的引领下，学生由最初的思维僵硬、选材面窄，慢慢发散开去，大量贴近生活、情感真实的新鲜材料涌现出来。

最后，开拓学生的发散思维，还可以引导学生逆向立意。比如：写《母爱》一文，很多同学都赞颂了母爱的温情，有位同学表达的却是"严厉也是一种爱"，独树一帜；写《节日》一文，多数同学展现的是节日的团圆美满的景象，有位同学却写了"邻居家的老婆婆盼儿不归、一人过节的凄凉"，别具一格。逆向思维的训练，能够提高学生辩证分析的能力。

总之，写作思维有着非常丰富的内涵和外延，在今后的写作教学中，我们要用更灵活、更扎实、更有效的方法去开拓学生的写作思维。

陕西省宝鸡市新福园中学　宁　静

---

① 朱成霞、陆其勇：《彰显核心立意　出新写作素材》，载《中学语文教学参考》（中旬）2020年第6期。

第54讲　写作语言的训练

　　写作是运用语言文字表情达意的语文综合学习活动。于漪老师认为，写作教学所追求的是：学生能思风发于胸臆，言泉流于笔端，能写出情真意切、文从字顺的文章。[①]写作是对语言文字魅力的深刻领悟与实践，是一项将自身内部语言进行建构与输出运用的实践活动，即以"言"载"意"。[②]写作教学最终的呈现方式是学生的作文。如果学生所见事物异彩纷呈，但是语言贫乏不善表达，或者学生心中情感丰富真挚，但语言枯燥索然无味，那么无论多么新颖的写作创意都会因失去最有效的载体——语言，而流于形式归于失败。因此，在写作教学中，语文老师不仅要开拓学生的写作思维，更要训练学生的写作语言，而且写作语言要经过长期训练才能运用自如，写出自己的深切体会与感悟。

一　语言训练的第一要义是准确简明

　　表达准确简明，即准确运用语言文字清楚明白地表达所见所闻及内心情

[①]《于漪全集·写作教学卷》，上海教育出版社2018年版，第3页。

[②] 郑桂华：《关于"语言建构与运用"理解的两个问题》，载《语文学习》2019年第11期。

感，也就是反复琢磨什么样的心情用什么语句表达最合适，什么样的事情用什么语句叙述最恰当，什么样的景物用什么词句描写最动人，准确清楚地描摹事物、叙述事件、抒发情感，把作文写"对"。课堂上怎样教才能使学生写作语言准确简明呢？这就要求语文老师选择合适的语言材料，通过比较、讨论、分析，引导学生化整为零，逐个突破，让学生真正学会文从字顺、简洁明了、清楚明白地表达心中所想。

我们一起来看看以下三个教学片段。

片段1：

（屏显）

原句："怎么你把包几何课本的书皮去掉了呢？"

修改："怎么你把几何课本的包书纸去掉了呢？"

思考：修改后的句子好在哪里？

生："书皮"会给人不同的理解，可以是包书用的书皮，也可以是书的封面。

师：这就是用词产生了歧义。"书皮"改成"包书纸"就消除歧义了。另外，用"包书纸"这个词，就可以把原句中"包"这个动词删掉，整个句子更干净、通顺了。

片段2：

（屏显）

偶们班的表演大师

……他的理科成绩不是很好，尤其是数学方面，成绩不太理想。但是他在表现方面极具天分，艺术非凡。

生："偶们班"是网络用语，不规范，应写成"我们班"。"表现方面极具天分"不恰当，既然是班上的"表演大师"，应该改成"表演方面极具天分"。

师：改得怎样？（大多数学生表示改得好）还有没有可以改的地方呢？

生："艺术"和"非凡"搭配不当，不能说"艺术非凡"，可以改成"艺术才能非凡"或"有非凡的艺术才能"。

师：改得不错。

片段3：

（屏显）

从那以后，我严格遵循鱼的食量，一次喂一点，及时更换水源，另一条金鱼越长越好，多么富有春天的气息啊！

（生都低声笑起来）

师：大家可能因为某位同学把金鱼喂死了发笑，也可能因为这句话中表达不当的地方发笑。哪位同学来发表一下自己的意见？

生：一条金鱼长得好，怎么就"富有春天的气息"呢？两者之间没什么联系的。

师：是啊！但这位同学怎么就把这两者硬生生地连在了一起呢？也许他想表达的是另外一个意思。

生：我认为可以改成"另一条金鱼越长越好，多么有生机活力啊"。

生：还有"另一条金鱼越长越好"，"长"是多音字，还可以读"cháng"，在这句话中容易引起歧义，最好改成"另一条金鱼长得越来越好"。

师：说得有道理，改了可以避免歧义。[1]

在这节课上，滕老师主要从以下几个方面来训练学生的语言表达能力：一是注意用语规范，避免网络用语干扰学生准确表达；二是消除歧义，避免多重理解造成表意不明；三是注意搭配得当，准确表达心中所想；四是前后连贯，使文章通顺清楚；五是根据语境，恰当使用成语。

由此可见，立足学生兴趣，选择有趣有料的语言材料或者直接使用学生的作文草稿进行运用，引导学生讨论、比较、分析、修改，由浅入深，逐步

---

[1] 周正梅、滕之先：《文从字顺》，载《新作文·中学作文教学研究》2021年第1—2期合刊。

学习怎样准确、简明、连贯地表达，是语言训练的有效路径。课堂上，语文老师既要挖掘经典作品中的典型片段，又要关注媒体上的时事热点，选用学生感兴趣的材料和方法，发动学生参与讨论甚至辩论，让学生在亲身体验中感受语言准确表达的奥妙，培养语感，提高学生对语言文字的感悟与运用能力。

二 语言训练的第二要义是生动形象

语言生动形象才能把文章写好。一个"好"字，说起来容易，写起来就复杂多了。什么样的文章才能生动形象让人叫"好"呢？

写"好"既要锤炼语言，还要妙用修辞。朱自清的《春》里写道"小草偷偷地从土里钻出来"，一个"钻"字，体现出了小草生命力的旺盛和春的生机勃勃；老舍的《济南的冬天》里写道"一个老城，有山有水，全在蓝天下很暖和安适地睡着"，一个"睡"字，把济南冬天的温暖和安适表现得淋漓尽致；莫怀戚的《散步》中写道"田里的冬水也咕咕地起着水泡儿"，"咕咕"一词，让读者仿佛如那一池冬水听到了春的呼唤，欢快地歌唱起来。同时，这些词句也都体现了妙用修辞的独特魅力。因此，语文老师教写作要从教阅读开始，阅读教学过程中要有写作语言训练的意识，要把会读的过程转化成训练会写的有效路径。

肖培东老师《小小鸟窝，大大世界》课堂实录中有这样一个片段。

师：我们刚才说那些画面的时候，已经有了很大的进步，但好像没达到这篇文章的境界。我们对身边的自然景物还没有很深的情感，它们还不是我们生活的一部分。很多同学都很喜欢这篇文章，告诉我，你们喜欢这篇文章中的哪些句子。

生：天空开始变得又高又远，村庄呈苍茫色。光秃的枝丫上，喜鹊的窝，有些孤零零的，是最后守着的一枚叶，守着树。

师：老师刚刚说鸟窝的这些漂亮句子都是从这抄过来的。最后的一枚叶，能把鸟窝比作树叶的真的不多。这最后守着的一枚叶，你们读出鸟窝什么特点?

　　生（纷纷）：坚持！坚固！

　　师：坚固！而且也有坚持。对大树的一往情深，伴着大树度过这个寒冬。

　　生："它们是憨夫憨妇过日子，搭了窝棚住，也能将就着的"，描写了温馨的生活，不管在多么简陋的环境下。

　　师：这哪是喜鹊啊，分明就是简陋房子里的恩爱夫妻。读进去了，味道就出来了。

　　生：在看到太阳升起的日子里就有快乐，浓缩出喜鹊追求简单的生活。

　　师：这样的生活才叫生活，它们过的日子才是真的日子。当你静下心来的时候，很多东西都会闪烁出来。[①]

　　这是一节高三作文课。肖老师为了打开学生思路，训练学生的语言表达能力，选择了一篇文章作为材料，引导学生从中发现写作的密码。这是其中品析语言的一个片段。肖老师把主动权交给学生，让他们从文章中去发现文字的精妙。他把化平凡为神奇的文字密码传递给学生，让学生看到锤炼语言和妙用修辞的不凡魅力。

三　语言训练的第三要义是真挚感人

　　长期以来，不少语文老师过于关注写作技巧，看重语言修辞和表达是否流畅，对于学生是不是写"真"话、抒"真"情，并没有认真去考量过。于是，写作有了套路，人物有了模板，叙事有了万能素材，写景有了以不变应万变的名句，甚至于有写作资料包，直接拿来套用就可以了。这样一来，千篇一律、千人一面的作文越来越多。为了杜绝这种现象，语文老师一定要身

---

① 肖培东：《我就想浅浅地教语文：肖培东语文课例品读》，长江文艺出版社2016年版，第133页。

体力行，有计划有步骤地训练学生正确运用语言文字，写真话，写真人，写真事，抒真情，回归作文教学的本真。

特级教师王君在进行《我身边的一个小人物》写作教学时，以写爸爸、妈妈、爷爷、奶奶为主任务进行了这样的课堂训练：

> "你写弟弟出生后，爸爸妈妈忙着照顾弟弟，关注点全放在弟弟身上去了。你觉得爸爸妈妈不爱你了，你很伤心，很失落。别人都写'爱'，可你写'不爱'，这就叫作独辟蹊径。可是……"
>
> 小姑娘眼光闪闪地看着我，我继续说："可是读到最后，我很困惑。结尾的时候，你却转笔写道：'虽然我很失落，可是我明白，这是爸爸妈妈在用另外一种方法爱我。'"
>
> 我问："你真的这样想吗？你能说说心里话吗？"
>
> 小姑娘站起来，嗫嚅着说："其实到现在我也还是很失落。因为弟弟，我简直成了家里的受气包，爸爸妈妈有时候真的很偏心。他们确实不如以前爱我了。"
>
> "那你为什么就不真实地写自己的心情呢？"
>
> "难道可以在作文中说爸爸妈妈的坏话吗？"小姑娘盯着我，目光灼灼。
>
> "那不是坏话，是真话，是这个年龄的你看到的世界和理解到的世界。写作，首先是要忠于自己的内心。只要是忠实于自己的内心的，就应该诚实地写出来。至于以后你重新看到了，重新理解了，那是未来的事。"①

在这个课堂片段中，王君老师以写身边最亲近的人为训练突破口，引导学生用"真"语言写"真"生活。王老师通过巧妙的设问与对话告诉学

---

① 王君：《天生我材会写作——王君作文教学课堂》，重庆大学出版社2019年10月，第96—97页。

生"真话"不是"坏话"，是"这个年龄的你看到的世界和理解到的世界"，以此打破学生写爸爸妈妈时形成的既定模式，引导学生写出真实的"不一样"，而不要追求虚假完美。

让语言跟上思维的步伐，准确记录眼之所见，充分表达心中所想，真正抒发心中之情，这是每个语文老师对学生进行写作语言训练的重中之重。

陕西省岐山县第三中学　侯会芳

第55讲　综合性学习的开展

　　语文课标明确提出，通过开展综合性学习，使学生"能提出学习和生活中感兴趣的问题，共同探讨，选出研究主题，制订简单的研究计划。能从书刊或其他媒体中获取有关资料，讨论分析问题，独立或合作写出简单的研究报告"。因此，开展综合性学习活动要特别注重组织的过程，也要注意观察并总结学习活动过程中科学有效的学习方法。当然最重要是看综合性学习活动之后的结果，要看学习活动究竟给学生多少沉淀下来的东西，要着重考察学生的语文综合运用能力、探究精神和合作态度，同时，要关注学生搜集整理材料的能力和展示交流的效果是否得到了有效的提升。

　　综合性学习既符合语文教育的传统，又具有现代社会的学习特征，有利于学生在感兴趣的自主活动中全面提升语文素养，培养主动探究、团结合作、勇于创新的精神。在开展综合性学习的过程中，特别要注重突出学生的自主性，要重视学生主动积极的参与精神。教学组织过程也可由学生自行设计和组织，但一定要注重探索和研究的过程，同时也要加强教师在各环节中的指导作用。开展综合性学习活动的形式主要有两种：一是教师先预设几个提纲挈领的问题，然后引导学生通过具体可感的活动环节共同学习；二是鼓励学生根据自身情况，在课前充分准备，自行广泛搜集并整理相关材料，课中根据具体内容多角度、多形式地自行开展学习活动，教师只做点评和引导。

我们先来看刘学琴老师执教的综合性学习活动课《演讲》的一个片段：

生：先由我来进行课堂三分钟演讲——《学会感恩》。……

生：下面由我来点评。优点，声音洪亮，充满激情，运用了比喻和排比，很能吸引人。但没有态势语，下去时慌张，跑下去了。

生：选材好，演讲内容很有教育意义。

师：王艺润同学的演讲很精彩，同学们的点评也很到位。到今天为止，我们共有54位同学进行了演讲。现在请同学们拿出你们对每位同学演讲点评的记录本，以小组为单位进行讨论，总结出大家演讲的共性问题。

（学生小组讨论很热烈，每组都很自觉，教师自然引入到下一个环节，选出了发言人和记录员）

（教师在屏幕上显示：我们演讲中表现出的不足之处有）

1组：表情不自然，胆怯。吐字不清晰，语速不流畅，目光不敢和大家接触，缺少激情。

师：后面小组的发言只能对前面同学的发言进行补充，不要重复。

2组：演讲声音太小，听不清楚，让大家觉得吐字不清晰。仪态不自然，低头上台，缺少肢体语言。

师：对第一组"吐字不清晰"的原因做了解释。

3组：经过总结，我们小组发现很多同学演讲时不能脱稿，演讲没有感情。

…………

师：还有要补充的吗？如果没有，大家看一看，刚才同学们的发言应如何归类，怎样调整。①

---

① 王荣生主编：《语文综合性学习教什么》，华东师范大学出版社2014年版，第187—189页。

　　刘学琴老师的这个教学片段一共包括两个步骤，一是引导并鼓励学生自行登台演讲，二是由学生多角度多维度点评。从学生的点评中，我们可以发现，刘老师的学生对演讲已经有了一定的心得，这显然是刘老师多次研究琢磨的结果。这种课型体现了集束式教学设计的优势，教师可由此自然引入下一个教学环节。

　　语文课标对综合性学习评价的建议是："综合性学习的评价，应着重考察学生的语文综合运用能力、探究精神和合作态度。主要着眼于学生在综合性学习过程中的表现，如是否能积极参与活动，是否能主动提出问题，还有搜集整理材料、综合运用语文知识探究问题、展示与交流学习成果等方面的情况。"刘学琴老师在这节综合性学习活动中，充分让学生自主组织、自行展示，教师只是对同学们在搜集整理材料和展示过程中的表现做了精彩的点评，收到了事半功倍的效果。刘老师特别注重生成性评价，注重评价主体的多元与互动，突出了语文课程评价的整体性和综合性。在日常教学过程中，教师不妨放放手，自行退下讲台，鼓励学生走向讲台，真正实现让学生成为学习的主人。

　　我们再看田玲老师的《"走近经典"综合性学习活动实录》。她在课前把学生分成四个小组，提前一周让每组准备一个经典诵读节目，然后在课堂上开展综合性学习活动。

　　第一环节：文化讲坛说经典

　　师：中国是历史悠久的文明古国，在五千年的文明发展史中，涌现出了《四书》《五经》《弟子规》《千字文》《三字经》等众多的国学经典著作和大量的诗词歌赋。这些经典著作，倡导嘉言懿行，开拓心胸志趣，提升人格教养，培养好学精神，开发潜能，启迪智慧，都是中华文化的精髓。今天，就让我们一起走近经典，请各组用文化讲坛的方式来展示中华经典文化的独特魅力吧！

　　最佳拍档组：七嘴八舌说《论语》

　　组长：亲爱的老师、同学们，很荣幸咱们班的文化讲坛由我们组首先开讲。钱穆曾说过，自西汉以来，《论语》就成为中国识字人一部人人必读书。余秋雨也说过，美德的最高文本是孔子的《论语》。今天我们组就跟大家讲讲《论语》。

组员1：《论语》是春秋时期一部语录体散文集，主要记载孔子及其弟子的言行。它较为集中地反映了孔子的思想。《论语》由孔子弟子及再传弟子编纂而成。全书共20篇、492章，首创"语录体"。

…………

一马当先组：最爱唐诗宋词

组长：唐诗宋词是中国文学史上的两颗明珠。我们牙牙学语时就会背"鹅，鹅，鹅，曲项向天歌。白毛浮绿水，红掌拨清波"。凡是中国人，或多或少都能顺口说出一两句诗词来。唐代被称为诗的时代，宋代被称为词的时代。今天，我们希望通过讲解，让大家一起爱上唐诗宋词。

组员1：我来说说唐诗。唐诗是中华文化的瑰宝，千百年来，代代相传。我记得妈妈教给我的第一首诗，就是李白的《静夜思》。现在听到小朋友用稚嫩的声音吟唱"床前明月光，疑是地上霜"，我就会想起自己的童年。

…………

第二环节：声情并茂诵经典

…………

第三环节：你争我辩话影响

…………①

田老师组织的这个综合性学活动，充分体现了综合性学习的特点，让学生真正走进了经典文化。

再如毛洁老师的《献给母亲的歌》综合性学习活动实录提要：

---

① 田玲：《灵动语文公开课》，北京燕山出版社2020年版，第186—190页。

第一乐章：讲故事，走近母亲

母爱无声无息却又惊天动地，或许我们一生也走不出母亲的怀抱。下面，就让我们一起来讲一讲关于母亲的故事。课前，老师让大家收集、整理有关母亲的故事。现在小组内互相交流一下，展示你们的精品故事。哪个小组的代表来展示一下你们的成果呢？

生：一个年纪幼小的孩子，不幸得了一种奇怪的病，求了无数次的医，却始终没有治好。一天，孩子在山中的一个木屋里，遇到了一个巫医。巫医说："我能治好你的病，但是治这病必须有一味药做引子。""太好了！"孩子高兴地问，"您要用什么做药引呢？""这种病很难治，必须要用你母亲的心做药引才行。"孩子听到后，便急匆匆地向家跑去。天黑时，孩子到了家中。"妈妈！我的病能治了！""是吗？太好了！""但是，巫师说必须要用您的心做药引。"母亲听了后愣了一下，亲了亲孩子的额头，转身走进了屋子。片刻，孩子听到了母亲微弱的声音："孩子，进来吧！"孩子走进房间。"拿好，这是妈妈的心，你拿去治病吧。"孩子双手捧过那颗鲜红的心，转身向巫师处跑去。但，夜太黑了，孩子在山林里转呀转呀，却怎么也找不到巫师的住处。一着急，孩子便被一根树枝绊倒了，孩子嘤嘤地哭了起来。这时，母亲的心说话了："孩子，你摔疼了吗？"……

师：多么感人的故事，多么慈爱的母亲。你的故事很精彩！

…………

第二乐章：读诗文，感受母爱

师：谢谢大家听得这么专心。大家有没有发现这么多故事中都有一种共同的东西在撩拨你的心弦，催你泪下？

生（众）：母爱。

师：这浓浓的母爱的确让人震撼，接下来就让我们带着这份感动，读诗文来感受母爱。请将你的感动从声音中表现出来，好吗？

…………

第三乐章：解词语，诠释母爱

....

第四乐章：写心声，赞美母亲

....

第五乐章：换角度，反思母爱

....

第六乐章：报母恩，积极行动

............①

　　毛洁老师是通过组织学生讲述故事、撰写赞词、反思自己、落实行动等来完成这个综合性学习活动的。该教学活动既训练了学生口语表达能力、写作能力、思维能力等，又引导学生理解母爱，理性思考母爱，反思自己的不足，用实际行动去回报母爱，促使学生形成正确的人生态度和价值观。

　　总之，综合性学习特别注重课程内容和教学方式的综合性，它将多种学科内容、学习方式等融合起来，呈现出语文学习的综合性。综合性学习的设计应多元而开放，要提倡与其他课程相结合，开展跨越学科领域的学习活动。当然，跨越学科的综合性学习活动，归根到底是为了提高学生的语文核心素养。语文教师可以积极构建网络环境下的学习平台，以拓展学生学习和创造的空间，丰富语文综合性学习活动的呈现形式。

陕西省榆林高新区第一中学　刘宾胜

---

① 毛洁：《〈献给母亲的歌〉课堂实录》，载《语文教学通讯》2011年第1期。

第 56 讲　群文阅读教学议题

　　群文阅读教学，不是任意几个文本的简单相加或堆集，而是将具有同质特色的一组文本进行统整安排、重新组合，以期师生在集体构建中达成共识的过程。把多个文本组在一起的聚焦点，称为议题。议题不仅仅是一组选文的内涵反映，也是一堂课最核心的内容，更是群文阅读教学的灵魂和出发点。任何一组群文阅读，都必须有相应的议题作为抓手。因此，议题的选择是否恰当，对群文阅读教学的效果有着直接的影响。那么，群文阅读教学应该选择怎样的议题？我们又该如何运用议题将群文阅读引向纵深呢？

一　依据文本体裁设计议题

　　常见的文本体裁有记叙文、说明文、议论文等，应用文、文言文也可以另作为特殊的文体形式。不同文体的教学内容和教学重点是不一样的，教师可通过组合多篇同文体的文本，让学生通过阅读比较，去异求同，发现文体的形式特点，掌握阅读规律，达到"以篇达类"，习得不同文体的阅读方法，从而提高阅读能力。

　　例如统编教材八年级上册第一单元的群文阅读教学课例《辨识不同新闻

体裁的语言特点》①中，老师首先引用新闻报道《紧急驰援　共赴时艰——全国各地各有关部门支援武汉抗击疫情》和《千里驰援》，引导学生发现其语言表达上的异同；然后，让学生阅读四则文本——《人民解放军百万大军横渡长江》《不是所有弯道都是超越好时机》《一个震撼人心的午夜》《别了，不列颠尼亚》，辨别每则新闻的体裁并概括内容；最后，引导学生通过品读、比较、探究四则文本里的关键语句和词语，找出不同新闻体裁（消息、新闻特写、通讯、新闻评论）语言的共同点和不同点。

八上第一单元是新闻单元，也是一个活动探究单元。本课例的教学设计用不同的新闻体裁组文，引导学生在比较中掌握不同新闻体裁的语言特点，学会阅读新闻，为本单元的后两个任务"新闻采访"和"新闻写作"奠定了基础。

二　依据文本内容设计议题

依据文本内容设计议题，指的是通过文本内容上共同的题材、人物、景物等来提炼议题。比如："古诗中的酒"可以选取多首与酒有关联的古诗，引导学生通过诵读分析，感悟"酒"在古诗中的独特意韵；"心中的春天"可以选取与"春天"有关的文本，引导学生通过比较阅读感悟不同作者笔下春天的特点，体会不同作者对春天的独特感受等。

例如特级教师王君执教的《开发三峡》片段：

师：我们用朗读比较的方式选择一个小点来研究。比如写猿，你觉得他们三个谁写得更好？

（师指导学生反复朗读三段文字中写猿的句子）

生：写猿，显然郦道元技高一筹。仅看字数，都要多很多。（众笑）

生：郦道元写猿猴，写了猿声的时间长，声音凄异，以及在空谷中传响的特殊效果，写得很丰富。而盛弘之只有两句"高猿长啸，属引清

---

① 张肖云、张传书：《辨识不同新闻体裁的语言特点》，载《全视界·教育》2020年10月刊。

远"，表达不那么丰富。

师：盛弘之用"清远"，而郦道元用"凄异"，你觉得哪个好？

生：当然"凄异"好，"清远"不足以让人"泪沾裳"的。

生：《宜都记》写猿，完全不能和郦道元相比。我觉得郦道元最成功的是把猿声放在"晴初霜旦，林寒涧肃"这个背景下来写，环境更烘托出了猿声的凄异。[①]

《三峡》的语言简洁洗练，形象性强，片言只语，蕴含无穷意味。文中描绘不同季节景物，只用寥寥数字，即可将景物特征鲜明地表现出来。此处，王君老师由"猿"入手，将《宜都记》（袁山松）、《荆州记》（盛弘之）、《三峡》（郦道元）三篇文本进行比较阅读，引导学生联系上下文，从辨析词意、写作手法等不同角度对典型语句深加体会、细致品味，发现词语背后生动的形象、优美的情境，体会感知文中描绘的三峡气势和景致。这样的教学使学生变被动接受为主动思考，激发了学生的学习兴趣。

当然，文本内容的共性还可以体现在花草鱼虫、阴晴雨雾、江河日月等自然景物上。这些文本内容的共融性鲜明，可以成为教师议题组文的聚焦点所在。

三 依据文本主题设计议题

依据相同的主题设计议题，就是以课内阅读的主题为出发点，选择与课内阅读主题相同或对应的课外阅读内容进行组文。

我们来看卢望军老师执教的《中国知识分子的人生选择》片段：

师："用舍行藏"是中国知识分子的理想人格，他们的血管里都流淌着孔子的精神血液。

---

① 王君：《更美语文课——王君群文教学课例品读》，长江文艺出版社2018年版，第103—104页。

生读组诗：《渔翁》（柳宗元）、《临江仙》（苏东坡）、《沉醉东风·渔夫》（白朴）、《临江仙》（杨慎）。

师：你们从哪些诗句中读出了诗人"渔父式用舍行藏"的人生态度？诗人当时为什么会选择这种人生态度？

…………

师：这是中国知识分子在动荡不安的官场特别渴望的宁静生活。柳宗元、苏轼、白朴、杨慎，虽然命运坎坷，但是没有自暴自弃，更没有选择去死，而是把满腔才华化作了不朽的诗篇。进也好，退也好，他们都努力完成自我，这就是"用舍行藏"，就是中国知识分子的理想人格。①

卢老师的教学设计，给学生提供了丰富的学习资料，带给学生的既有形式上的方法，又有内容上的独特感悟，让学生的思考自然而然地发生。一堂好的主题性群文阅读教学课，不仅彰显外在的提纲挈领，更有内在的对文本主题的抵达，尝试与文本对话，与作者对话，引发学生的头脑风暴，最终指向对学生心灵和精神的引领。在多个相同主题文本的阅读中，构建了新的阅读场。这样，学生阅读的量、阅读的质和阅读方式都得到了突破，灵魂得以滋养。

另外一种可以依据的主题是单元主题。统编语文教材单元主题十分明晰，每一个单元都蕴含着人文主题，围绕同一主题选择四至五篇课文。因此，在选择议题时，可以以单元主题为依据。抓住单元主题作为议题，寻求与主题相关的文章，让学生进行群文阅读。

四 依据文本艺术手法设计议题

对于教学而言，文本所呈现的价值有两个方面：一方面是文本内容承载的情感意蕴和价值主旨，另一方面是作者蕴藏在文本中的语言形式和写作策

---

① 卢望军：《中国知识分子的人生选择》，载《中学语文教学参考》（中旬）2019年第3期。

略。而群文阅读教学议题的选择，除了关注文本的内容主题之外，更应该聚焦文本的艺术手法。在实际教学中，老师往往将艺术手法分为表达方式、表现手法和修辞手法等。

我们来看一下孙秋备老师执教的《"我"见"众生"》片段：

师：这节课我们读的两篇小说都是第一人称的视角，这样的叙述视角有什么好处？

生：有真实感，让人觉得亲切。

生：让故事很有现场感。

生：用"我"和其他人物形成对比，能突出小说主旨。

师："我"的身上往往寄寓着小说深层的意蕴。这两篇小说的"我"有什么不同？

生：《我的叔叔于勒》中的"我"是小孩，《写日记的男孩》中的"我"是大人。

生：这个大人是儿童编辑，与其他大人相比，更了解儿童。

师：小说叙述视角的选择，对表现小说的主旨至关重要。《我的叔叔于勒》以小孩为视角去看"众生"，让小说重在展示人物的存在状态，重在揭示真实的人性，而不是站在道德制高点上批判。《写日记的男孩》以儿童编辑的视角去看"众生"，更能唤起读者自省。[1]

作家王安忆说过："小说是心灵的历史。"学习小说，我们不仅要关注小说写了什么故事，还要看一看作者从哪个角度讲述，以走进作者的心灵。而学习以"我"为叙述视角的小说，就可以把"我"当作端点，扫视各个人物的表现，进而领悟小说的主旨。孙秋备老师通过小说"叙述视角"，将《我的叔叔于勒》与《写日记的男孩》进行文本整合，聚焦这一组文本的共同点"我的视角"，辨析第一人称"我"的功用，通过归纳分析、整合比较等思维方式，引领学生从叙述视角这个小"洞口"，去发现作者心灵的神秘

---

[1] 孙秋备：《"我"见"众生"》，载《中学语文教学参考》（中旬）2019年第1—2期。

"桃源"。孙老师用两篇文章教会学生"通过叙事视角来解读小说",并要求学生用这种方法去阅读《孔乙己》和《故乡》。教学议题得到落实,培养了学生阅读素养,提升了学生的阅读能力。

五 依据文本作者设计议题

群文阅读教学的议题还可以从作者角度来设计,组文内容应选取学生较为熟悉的同一作者不同时期的作品。学生通过了解作者丰富的人生经历,深入理解该作者的创作风格,与作者对话,与文本对话,从而感悟文本语言所蕴藏的情感与内涵。这也是我们常说的"知人论世"。

例如都荣升老师执教的《最是"望"字最深情——杜甫〈春望〉群诗阅读》片段:

> 师:这节课我们要走近一位诗人,他就是——杜甫。(手指屏幕)
>
> 师:这些诗都跟一个字有关,那就是——"望"。
>
> 第一部分:漫游名山,望眼天下
>
> 结合《壮游》,体会《望岳》的思想感情。
>
> …………
>
> 第二部分:望官十年,安史乱起
>
> 结合助读资料,了解《春望》写作背景。
>
> …………
>
> 第三部分:山河破败,凝望家国
>
> 结合《忆昔》《长安古意》,学习《春望》。
>
> 师:那诗人在这个春天都望见了什么呢?请回到诗中,参照书下注释,看看诗人都"望"见了什么。
>
> …………
>
> 师:烽烟四起,战乱不断。深陷长安的杜甫,此时最想念的又会是谁呢?
>
> …………

　　师：是的。此时诗人最挂念的就是他的妻子和还未长大的孩子，这是一个男人应该想的。于是在那个月圆之夜，他仰望天空的那轮明月，为他的妻子写下了这样一首诗——

　　（屏显《月夜》）

　　············

　　师：在这战乱之中，诗人无法知道他的家人是否平安。此时他多么希望能收到一封家书，告诉他家人都还活着。……家书不至，诗人只好拿起笔，铺开纸，亲自写下一封又一封家书，然后千方百计寄给远方的家人。可是这些家书能顺利到达家人的手中吗？杜甫真的能收到家人的回信吗？

　　（屏显《述怀》）[①]

　　都老师采用"群诗阅读"的形式，组合了杜甫同一时期及不同时期的诗歌，引领学生在相互联系、比较中阅读学习。选取的诗歌之间都用一个"望"字贯穿起来，学生透过"望"字感受到了青年杜甫的潇洒豪迈、志得意满，中年杜甫的壮志难酬、心忧体衰，也看到了昔日大唐的国富民丰、今日的山河破败，更体会到杜甫那颗忧国忧民的"诗圣"之心。如此一来，拓展了学生的阅读面，加深了学生对诗人及诗歌主旨的理解。

　　当然，议题可以是多元、多角度的。群文阅读教学的重点、难点、目的不同，议题选择则不同。一篇文本既可以提炼出阅读议题，又可以提炼出写作议题。因此，一篇文本有可能生发出多个议题，和其他不同文本进行组合，形成多组不同的群文。

　　总而言之，群文阅读教学选取什么样的文本组文，设计什么样的议题，考验着老师的阅读视野、审美品位及教育理念。我们要尽量选用教材中的课

---

① 都荣升：《最是"望"字最深情——杜甫〈春望〉群诗阅读教学实录》，载《语文教学与研究》2019年第19期。

文，尽量选用多种文类的作品（包括实用性文本和有声图像），基于教学目标和学情，设计恰当的议题，为学生搭建阅读的平台，带领学生走进实实在在的阅读。

河南省新乡市获嘉县第一初级中学　王　利

第57讲　群文阅读教学建构

　　《普通高中语文课程标准（2017年版2020年修订）》强调"重视培养学生广泛的阅读兴趣，扩大阅读面，增加阅读量，提高阅读品位"，提倡"多读书，好读书，读好书，读整本的书"。"群文阅读教学"也就顺应基础教育课程改革而生。

　　群文阅读教学，是一种以一个焦点为议题，跨媒介、跨文本、跨文体的深度挖掘内涵的创新型阅读教学形式。相较于传统的单篇阅读教学方式，群文阅读具有创新、高效的阅读教学优势，对提高学生的阅读素养、培养学生的阅读思维以及激发学生的阅读潜能都起到积极的作用。同时，群文阅读应用于语文阅读课堂教学中，实现了语文阅读课堂教学的改革与创新，弥补了单一文本阅读教学的局限性，让阅读走上快车道，丰厚了阅读的内容，丰富了阅读收获，丰满了阅读的感受和体验。

　　这种全新的阅读教学形式的要义是立足于课内精读，做好方法引领，使学生的阅读向课外有效迁移、拓展、整合，从而达到拓宽知识视野、提高学生阅读与写作能力的目的。

一 群文阅读教学建构应遵循的选文原则

群文阅读教学要求教师在一个单位时间内指导学生阅读相关联的多篇文章，它更关注学生的阅读数量和速度，对全面提高学生的语文素养具有十分重要的意义。在这一阅读教学的新形势下，群文的选择应遵循以下原则：

1. 遵循课程标准选文。普通高中语文课标提出了语文核心素养，即语言建构与运用、思维发展与提升、审美鉴赏与创造、文化传承与理解，并将语文课程内容分为18个学习任务群。我们在建构群文时，就要以语文核心素养为根本，以学习任务群为载体，结合学生认知水准、吸收能力等，精心选择文章，减少或者杜绝教学的随意性与盲目性，使教学更具针对性和实效性。

2. 以教材为基础选文。教材中每一个单元的人文主题和学习任务群都是明确的，教师应该根据议题（或主题）选择相关或相近的篇目。如用一个"情"字来选文——教材篇目《沁园春·长沙》中的革命豪情，《雨巷》中对丁香姑娘的朦胧爱情，《再别康桥》中对母校的绵绵别情，《大堰河——我的保姆》中对"母亲"大堰河的赤子之情，同时，还可选择语文读本上的《死水》《赞美》等诗进行补充，做到以教材为本，适当拓展延伸到教材以外。

3. 根据学生的年龄特征选文。选取文章时，要考虑学生已有的知识结构和阅读能力。在开始实践时，可采用"一带一"的方式，即教材内文章一篇带教材外文章一篇。当学生的阅读能力有所提高，可以过渡到一带二或者一带三时，再增加阅读篇数。在考虑群文阅读的难易程度时，要考虑学生的理解能力。例如，初中生在以爱国为主题的群文阅读课中，课内阅读选取了文天祥的《过零丁洋》，如果课外选取屈原的《离骚》则文字晦涩奇谲，学生不能很快读懂，不如换成陆游的《示儿》、杜甫的《闻官军收河南河北》、夏完淳的《别云间》等。

4. 根据议题选文。我们在选文的时候，要根据议题的内在要求，以教材文本为基础，选取一些和议题相关的文章，从而给学生提供系统的阅读文本，便于学生摄取有用信息。如以"青春的价值"为议题，可以选取毛泽东

1925年的《沁园春·长沙》、1935年的《忆秦娥·娄山关》、1949年的《七律·人民解放军占领南京》、1963年的《满江红·和郭沫若同志》等诗词，引导学生理解毛泽东的精神追求与博大胸怀，培养其阅读古体诗词的能力。

二　群文阅读教学的实施过程

1. 根据议题形成具体的阅读任务群

相关文章组合在一起是群文阅读的一大特征。学生面对多篇文章，要根据议题将其整合起来，以形成清晰的阅读线索，并且明确阅读任务，这样才能有条不紊地展开文章阅读与思考，从而在阅读中真正获取知识。

我们以潘庆玉老师执教的群文阅读示范课《有一种旷达叫醉卧沙场——唐代边塞诗群文阅读》的片段为例：

> 在教学设计上运用了学习任务群的设计理念。首先是系统规划整堂课的四大任务群：入境——追寻边塞遗迹，沉思壮阔历史；诵读——感受壮怀激烈，体会慷慨悲歌；描述——聚焦事景人情，漫说边塞生活；点睛——回望铁血烽烟，激荡汉唐雄风。它们形成了以"导入—感悟—赏析—拓展"为主线的完整流畅的学习链条。其次，在设计任务群内部的问题时，采用了集约化设计，把最具有教学价值的要素优化组合，形成强大的边塞语境和体验场景。如，"入境"导入的任务群，设计的系列问题是：（1）国家旅游局公布的中国国家旅游标志是什么图案？（2）骏马的形象使你想到哪些成语？（3）它们身上洋溢着一种什么样的精神风貌？（4）古代写军旅生活的诗被称为什么诗？四个问题由"马踏飞燕"的边塞意象切入，引出带有"马"字的与边塞生活有关的成语链条，联想到英姿飒爽的战马形象背后蕴含的铁血精神和英雄主义，最后回扣本课的主题——边塞诗。[1]

---

[1] 潘庆玉：《群文阅读：由链接而群聚，因秘响而旁通》，载《语文建设》2018年第1期。

这种集约化的设计与传统的教学不同，不先让学生回忆背诵已经学过的边塞诗，而是另辟蹊径，把唤醒边塞意象、营构战争语境作为导入的核心任务。这样的设计不仅精准地切中了边塞诗的思想内涵，而且极大地调动了学生的想象力和积极性。

2. 根据议题合理设计群文阅读问题

大多数高中生已经具备较强的自主阅读能力，教师可以针对阅读目标巧设相关阅读问题，对学生的阅读进行检测。以高中语文教材中的《荷塘月色》《故都的秋》《囚绿记》这一单元内容为例，本单元选文都是写景状物的散文，且景物特征鲜明。教师可以向学生提出相关的问题，比如《荷塘月色》和《故都的秋》分别写了哪些景色，文章作者是持什么态度来写景，写景的角度以及方式是怎样的。当问题提出之后，教师可以组织学生以组的形式进行分组阅读与讨论。比如，在分析作者是从哪些角度来写景时，有些学生会说《荷塘月色》是以一处窄小的荷塘为背景，采用多种眼光、不同角度去描写景物的变化，而有些学生会说《故都的秋》是用一种热情的眼光来描写景物。通过引导学生讨论，有利于活跃群文阅读的气氛，也利于学生有效地分析与探究这组文章间的写作差异，最终促使学生真正理解和掌握文章内容。如董一菲老师的《余光中经典诗句赏析》群文阅读课中的部分问题设计：

以上三首诗（《登圆通寺》《春天，遂想起》《下次的约会》）中的古典意象（原型意象）在表情达意上有什么作用？

提示：重阳、登高、汉朝、钟声、江南、采桑、吴越、战场、蓝田日暖、洛水之滨。

…………

以下几句诗，在用词上有什么特点？

（1）今夜的天空很希腊。

（2）最美最母亲的国度。

（3）蓝墨水的上游是汨罗江。

（4）青史上你留下一片洁白。

（5）紫色的喃喃，扣我的窗子。

提示：余光中擅用特殊的词法和句法，如名词作形容词、形容词作名词、借代、移就，使语言成了不朽的交响。[1]

董一菲老师根据议题，整合余光中的有关诗句，以比较归纳的方法设问，让学生从群诗阅读中赏析诗句的艺术特色。

3. 注重群文阅读教学的总结与评价

激发和促进学生阅读是群文阅读的一个重要教学目的。在群文阅读背景下，教师应给予学生非常多自主自由的阅读空间和时间，使学生不再被动地阅读。为了构建出有效的群文阅读课堂，教师仍然需要重视群文阅读教学的总结与评价工作，对群文阅读过程中存在的问题、不足及时地提出来，让学生可以及时地进行改正，从而提升群文阅读教学的效果。比如，对阅读时间的限定、阅读任务的规定，对文本的理解、学生的表现、学生阅读的薄弱点等等进行总结和评价，给予学生适当的改进意见，促使学生有方向地进行阅读改进，不断完善阅读方式，提高阅读能力。

比如张玉新老师执教的《李清照词二首》中的总结与评价：

今天我和大家共同学习了李清照的词（《醉花阴》《声声慢》），目的在于怎么样生活化地走进文本，怎么样吸纳更多的信息来理解文本。我特别反对同学们读《教材完全解读》，因为它把你思考的空间给限制了，你最后就按照它的说法去说。实际上只要是你说的，说错了也没有关系。最重要的是经过自己的思考形成自己的思维，所以就以这个教材的原本作为主要的阅读取向。[2]

---

[1] 董一菲：《自由呼吸的课堂：董一菲的语文教学艺术》，华东师范大学出版社2019年版，第94—95页。

[2] 张玉新：《怎样上出魅力家常课：有效语文课堂的构建智慧》，华东师范大学出版社2019年版，第168—169页。

三 群文阅读教学应注意的问题

教学实践证明，群文阅读实施起来的确不易，需要老师的勇气和魄力。一节课里读一组文章，意味着我们的教学要做出相应的巨大的改变。这些改变在于：

1. 课堂应多阅读，让学生在阅读中学习阅读

尽管教师的讲授、示范有其作用，但阅读经验是无法由他人替代的，学生的阅读策略一定是学生亲身实践、应用后内化而成的。我们的阅读教学最大的问题就是学生读得太少。进行单篇课文的教学时，虽然老师也在强调多读，但大部分情况下，学生并没有阅读的新鲜感和探究欲。群文阅读教学的不同在于，学生在一篇接着一篇的阅读当中，始终保留着新鲜感，特别是在横向的比较性阅读中，学生会不断涌现质疑和发现。因此，在群文阅读教学的课堂中，学生的主动阅读会占很大的比例，学生自己在阅读中学习阅读。

2. 课堂应宏观把握，突破重点难点

一节课里读多篇文章，意味着老师不能按部就班地从字词的学习开始，不可能面面俱到。要实施群文阅读，教学一定要抓住重点，突出要点，突破难点，学会放弃非重点难点的问题，以"议题"为核心，组织学生读思悟结合，突破重点难点。

3. 课堂应多种阅读方式并举

单篇文本的阅读教学，都强调有感情地朗读，强调逐字地阅读和美读。逐字地阅读、朗读以及美读固然重要，但群文阅读的文本数量多，内容丰富，所以教学中不能将"有感情地朗读"等无限放大，否则会挤占掉一些更重要的阅读尝试与学习。那么，除了朗读和美读，还可以采取哪些阅读方式呢？老师可以根据读物的不同性质、学生的年龄及水平，更多地尝试默读、速读、浏览、略读、跳读、批判式阅读、休闲式阅读、研究式阅读、校对式阅读等其他更实用的类生活化阅读。

4. 教学要注重文本的比较阅读

群文阅读的本质是比较阅读，比较辨析是群文阅读主导性的学习方式

和方法。根据议题组元的群文阅读教学，肯定具备一定的比较点，如思想内涵、表现手法、内部结构、语言风格等。在比较中解释、建构与评价，可实现文本教学价值的最优化。例如学习苏轼《念奴娇·赤壁怀古》时，教师可以结合辛弃疾《永遇乐·京口北固亭怀古》这一教材内容，选择《塞下曲》等课外古诗词，开展群文阅读。教师可以在课前设置问题：阅读三首古诗词，感受三位诗人笔下的英雄人物，并谈一谈写法的异同。利用这一问题将学生导入课堂的群文阅读中，进行阅读、分析、讨论、交流。《念奴娇》中周瑜年少有为，胸襟广阔，英姿飒爽；《永遇乐》中辛弃疾表达了对孙权的钦佩，以及英雄老去的感慨；《塞下曲》则描写了李广将军的神勇。

总之，要构建有效的语文群文阅读课堂，就必须从群文的选定、阅读任务的确定、阅读问题的提出、阅读学习的评价等方面，形成和谐融洽的阅读环境，引导学生高效地展开阅读。在新课标的背景下，群文阅读教学必将成为提升学生核心素养的助推器。

陕西省延安中学　高艳霞

第58讲　学习任务群的探究

　　学习任务群是《普通高中语文课程标准（2017年版2020年修订）》在课程内容方面提出的全新的课程理念，引领着语文课程改革的新潮流。学习任务群是以任务为导向，以学习项目为载体，通过整合学习情境、学习内容、学习方法和学习资源等要素，引导学生在学习且运用语言的过程中提升语文核心素养。学习任务群虽是一种新的教学方式，但还是以课堂教学为主，还是要教听说读写，以前我们熟悉的教学经验经过调整和改革，也还派得上用场。[①]

　　高中语文新课标在语文核心素养的基础上构建了语文课程18个学习任务群。必修课程有7个学习任务群："整本书阅读与研讨""当代文化参与""跨媒介阅读与交流""语言积累、梳理与探究""文学阅读与写作""思辨性阅读与表达""实用性阅读与交流"；选择性必修课程有9个学习任务群："整本书阅读与研讨""当代文化参与""跨媒介阅读与交流""语言积累、梳理与探究""中华传统文化经典研习""中国革命传统作品研习""中国现当代

[①] 温儒敏：《统编高中语文教材的特色与使用建议——在统编高中语文教材国家级培训班的讲话》，载《课程·教材·教法》2019年第10期。

作家作品研习""外国作家作品研习""科学与文化论著研习";选修课程也
有9个学习任务群:"整本书阅读与研讨""当代文化参与""跨媒介阅读与交
流""汉字汉语专题研讨""中华传统文化专题研讨""中国革命传统作品专
题研讨""中国现当代作家作品专题研讨""跨文化专题研讨""学术论著专
题研讨"。这18个学习任务群分布在三类课程中,其中部分任务群存在于三
类课程中,体现了新课标高中语文学科核心素养的内涵与要求。

我们要将之前的以单篇课文和课时为单位的教学转变为以"学习任务
群"为主的单元教学。学习任务群教学,就是希望以学习任务来整合单元教
学,突破固定模式,让学生在自主阅读的学习实践中学会语文学习的最优方
法,建构自身的语文核心素养。新课标引领、新教材运用、新方法实行,可
以让我们的语文教学更加生动灵活。

以语文核心素养为导向,以统编语文教材为蓝本,怎样具体有效地实施
学习任务群教学呢? 这是值得探究的重要问题。

一 聚焦核心素养,设计任务驱动

统编高中语文教材是以单元为单位设计的"学习任务群",我们在设计
教学时首先要考虑每一单元的"任务"。例如统编高中语文教材必修上册第
六单元,单元学习任务是探究"学习之道",分别选取了《劝学》《师说》
《反对党八股》《拿来主义》《读书:目的和前提》《上图书馆》六篇文章,
在单元的最后,明确了"单元学习任务"。教材上每个单元的"单元学习任
务",就是教材编者设计的这个单元的学习任务群。我们可以按照教材的学
习任务群去设计实施教学,也可以参考教材设计学习任务,还可以根据学情
重新设计学习任务群。这样的理念带来全新的备课形式,考验的是教师教学
设计的能力,也能让教师的创新能力得以施展。

教师在备课的过程中,应该率先根据本单元的学习任务群和所选课文的
文体形式和特色设计学习任务。设计的方式和内容应基于具体的学情,不要
拘泥于刻板的设计模式:可以是基于一个单元设计一个大情境或大任务,也

可以是根据一篇课文或一组课文设置学习任务。设计的学习任务群要让学生自己去探究，教师在这一过程中不仅要考虑什么样的活动才能实现本节课的学习目标，还要调动学习者的积极性，对学生进行引导启发。

先来看看褚树荣老师的课例《当代文化视野中的标语》。褚老师的课例关注语文核心素养，设置任务带动学生自主探究学习。课前以任务为导向，让学生记录、拍摄、搜索两条标语并各用一句话点评一条标语。在课堂教学过程中，说一说标语是什么，想一想标语有什么作用，议一议有"负能量"的标语，写一写"读懂标语就是读懂中国"。实施循序渐进的学习任务群，从而推动教学目标的完成。①

专题核心任务	专题学习任务
1. 引导学生关注标语，明确标语是富有中国特色的文化现象 2. 探究标语的功能和本质，并对这一文化现象进行理性评价	课前预习 1. 记录、拍摄、搜索两条标语 2. 用一句话点评一条标语，并用100字左右阐释你的点评
	课堂探究 1. 说一说：标语是什么 2. 想一想：标语有什么作用 3. 议一议：有"负能量"的标语
	1. 写一写：读懂标语就是读懂中国

再来看看赵晓霞老师对统编高中语文教材必修（下）第一单元的设计。赵老师分析了"单元核心任务""单元学习任务"与具体每课时任务落实的情况。②

---

① 褚树荣：《当代文化视野中的标语——任务群进课堂例说》，载《中学语文教学参考》（上旬）2019年第4期。

② 赵晓霞：《经典选文的多维度理解与教学设计——以统编高中语文教科书必修（下）第一单元为例》，载《中学语文教学》2020年第5期。

单元核心任务 （四个层级）	单元学习任务 （四个任务）	任务分解 （在每课时中落实）
1. 理解文意 2. 整体把握经典选篇的思想内涵 3. 认识其文化价值 4. 思考其现代意义	1. 深入理解和探讨第一课经典的重要观点和思路	第一课 1. 理解三篇经典的思想内涵 2. 注意三篇经典不同的行文形式、语言特点等 3. 拓展阅读
	2. 细读第二、三课史传作品，思考并尝试提出疑问和看法	第二、三课 1. 熟悉故事情节 2. 分别关注外交辞令和写人特点 3. 比较两篇文章的叙事艺术 4. 了解文化常识
	3. 在充分理解先贤思想的基础上，立足现实，自主思考，完成800字议论文	写作任务情境 1. 孟子"仁政"思想的现实意义 2. 庄子寓言的丰富寓意
	4. 掌握诵读、梳理和积累文言词语等学习方法	1. 指导每一课的学习方法 2. 第一课：归纳梳理语气助词

赵晓霞老师介绍说：如果把"单元核心任务"看作一个矢量，四个"单元学习任务"就是分量，既包括了阅读、写作，阅读任务又包括理解思想内容、语言艺术、学习方法等。四个"单元学习任务"进一步分解、落实到每一个具体任务当中。

在教师对文本充分解读，同时了解学情后，设计学习任务能更好地调动学习者的积极性。教师要充分考虑核心素养的指向内容，设计有意义的学习任务群。需要提醒的是，不要只奔着学习任务去阅读，应根据具体的文本，以任务驱动教学理念，设计个性化学习任务，在教学实践中加以实施。

二　搭建学习支架，促进任务融合

18个学习任务群之间相互独立，又可相互融合。在设计学习任务群时，既可以单独设计一个学习任务群，又可以将几个学习任务群进行有意义的组合，这完全由文本内容和教学的实际情况决定。教师应努力为学生搭建学习支架，促进任务融合，应遵循人本主义和建构主义理论，符合学生的最近发展区，使教学设计内容合理且丰富，课堂呈现形式守正且创新。北京教育学院王忠亚教授提出了学习任务群"榫卯组合，多维耦合"的教学策略。路晶老师就尝试运用这一种教学策略进行了关于"精神还乡"主题的阅读教学设计：

> 课程目标与内容的确定
>
> 1. 构建任务，设定教学目标。
>
> （1）了解"精神还乡"在作品中的体现，加深理解。（2）理解文本内容、结构脉络，体会表达方式，提高阅读能力。（3）针对"精神还乡"提出观点并准确表达，写小论文。
>
> 2. 课时设置与课堂内容确定。
>
> 设置三课时完成学习任务。
>
> 第一课时：师生研读文本《对中国当代"精神还乡"主题油画创作的透视》，运用思维导图梳理现象，厘清论文思维逻辑，关注学术论文的表达方式。
>
> 第二课时：学生自主选择阅读其余课程资料，归纳"精神还乡"在其他作品领域中的现象特点。
>
> 第三课时：结合课程资源，总结学术论文的写作特点，写一篇"精神还乡"的小论文。①

路晶老师"任务群融合"的阅读教学设计将两大学习任务群进行整合与实践，"当代文化参与"是学习内容，"科学与文化论著研习"是构建的学习支架，同时又融合了"文学阅读与写作"任务群。如此灵活多样、内容与方

---

① 路晶：《"精神还乡"主题阅读教学设计——在"科学与文化论著研习"中融入"当代文化参与"任务群学习内容》，载《江苏教育》2020年第59期。

法并重的教学设计，践行着学习任务群这一新的理念。诸定国老师这样评价路晶老师的设计：体现了当下语文课程的先进理念——一是建构课程的意识，二是课程整合的意识，三是核心素养的意识。[1]

三　转变学习方式，提升活动效率

学习任务群中"群"的概念还可以理解为"活动群"，因为学习任务需要依靠学习活动来完成。郑桂华教授认为："学习任务群的特点和要求之一是，需要组织多种学习活动。"[2]学生是活动的主体，是知识的建构者，拥有选择活动与学习方式的权利。每一种活动都要达到实践效果，活动设计与学生需求相统一。比如教学设计《甲骨文——从古文字中走来的文明》中定了三条学习任务目标：（1）具体理解甲骨记录、传播信息的社会功能；（2）合作探究甲骨文的文字学价值和甲骨文研究现状；（3）初步了解甲骨文作为文化载体的结构特征和文化意义。我们来看看课堂教学活动片段：

活动一：师生就"作为书写媒介的甲骨与信息的关系"展开对话。

师："令周侯，今生月无祸"，此卜辞记录的是商朝武乙、文丁执政时期的政治形势。探究这条卜辞传递的信息。

生："令"字，《说文解字》解为"发号令也"，又称"使者，令也"，《礼记·大学》解为"令，谓君所号之事也"。

师："令"指上对下发号令，使其做某事，表明了两者之间的一种上下关系。

生：我查阅到的《卜辞中所见诸侯对商王室的臣属关系》（杨升南文）中指出，"令"字在卜辞中与古文献中含义相当，在上对下、尊对卑的环境中使用。

---

[1] 路晶：《"精神还乡"主题阅读教学设计——在"科学与文化论著研习"中融入"当代文化参与"任务群学习内容》，载《江苏教育》2020年第59期。

[2] 郑桂华：《学程设计与学习时序建设：任务群教学的突破口》，载《中国教育学刊》2020年第2期。

生：我猜想"侯"是商的一个爵位。

师：猜想有效。"周侯"是周的首领接受了商的封爵之后，商对周首领的称谓。

生：我查过资料，"周"原来是商王武丁时期周边的一个方国。"方国"是什么意思？

生："方国"是联合城邦制国家，存在于龙山文化、夏商时期。

师：商王时期有很多诸侯部落，比如周方、鬼方等。在发现甲骨之前，"方国"资料几乎无从查考，甲骨文"惊艳"亮相后，在甲骨卜辞、卜文中记载的方国历史"始见光明"。这也足以证明甲骨作为原始物质媒介在保存上古历史事实方面的不可替代的贡献。

生："周"原来是商周边的一个方国，那么，能不能理解为这条卜辞所记载的"周"已经是商王朝的属国了？

生：是商王为他的属国"周方"卜祝平安，大致意思是祝愿周侯平安，没有灾害加身。

师：由此可见，商周关系密切，否则商期国君怎会这么关心周侯的安危呢？一条卜辞，记载了商与周之间亲密的外交关系，也传递出周方臣服于商朝的信息。①

上面课例，师生活动一来一往，在相互交流探讨中完成学习任务，值得我们借鉴。语文学习活动的本质是语文活动实践，包括活动整体设计、活动所需素材、活动的参与形式、学生的自主实践等方面的内容。无论是教师的教学方式，还是学生的学习方式，都应该有巨大的转变，并充分体现在学习任务群的教学活动中。只有思想观念和设计理念转变了，我们才能从根本上提高学生活动效率。

---

① 张悦、蒋文杰主编：《高中语文学习任务群教学设计·任务三：跨媒介阅读与交流》，浙江教育出版社2020年版，第124—125页。

学习任务群推进语文教学走向语文教育。新课标这样描述语文学科的本质：语文课程是一门学习祖国语言文字运用的综合性、实践性课程。工具性和人文性的统一，是语文课程的基本特点。学习任务群正在努力让学生通过语文学习，学会生活，学会学习，学会成长，不断提升自己的语文核心素养。

陕西省宝鸡市渭滨中学　王　丹

第59讲 整本书阅读的指导

　　整本书阅读"旨在强调阅读的整体性、学习的综合性和思维的多元性，敦促学生学会全面归纳论点、辨析是非真伪；探索阅读整本书的路径，读懂文本、把握文本，重视学习前人的阅读经验，拓宽阅读视野；提升阅读鉴赏能力，养成良好的阅读习惯"[①]。整本书阅读教学开展至今，已经有了许多非常成熟的教学案例和有价值的教学策略。然而不可否认的是，整本书阅读教学在落实过程中，仍然有不少矛盾：有限的课时与巨大的阅读量之间的矛盾；学生有限的阅读理解水平与作品厚重深刻的价值内涵之间的矛盾；传统的教学理念方法与新课标任务群教学要求之间的矛盾等。如何在整本书阅读教学实施过程中精准施策，有效解决复杂的矛盾，如何给学生整本书阅读方法的指导，而不是以教师的阅读和思考代替学生的阅读和思考，这些都是值得我们深思的问题。

　　整本书阅读教学需摒弃各种复杂花哨的理念，规避华而不实的教学手段，应以精深阅读为圭臬，以学生习得阅读方法、提升阅读理解能力为宗旨，

[①] 张秋玲等：《新版课程标准解析与教学指导：高中语文》，北京师范大学出版社2019年版，第138页。

以提高学生文学文化素养、提升阅读品位为目标，使学生有真正的收获。

一　知人论世，激发兴趣

整本书阅读的对象为经典名著，其基本特征就是篇幅偏长，作品主题内涵蕴藉，阅读难度较大，因而不易引起学生的阅读兴趣。所以在进行整本书阅读之初，教师应做充分的调动，激发学生阅读兴趣，让乐读促进深读，以深读促进深思，以推动后面的阅读活动有效展开。

像《史记》这样的鸿篇巨制，在人物背后有复杂的历史背景，又是文言作品，对于学生来说是非常难以啃下的"硬骨头"。如果不做任何铺垫，直接开展整本书阅读，恐怕很难让学生提起兴趣。因此，应考虑从作者司马迁其人及作品的写作背景等层面，引领学生"知人论世"。可以将刘小川《品中国文人》中关于司马迁的篇目引进课堂，了解司马迁的生平经历，体会其人格魅力；再将《报任安书》作为助读材料，让学生体会司马迁在遭受腐刑之后痛苦煎熬的心路历程，感受他忍受屈辱活下来时所背负的责任与使命。这样，在阅读之前，作者的形象已在学生心目中立起来了，知其人、解其世，就有了了解作品内容与思想的意愿。

除了教师的知识补充，也可采取学生自主检索信息的方式，借助现代化技术手段，全面搜集、整理作者与作品的相关信息。

例如吴小丽、刘祥老师在《雷雨》整本书阅读教学时给学生布置了这样一道课前准备作业：

> 借助网络资源查阅曹禺《雷雨·序》、夏竹《曹禺和语文教师谈〈雷雨〉》、田本相《曹禺访谈记》、曹树钧《曹禺是怎样构思〈雷雨〉的》等相关文章。①

这些资料引导学生初步了解作品的时代特征和作者的创作初衷，让学生

---

① 刘祥编著：《中学整本书阅读教学设计》，华东师范大学出版社2020年版，第22页。

在正式阅读之前建立与作者、作品的亲近感，这样更容易调动学生学习积极性与思考的主动性。

二 借助旁批，落实理解

"整本书阅读的目标分为阶段目标和终极目标。阶段目标对应学生阅读具体书目的进程：预读阶段侧重生成动机，通读阶段侧重整体梳理，研读阶段侧重深入理解。终极目标是养成终身阅读的好习惯，为终身成长奠定基础。"[①]进行整本书阅读，需要我们教给学生切实有效的读书方法，让学生学会读整本的书，学会终身读书。古人云："不动笔墨不读书。"在阅读过程中，应引导学生养成良好的批注式读书习惯。

阅读时都批注些什么呢？一是对文本理解上的难点通过资料查阅进行知识补充，让学生对文本有更透彻的领悟；二是对阅读过程中联想到的相关内容进行补充，让学生读一本书而有超越一本书的收获；三是对作品中某些语句、观点、细节的阅读感悟进行及时的记录。这些批注既可以加深学生对作品的印象，也为其撰写读后感悟做好铺垫。

邓彤老师认为，指导学生进行整本书阅读时，可针对作品的"疑点"与"亮点"进行批注。邓彤老师的学生在进行《红楼梦》前五回的阅读时，就自己的"疑点"做如下批注：

> 《红楼梦》一书为什么有那么多的异名？
>
> 甄士隐与贾雨村在书中究竟有什么作用？
>
> 顽石、通灵玉、神瑛侍者、贾宝玉之间究竟有什么联系？
>
> 作者写甄宝玉用意何在？
>
> 秦可卿在书中有什么作用？
>
> 《好了歌》、"太虚幻境"判词以及《红楼梦》十二支曲如何理解？[②]

① 张悦、吴欣歆：《整本书阅读活动设计原则刍议》，载《语文学习》2020年第5期。
② 邓彤：《整本书阅读的六项核心技术》，华东师范大学出版社2019年版，第151页。

以上问题关乎学生对作品线索、艺术手法、人物形象、主题等方面的深刻理解，教师可以采取讲解、查阅资料、全班交流的方式帮助学生解答这些疑惑。

做旁批的过程，就是与作者、作品内容进行深层对话的过程。没有批注的阅读，犹如微风掠过水面，风过无痕。学生只有边读边思，边思边批注，才能充分咀嚼文本，吃透作品内涵，从而深刻领悟作品，达到高阶阅读的层次。

三　互动交流，深化思考

整本书阅读不能只让学生自顾自阅读，而要重视阅读中的师生互动、生生互动、生本互动。在学生初读之后，教师要给定具体的细读任务。针对学生的特长与喜好，将精读目标细化，落实到每个人身上，让学生带着问题阅读，以任务驱动精深阅读，然后将阅读成果进行分享。

像《红楼梦》这样的篇幅宏大、语言艰深、内容庞杂、主题深刻的作品，学生自主阅读时所能理解到的层面毕竟有限，所以教师可以设计一些专题性交流活动——让热爱诗词的学生讲解作品中的代表性诗词，让对人物有偏爱的学生对人物形象进行讲评，让对文字有敏锐感知的学生选精彩的细节或段落进行剖析，让对作者熟稔的学生分享作者生平及写作背景，让学生为《红楼梦》写结局并给出理由等。

例如蒋雁鸣老师的《红楼梦》人物赏读方法指导片段：

师：我们在赏读《红楼梦》人物的时候……需要多方对比、整体把握……我们用对比的方法，来赏读一下林黛玉这个人物形象。你觉得可以和林黛玉对比的有哪些人？

生：薛宝钗、史湘云、晴雯、袭人。

…………

师：如果要拿薛宝钗和林黛玉进行对比，我们会从哪些方面入手？

（小组合作探究）

生：我们这一组讨论了三个对比：第一个是语言上的对比，林黛玉说话比较尖酸刻薄一点，薛宝钗说话比较圆润；第二个是对仕途经济的看法问题，薛宝钗经常劝宝玉要进入仕途经济，林黛玉就很少提这个事情；还有一个就是为人处世方面，薛宝钗为人比较圆滑，性格比较虚伪，林黛玉比较直率坦诚。[①]

这些活动不仅充分发挥了不同兴趣的学生的特长，给学生深入细读文本并就文本进行深入交流搭建了很好的平台，同时以汇报的形式呈现阅读成果，让学生能够在公开场合发表自己的见解，对学生的表达能力和胆识也是一种锻炼提升。

除了生生互动，还可以进行师生互动、亲子互动等，可以借助成年人的人生阅历帮助学生理解把握特殊年代的作品意义。例如，在进行《平凡的世界》整本书阅读时，鼓励亲子互动，很多家长同孩子分享儿时苦难生活的经验，这样便可以帮助学生理解孙少平在得到润叶"好饭好菜"的招待后怕自己的胃再也吃不了苦的担忧。再如，进行《活着》整本书阅读时，倡导进行师生互动，教师分享自己所经历的生离死别的人生体验，以帮助学生理解作品所表达的穿透生死之后对生命虔诚的敬畏。师生互动与亲子互动可以弥补学生社会阅历和生活经验的不足，丰富学生阅读体验，促进学生文化素养的提升。

四　读写结合，思辨表达

阅读的价值之一便是提升语言素养，提高表达能力。因此，整本书阅读要将读与写结合起来。只读不写，对作品缺少反刍回味，理解只能停留在感性层面。我们应督促学生撰写读后感，通过分析人物形象、品鉴作品艺术特色、评价作品主题等方法，深入文本，沉潜于内容，深化认识，学会全面看待人和事，从而进行理性思辨的表达。

[①] 顾之川主编：《名师语文课》（高中卷），山东教育出版社2019年版，第668—669页。

　　《高中语文课程标准（2017年版2020年修订）》指出：“运用批判性思维审视语言文字作品，探究和发现语言现象和文学现象，形成自己对语言和文学的认识。”在进行《史记》整本书阅读时，可以对秦始皇其人进行辩证地分析，也可以安排对项羽、刘邦人物形象的比较分析，还可以结合生活背景、时代特征对李广、卫青、霍去病的成败得失进行全面审视。

　　如上海复旦大学附属中学王希明老师执教《乡土中国》整本书阅读时，设计如下的作业：

　　　　1. 对课上提出的一些概念，比如男尊女卑、面子、人情等进行探讨，写一篇小论文。
　　　　2. 模仿《乡土中国》，试写一节《城市中国》或《城市上海》《里弄上海》。①

　　王老师这两个写作任务意义显著，价值导向明确。第一个小论文旨在引导学生深入文本内部，研究给定概念的内涵与表现，发掘现象背后的历史文化渊源，并结合现实进行理性思考，亦可从利与弊的角度进行思辨性表达，引导学生用正确的观点态度去理解、评价不同时代的文化现象及思想观念。第二个作业引导学生关注现实、关注生活，理解并传承地域文化的特色，拓展学生的文化视野，培养学生的人文情怀，提升学生文化参与的积极性，增强文化自信。

　　读写结合，以读促写，能够引导学生用历史和现代的观点审视文化现象，全面、深刻、理性、辩证地进行文化思考与文化表达。

　　总之，整本书阅读教学的任务是引领学生读更多的书，帮助学生梳理有效的阅读方法，让学生获得阅读经验，建构自己的阅读习惯，从而培养终身阅读者。所以在整本书阅读的过程中，教师要重视对学生阅读习惯的培养，

---

① 王希明：《〈乡土中国〉整本书阅读教学》，载《语文学习》2019年第12期。

重视对学生成功阅读经验的推广。通过知人论世激发学生阅读兴趣，扫除作品背景障碍，有助于整本书阅读流畅开展；巧用旁批，让学生养成"读—思—写"三位一体的阅读习惯，使其终身受益；互动交流，设置具体的表达情境或任务，让学生在交流的过程中深化自己对作品的理解；读写结合，让学生既重视"输入"更落实"输出"，在写作能力提升方面起到积极作用。

陕西省宝鸡中学　樊宝玲

第60讲 语文作业优化处理

在语文教学中，作业设置环节是评价教师课堂教学效果以及学生课堂学习成果的一部分。优质的作业能让师生获得共同的提升：教师通过作业发现自己的教学指导不足之处，学生在作业完成过程中查漏补缺、温故知新。此外，优质的作业布置还是高效发挥作业功能的前提。因此，在教学环节中势必要将语文作业优化设置。

语文作业设置的优化策略有哪些呢？

一　分层设置语文作业

作为教师，我们必须观察到学生的个体差异，做到因材施教，根据学生的具体情况进行作业的设置，在作业数量、难易程度等方面分出层次。

例如缪家红老师执教《天净沙·秋思》时的作业布置：

> 教学《天净沙·秋思》一诗后，教师可设计这样的作业：（1）背诵这首曲；（2）把这首诗改写成现代诗；（3）收集古诗词中"悲秋"的作品，写一篇"悲秋"的心得体会。上述几个层次的作业由易到难，分别适应于不同学习能力的学生，有利于激发每个学生的探究兴趣，使不同

层次的学生都能品尝到属于他们自己的"果子"。[①]

由此课例片段可以看出，缪家红老师在执教《天净沙·秋思》时进行了作业的分层设置。由于学生的学习能力有差异，因此，缪老师在作业设置的难度上做出区分。从最开始注重学生的知识技能目标，单纯注重学生的记忆背诵，再到注重高层次学生可以达到的情感、态度、价值观目标，要求将诗词加以改写并进行体味感悟。设置的难度由低至高，既考虑到学生的现有水平，又能够激发学生学习兴趣，在不同程度上加深了不同层次学生对知识的了解。

二　多元化设置语文作业

由于语文作业设置的单一化，学生会带有一种"完成任务"的态度去完成语文作业。为了解决这个问题，教师在设置作业时应该给学生更多的选择。在具体的实践过程中，教师可以设置多种作业形式。比如在学习文言文后可以让学生进行修改演绎，将古文翻译成现代白话文，再自行编制成情景剧本，自行排练后在课堂上呈现出来；或者在练习写作时可以让学生共同完成一篇文章，每个人写一句话；等等。这种富有趣味性的多元化作业设置会提升学生语文学习的热情，学生会期待下一次的作业设置。不同类型的作业能让学生获得新鲜感，这对于学生语文学科的学习是非常有利的。

例如特级教师钱梦龙的《谈骨气》课例片段：

作者列举的三个事实论据，涉及三个人物。请同学们到图书馆或网络上查找以下资料：（1）文天祥《过零丁洋》；（2）"嗟来之食"的故事出处；（3）毛泽东《别了，司徒雷登》中有关闻一多的片段；（4）你感到有兴趣的其他资料。（找到资料后，有条件的同学可用电脑

---

① 缪家红：《初中语文个性化作业的思考与实践》，载《文学教育》（上）2017年第3期。

制作幻灯片）①

在此课例片段中可以看出，钱梦龙老师设置了有助于学生更深层次挖掘文本内涵的作业。这类作业更加多元化，并且可供学生选择的完成方式更加多样化。学生在课外的资料搜索和拓展过程中可以查找不同种类的资料丰富自己的知识。此外，虽然布置的是课外的资料拓展，但是丝毫没有与文本脱离。这样的作业设置能给予学生更多的新鲜感和探索兴趣，从而帮助学生从更深层的角度理解知识。

三　设置贴近生活的语文作业

语文作业的优化设置可以让学生在学习水平上得到提高，并且全面提升其综合素养，因此要注重作业与学生的生活相衔接。可以更多地设置一些提高口语交际能力的作业任务，比如撰写辩论稿等，这样的作业设置既贴合实际又能锻炼学生的综合能力。语文教育名师于永正在他的语文教学中经常带领学生参观公园、工厂等地。教师应将语文作业与实际生活联系起来，设置出更加具有实践性的、贴近生活的作业。

例如苏州高新区第一初级中学教师周家玉执教《苏州园林》的课例片段：

（1）为苏州园林设计一份导游解说词；

（2）参照课文的写作方法，写一篇介绍自己的学校或住所的作文，所用说明方法不少于两种；

（3）结合课文对苏州园林的地位及特征的介绍，对出"江南园林甲天下"的下联。②

---

① 窦爱军：《网络信息平台让思辨更精彩——特级教师钱梦龙〈谈骨气〉一课评析》，见雷玲主编《听名师讲课：语文卷》，华东师范大学出版社2016年版，第175页。

② 周家玉：《个性化视角下的初中语文阅读教学研究》，载《语文教学通讯》（D）2018年第2期。

在此课例中可以看出，周家玉老师在执教《苏州园林》后首先让学生为苏州园林设计解说词，并且要依照课文写作方法介绍自己熟悉的地方。这让学生对苏州园林的认识不是停留在文字和书本上，而是变得更加立体。这个作业更加贴近生活、贴近实践，学生能够设身处地地感知体会。最后设置了一个"对对联"的题目，帮助学生在语文基础知识上有所提高。这大大促进了学生思维的拓展和延伸，还在无形之中锻炼了学生的口语交际能力。

四 对学生作业给予恰当评价

中学时代是一个人身心发展的重要时期，中学生需要得到别人的尊重和认可，在学校中他们往往以教师为中心，教师的评价对他们而言是很重要的。因此，教师在评价学生作业时不能简单敷衍，甚至完全不理不睬，而应该在纠正错误的前提下给予学生更多正面的、积极的评价，让学生树立学习的信心，也可以给学生提供一些学习的建议或者方向，甚至可以在作业中与学生进行交流沟通。除此之外，评价不应该只停留在单纯的"好"和"不好"层面，更应该多方面、多层次地给予学生评价。

《义务教育语文课程标准（2011年版）》中对写作的评价方式有着明确的规定："评价方式可以是书面的，可以是口头的；可以用等级表示，也可以用评语表示；还可以综合采用多种形式。提倡建立写作档案。写作档案除了存留有代表性的课内外作文外，还应有关于写作态度、主要优缺点以及典型案例分析的记录，以全面反映写作实际情况和发展过程。"在写作训练环节，教师可以每次挑选几篇学生的作文进行装订，让学生进行传阅，还可以记录下文章中值得学习的地方，也可以设置课前演讲环节，让学生利用课余时间进行准备，课前进行展示。这样的作业设置既满足了教师对学生作业上的要求，又能让学生自主检验，高效完成作业。

例如特级教师于漪在写作训练《夏天的夜空》中如此指导评价学生：

作文前指导与要求：

以"夏天的夜空"为题写一篇作文，把自己的所见所想写下来，看谁想得丰富，写得通顺。字要写端正，卷面要整洁，格式要正确，标点要清楚。

作文后评价与指导：

1. 肯定优点，明确写作常规，调动动笔的积极性。

2. 讨论《夏天的夜空》三篇习作，修改文字、标点上的毛病。

3. 讨论习作，以《天上的街市》为借鉴，体会开启想象的重要性和必要性。①

从此课例片段中可以看出，于漪老师在指导学生写作前就对学生的习作提出明确的要求，但学生完成度并不是很高，然而于漪老师并没有批评或者敷衍，而是先就出现的错误进行修改和订正，后对作文书写、文字表述、标点符号的使用提出更高的要求。这对学生而言是一种激励，不仅能快速查缺补漏，还能以更高的标准来要求自己。

语文教学是一个完整的体系，作业的设置环节作为其中之一，起到重要作用。爱因斯坦在《培养独立思考的教育》一文中提道："教育提供的东西应该是让学生作为一种宝贵的礼物来享受，而不是作为一种艰苦的任务要他们负担。"②所以，在设置作业的过程中，教师应该注重学生的主体性，应优化作业设置，让学生感受到作业是教育的一种宝贵礼物。此外，教师要采用多种模式督促学生完成作业，设计出更丰富的作业形式供学生选择，应通过语文作业设置的优化使语文教学更加高效，让教师的教和学生的学成为一个有机整体。

陕西省西安航天城第一中学　罗　辉

---

① 《于漪老师教作文》，华东师范大学出版社2009年第8版，第7页。

② 《爱因斯坦文集》（第三卷），许良英、赵中立、张宣三译，商务印书馆1979版，第310页。